बाबाजी
अकम्पित विराट वज्र

विशेष संक्षिप्त संस्करण

योगीराज गुरुनाथ सिद्धनाथ

प्रथम हिंदी विशेष संक्षिप्त संस्करण,
२४ फरवरी, २०१७ महाशिवरात्रि को प्रकाशित

द्वारा

सिद्धनाथ प्रतिष्ठान
गोलेवाड़ी, पोस्ट दोनजे,
सिंहगढ़ रोड, तालुका हवेली,
पुणे ४११०२५, महाराष्ट्र, भारत

सिद्धनाथ वन आश्रम
सीतामाई दारा, सिंहगढ़ रोड, पुणे, भारत

आवरण: योगिराज सिद्धनाथ द्वारा

मुद्रणाधिकार © २०१०: सिंधोजी राव सितोले उपनाम योगिराज सिद्धनाथ

अंतर्राष्ट्रीय एवं पैन-अमेरिकन मुद्रणाधिकारों के तहत सर्वाधिकार सुरक्षित। इस प्रकाशित सामग्री के किसी भी अंश की किसी भी रूप में प्रतिकृति करना या किसी भी साधन – इलेक्ट्रॉनिक, मैकेनिकल या अन्य प्रकार, फोटोकॉपी, रिकॉर्डिंग या सूचना संचयन और पुनः प्राप्ति पद्धति – द्वारा प्रकाशित करना, लेखक या प्रकाशक की लिखित स्वीकृति के बिना मना है।

Library of Congress Control Number: 2011932283

ISBN: 978-0-9840957-5-9

मुद्रणाधिकार पंजीकरण संख्या: TXu 1-725-064

मानवता के अणुरेणु में समाए
दिव्यत्व के हृदयनाथ,

"शिव गोरक्ष बाबाजी"

को समर्पित

पांच चित्रलिपियों के गूढ़ अर्थ

१. पहला खाली पृष्ठ यह दर्शाता है कि "कुछ नहीं" से ही "सब कुछ" का सृजन हुआ है।

२. दूसरे पृष्ठ पर एक बिंदु, प्रकाश-ध्वनि के रूप में ओंकार की प्रथम गतिशीलता का सूचक है।

३. तीसरे पृष्ठ पर वृत्त, प्रकाशमान सर्वव्यापी आकाश तत्व की अविभाजित संरचना का द्योतक है।

४. चौथे पृष्ठ पर वृत्त के बीच बिंदु, ओंकार की आत्मा का विश्व मन को चेतन करना दर्शाता है।

५. पांचवें पृष्ठ पर वृत्त के बीच रेखा, जड़ और चेतन के बीच सम्पूर्ण संवाद का होना बताता है जिससे त्रिआयामी जगत का सृजन हुआ है।

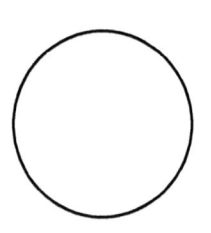

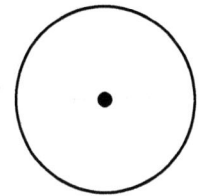

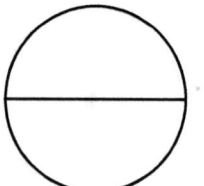

मुखपृष्ठ के बारे में

अकम्पित विराट वज्र, काल की उलटी दिशा के रूप में बाबाजी का एक पहलू है जो प्रकाश की गति से भी ज़्यादा तेज़ी के साथ घटित होता है। इस क्षण में काल की गति न सिर्फ रुक ही जाती है बल्कि वह उलटी दिशा में भविष्य की ओर गतिमान होता है। कोई भी जिसके पास काल के साथ खेलने की ताकत है, वह इसी क्षण ईश्वर के साथ पूर्णरूप से एकाकार है। वह एक ही समय में, हर ओर है और कहीं नहीं है और उसकी विशालता अनंत है।

परन्तु जिस वज्र को वे अपने हाथ में लिए हैं, क्या वह वज्र भी अचल है?

नहीं, और यही एक महत्वपूर्ण अंतर है।

यह वह विद्युत है जो त्रिआयामी सापेक्ष जगत में प्रकाश की गति से चल रही है। अतः यह प्रकाश, जिसे ब्रह्माण्ड की कुण्डलिनी शक्ति कहते हैं, मानवजाति के कल्याण और उसके उत्थान के कार्य के लिए उपयोग में आती है।

विषय सूची

भूमिका xix

अध्याय १	कौन हैं बाबाजी?	१
अध्याय २	बाबाजी और गोरक्षनाथ एक ही हैं	८
अध्याय ३	संत जो बाबाजी नहीं हैं	१२
अध्याय ४	अनादि अनंत बाबाजी के साथ मेरी प्रथम भेंट	१९
अध्याय ५	बाबाजी के साथ मेरे बचपन का संबंध	४१
अध्याय ६	बाबाजी – पुरातन उत्पत्तियाँ	४६
अध्याय ७	बाबाजी का शिष्य होने के नाते	५७
अध्याय ८	रुद्रप्रयाग का अनुभव	६६
अध्याय ९	बाबाजी और माताजी	७४
अध्याय १०	बाबाजी के द्वारा अवतारों की दीक्षा	८०
अध्याय ११	कल्कि अवतार और बाबाजी महावतार	१०८
अध्याय १२	वास्तविक क्रियायोग	१२०
अध्याय १३	*गोरक्ष शतक*	१३७
अध्याय १४	दिव्य रसायनविद	१६२
परिशिष्ट	....	१७५
शब्द संग्रह	....	१८२

तथ्य बनता इतिहास
इतिहास बन जाता किंवदंती
किंवदंती बनता मिथक
और मिथक अनुभव में आते ही बन जाता है तथ्य।
यही है कालचक्र का सत्य।

योगिराज सिद्धनाथ

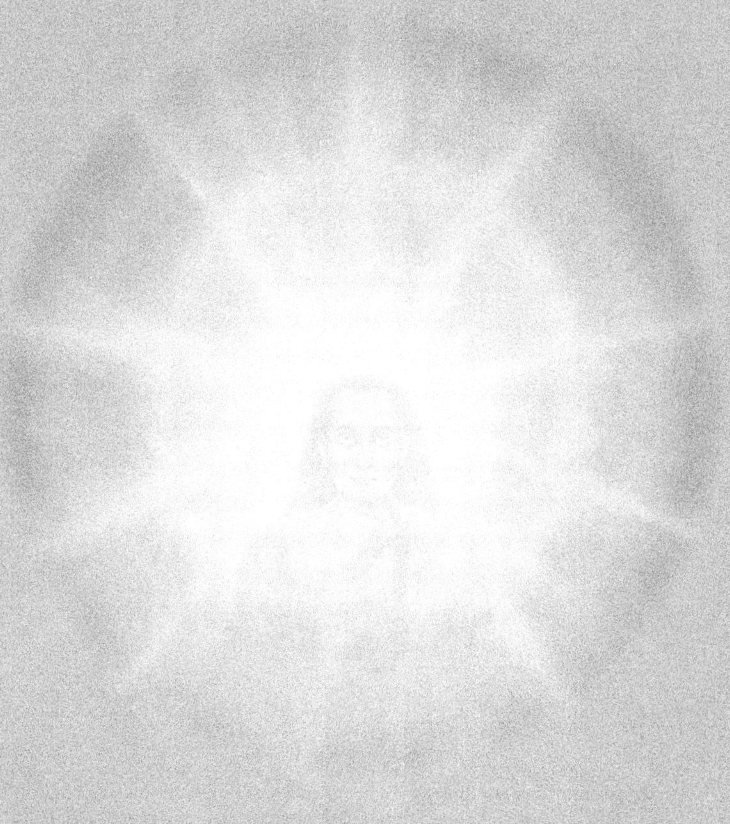

योगिराज सिद्धनाथ को हुए शिवगोरक्ष बाबाजी के वास्तविक अनुभव के दर्शनों की एक छाया।

भूमिका

इस विशेष संक्षिप्त संस्करण को बनाने का उद्देश्य, भारतवर्ष की आध्यात्मिक संस्कृति को सरलीकृत एवं समुचित तरीके से स्पष्ट करना है ताकि यह सर्वसामान्य के पठन हेतु बन सके। विश्वास है कि बाबाजी और महान सतगुरुओं की कृपा से यह पुस्तक दुनिया भर के सत्यान्वेषियों को उपलब्ध होगी।

सांसारिक जन्म मरण से परे, शिवगोरक्ष बाबाजी परमशिव की प्रत्यक्ष अभिव्यक्ति हैं। वे आज भी जीवित हैं और उनकी अनश्वर उपस्थिति आज भी हिमालय की श्रृंखलाओं को पावन कर रही है! वैदिक और पौराणिक युगों से लेकर आधुनिक समय तक उनके विषय में पूर्ण प्रमाणीकृत सन्दर्भ भारतीय शास्त्रों में सर्वत्र मौज़ूद हैं। यहीं हैं वे सच्चे बाबाजी जिनका मैंने व्यक्तिगत तौर पर अनुभव किया है और जिनका उल्लेख अपनी पुस्तकों और मौखिक प्रवचनों में किया है।

उनकी किंवदंतियां समूचे भारतवर्ष में व्याप्त हैं। उन्हें महावतार बाबाजी के नाम से भी जाना जाता है और वे अनंत ज्ञान के प्रकाशमान शीश, सुगन्धित ह्रदय और अमर आत्मा हैं। उन्हें पुरातन से भी प्राचीन कहा जाता है और वे महान बरगद के वृक्ष स्वरुप हैं, जिनसे समस्त अवतारों, संतों और दिव्य अवतरणों की शाखाएँ प्रस्फुटित हुई हैं। यहाँ तक कि देवता और दिव्य लोक के वासी भी उनकी सतत आराधना करते हैं और उनसे जगत को बंधनों और दुखों से मुक्त करने हेतु प्रार्थना करते हैं। बाबाजी ने ही आधुनिक युग को क्रियायोग के आत्ममोक्ष के विज्ञान से प्रबुद्ध किया है।

अध्याय १

बाबाजी कौन हैं?

दुनिया भर के जिज्ञासुओं के साथ हुए मेरे संवाद और वार्तालाप से मुझे इस बात का पता चला कि उस महान सत्ता, जिन्हें बाबाजी कहते हैं, के बारे में किस कदर भ्रम की स्थिति बनी हुई है। अत:, समस्त संदेहों और उलझनों को विराम देने के लिए, मैंने अपने अनुभव और उससे प्राप्त ज्ञान के आधार पर, इस किताब में इस बात का खुलासा किया है कि सच्चे बाबाजी कौन हैं।

अपनी शैशवावस्था एवं किशोरावस्था से लेकर बाद के वर्षों तक, मैंने सदा ही उन्हें अपने मार्गदर्शक के रूप में देखा और महसूस किया है, मानो वे मुझे १९६७ में हिमालय के बद्रीनाथ में किसी महान अनुभव के लिए तैयार कर रहे थे, जब मैं महज़ २३ बरस का एक युवा था।

अपने शिष्य योगावतार लाहिड़ी महाशय के द्वारा, बाबाजी ने आधुनिक जगत को वास्तविक क्रियायोग[१] से प्रबुद्ध किया, जिन्हें स्वयं उन्होंने ही १८६१ में इस आत्मविद्या में दीक्षित किया। जब परमहंस[२] योगानंद ने १९४६ में अपनी कालजयी रचना, 'एक योगी की आत्मकथा' को प्रकाशित किया, तब पहली बार महावतार बाबाजी के विषय में बड़े पैमाने पर लोगों को पता चला।

---

[१] "क्रिया का योग" एक ऐसा प्रकाशमान योग पथ जो आपको अकर्म के पथ पर ले आता है। जिसे बाबाजी गोरक्षनाथ ने कर्मों के विघटन और मनुष्य के दिव्यता की ओर उत्थान के लिए प्रदान किया है।

[२] "परमहंस", किसी योगी की चौथे स्तर की दीक्षा, एक माननीय उपाधि जो रामकृष्ण और योगानंद जैसे महान सिद्धों को दी जाती है।

यही है वो परंपरा या महान वंशावली जिससे मैं सम्बन्धित हूँ और जिसके द्वारा मैं संसार को क्रियायोग के इस पवित्र विज्ञान को प्रदान करने का अधिकारी हुआ हूँ।

मनुष्य जाति के मोक्ष और उस पर अनुग्रह करने लिए सभी प्रकार के योग, यथा राजयोग, क्रियायोग, भक्तियोग, ज्ञानयोग, कर्मयोग, हठयोग, लययोग, तंत्रयोग और हंसयोग एक ही स्रोत से उद्भूत हुए हैं, जो प्रकट-अप्रकट हो समस्त प्राणियों की रक्षा करते हैं और जिन्हें बाबाजी के नाम से जाना जाता है।

भविष्य में "स्वशान्ति से जगतशान्ति" की उपलब्धि, संयुक्त राष्ट्र और उसके संगठनों से बढ़कर संयुक्त मनः संगठन के द्वारा ज़्यादा आसानी से घटित हो सकेगी। और ऐसा क्रियायोग के अद्वितीय विज्ञान के अभ्यास द्वारा संभव है जो जगतशांति और आत्मज्ञान की ओर ले जाने वाला एक गैर सांप्रदायिक एवं गैर धार्मिक पथ है।

मनुष्य जाति की धारा और उसके उत्थान को सही क्रियायोग के अभ्यास की ओर प्रवाहमान बनाया जा सकता है और यह जाना जा सकता है कि शिवगोरक्ष बाबाजी और परमहंस योगानंद कृत 'एक योगी की आत्मकथा' पुस्तक वाले बाबाजी, एक ही हैं। पाठकों के द्वारा इस पुस्तक को समझ लेने से यह उद्देश्य पूरा हो सकता है। मेरा इस पुस्तक को लिखने के पीछे मुख्य विषयवस्तु और आध्यात्मिक उद्देश्य निम्नलिखित हैं।

१. संसार के सामने से इस महान रहस्य से पर्दा हटाना कि शिवगोरक्ष बाबाजी, 'एक योगी की आत्मकथा' पुस्तक वाले बाबाजी ही हैं। अन्य सभी लोगों का लेखन, स्थान और बातें सहायक हैं और उनका उपयोग उपरोक्त उद्देश्य की पूर्ति हेतु ही किया जाना चाहिए। यह पुस्तक, योगावतार लाहिड़ी महाशय, ज्ञानावतार श्री युक्तेश्वर या परमहंस योगानंद के विषय में नहीं है। अतः जब मैं योगानंद के विषय में कोई अध्याय लिखता हूँ तब वह अध्याय महज़ एक सुविधा है जिसका सन्दर्भ यह प्रमाणित करने के लिए है कि बाबाजी और शिवगोरक्ष बाबाजी (गोरक्षनाथ या गोरखनाथ) एक ही हैं।

२. दूसरा महत्वपूर्ण कारण और अत्यावश्यक बात जिसे दिग्भ्रमित जनता को स्पष्ट करना है वो यह है कि गोरक्ष शतक और महावतार बाबाजी द्वारा लाहिड़ी महाशय को प्रदत्त क्रियायोग भी एक ही है। मेरा उद्देश्य यह साबित करना है कि बाबाजी के क्रियायोग के मूल स्रोत गोरक्ष शतक[३] और मनुस्मृति[४] हैं। यह न सिर्फ यह स्पष्ट करता है कि गोरक्ष शतक और क्रियायोग एक ही हैं बल्कि आगे चलकर इस बात की भी पुष्टि करता है कि बाबाजी और गोरक्षनाथ दोनों एक ही हस्ती के दो नाम हैं।

मध्ययुगीन काल में अनश्वर बाबाजी, अक्षय गोरक्षनाथ के रूप में प्रकट हुए। अतः दोनों एक ही हैं जिन्होंने मुझे शिवगोरक्ष बाबाजी के रूप में दर्शन दिए।

बहुतेरे लोग बाबाजी और गोरक्षनाथ के बारे में बातें करते हैं और दोनों के बीच एक महान भ्रम की स्थिति बन जाती है क्योंकि कुछ लोग उनके लौकिक आयाम के बारे में बात करते हैं, तो दूसरे दिव्य आयाम के विषय में, तो कुछ ऐसे भी हैं जो उनके ब्रह्माण्ड स्वरूपी आयाम को बतलाते हैं। कुछ लेखक उनकी चेतन अवस्था के विषय में बताते हैं, तो कुछ उनकी अतिचेतन अवस्था के विषय में, और कुछ उनकी परम चेतन अवस्था के विषय में बताने का प्रयास करते हैं। अतः जबकि यह सत्ता पृथक नहीं है, हर एक लेखक उनके विषय में अपनी सीमित समझ के द्वारा ही बता पाता है और तथ्य यह है कि कोई भी पूर्णरूपेण तौर पर उन्हें समझ नहीं सकता। अतः यह तो बस उनकी कृपा ही है कि कोई यह या कोई और पुस्तक लिख पा रहा है।

मैंने इस पुस्तक की मूल प्रति के अध्याय १९ ('हर युग के संत') के एक भाग 'बाबाजी के स्वप्न शरीर' में इस बात को यथासंभव स्पष्ट करने का प्रयास किया है। हम सभी पृथ्वी पर बाबाजी के सीमित रूप

---

३ गोरक्ष शतक, शिव गोरक्ष बाबाजी द्वारा रचित गोरक्ष पद्धति का पहला भाग है। गोरक्ष पद्धति, आत्मज्ञान के लिए प्रयुक्त की गई योग विधियों की एक प्रणाली है।

४ मनुस्मृति (जिसे मानव धर्म शास्त्र भी कहते हैं) की रचना मनु ने की थी, जिन्हें मानवजाति का पहला न्याय प्रदाता माना जाता है। इस ग्रन्थ में मानवता और उसकी उन्नति के नैतिक एवं आध्यात्मिक नियमों के संकेत दिए गए हैं।

को जानते हैं परन्तु उनकी शाश्वत सत्ता को समझ पाना असंभव है, जो सापेक्षता और सर्जन से बिलकुल परे है। यह पुस्तक मुख्य रूप से सापेक्षता और सृजनात्मकता में बाबाजी के लौकिक एवं दिव्य रूप को बतलाती है।

कुछ असत्य बातों की जांच परख

मैंने, कबीर[५], गुरु नानक[६], आलम प्रभु[७] और बालक नाथ[८] से सम्बन्धित भिन्न भिन्न सम्प्रदायों के धर्मों, पंथों और मतों की अनेक पुस्तकों का अध्ययन किया। अपने सतगुरु को सर्वोत्तम और दूसरों से सबसे बेहतर साबित करने की कोशिश में, इन संतों और आध्यात्मिक सतगुरुओं के भक्तों एवं शिष्यों ने लगभग इन सभी सतगुरुओं का महानतम संत – शिवगोरक्ष बाबाजी के साथ शारीरिक या दार्शनिक संघर्ष करवाया है।

उनका ऐसा सोचना था कि जब तक उनके सतगुरु, गोरक्षनाथ को दार्शनिक वाद विवाद या सिद्धियों[९] के प्रदर्शन में परास्त न कर दें, तब तक एक महान संत और अवतार[१०] के रूप में उन्हें समाज में ऊंचा दर्जा प्राप्त नहीं हो सकता। अतः कहना चाहिए कि गोरक्षनाथ, इस परीक्षण के सर्वोत्तम लक्ष्य बन गए जिसके बिना जनसाधारण में किसी

---

५ कबीर भारत के एक मध्ययुगीन संत थे जिन्हें बाबाजी से क्रियायोग की दीक्षा मिली थी। उन्होंने अपने गुरु रामानन्द से 'राम' का मन्त्र भी प्राप्त किया था।

६ गुरु नानक एक दूसरे महान मध्ययुगीन संत एवं सिख धर्म के प्रणेता थे। उन्होंने सिख ग्रन्थ, जपजी गुटका में बाबाजी गोरक्ष नाथ के सम्मान में छन्द गाए हैं।

७ आलम प्रभु एक ऐसे संत थे जो बाबाजी गोरक्ष नाथ के १५० वर्ष पश्चात इस पृथ्वी पर आये। एक रात्रि बाबाजी ने उन्हें दर्शन दिए और अपना आशीर्वाद प्रदान किया। इन गुरुओं की लौकिक भेंट का कोई ऐतिहासिक साक्ष्य उपलब्ध नहीं है।

८ मध्य युग के दौरान, बाबा बालक नाथ और नाथ परंपरा का अनुसरण करने वाले हजारों योगी, बाबाजी गोरक्ष नाथ के शिष्य थे।

९ 'पूर्णता की प्राप्ति', आध्यात्मिक पूर्णता, परम सत्य (आत्मा या ब्रह्म) के साथ पूर्ण एकत्व की प्राप्ति, असाधारण गुणोत्कर्ष, जिसके योग परंपरा में बहुतेरे प्रकार हैं।

१० 'नीचे आना', आध्यात्मिक कार्य एवं संसार की मुक्ति हेतु, दिव्यता का भौतिक प्रकाश देह में नीचे उतर आना, बाह्य रूप में कुछ विशिष्ट चिन्हों द्वारा पहचान में आता है, जैसे बहुत से मौकों पर अवतार के शरीर की कोई छाया नहीं पायी जाती।

भी संत को संत का दर्जा नहीं मिल सकता था।

इस बात ने उन कट्टर शिष्यों के मन में मनोवैज्ञानिक मतभेद पैदा कर दिया और उन्होंने गलत कहानियां गढ़नी शुरू कर दीं जिनमें गोरक्षनाथ दार्शनिक वाद विवाद या सिद्धियों के युद्ध में पराजित हुए, जबकि उनके सतगुरुओं और गोरक्षनाथ के बीच १५० से ३०० साल का अंतर था। अपने सतगुरुओं के जीवनकाल और युग के प्रति बेहद कम सम्मान रखते हुए, वे अपने सतगुरुओं को महानतम साबित करने में इस कदर डूब गए कि अपनी सारी सीमाएँ लांघते हुए उन्होंने अपने धार्मिक ग्रंथों एवं शास्त्रों में गलत जानकारियां भर दीं।

इस प्रकरण में तथ्य यह है कि मध्ययुगीन काल के ऐतिहासिक शिवगोरक्ष बाबाजी भी आलम प्रभु, बालक नाथ और गुरु नानक के काल से लगभग १५० से ३०० साल पहले के हैं। सच्चाई तो यह है कि हर युग के संत, गोरक्षनाथ ही थे जिन्होंने भगवान भर्तृहरि नाथ, कबीर, और गुरु नानक की समस्त कविताओं और रचनाओं को प्रभावित किया और उन्हें प्रेरणा प्रदान की। इन अवतारी और अत्यंत महान सतगुरुओं का अपने परमगुरु गोरक्षनाथ को परास्त करने की गलत कहानियाँ गढ़ने में कोई हाथ नहीं था। उन्हें ऐसे पराक्रम की कोई आवश्यकता भी नहीं थी।

अतः यदि कोई ऐसी पुस्तक पढ़े जो एक ईर्ष्यालु नज़रिया या किसी संप्रदाय विशेष की तरफ़ झुकाव रखती हो, तब उसे इन सभी गुरुओं के महान गुरु के विषय में फैलाई गयी झूठी बातों से गुमराह होने के प्रति सावधान होना होगा, जिनकी उपस्थिति आज भी हिमालय पर्वतों को पावन कर रही है। उन्होंने भारतवर्ष की भूमि की आध्यात्मिक धरोहर को संभाल कर रखा हुआ है। कबीर ने गोरक्षनाथ के दर्शन का पुरुषत्व गाया है और महान महिला संत मीरा ने गोरक्षनाथ के भक्तिपूर्ण ह्रदय को गाया है। इतना होने पर भी यह दोनों महान संत, शिवगोरक्ष बाबाजी के दर्शन और उनकी सच्ची व्याख्या कर पाने में असमर्थ रहे। परन्तु यदि गोरक्षनाथ को थोड़ा सा भी हिलना पड़े और अपना स्थान बदलना पड़े तब भारतीय दर्शन और योग का यह भवन, वैसे ही हिलने लगेगा मानो रिक्टर स्केल पर ६.६ का भूकम्प आ गया हो। अपने बचाव

में कभी कुछ भी न कहने वाले, सभी युगों में रहने वाले इस संत के आशीर्वाद ने दुनिया भर के योग, दर्शनों और धर्मों में निहित सत्य को सतत संभाल कर रखा हुआ है।

बाबाजी की खोज

आप जितना बाबाजी को जानने लगते हैं, बाबाजी आप में उतने ही अभिव्यक्त हो जाते हैं लेकिन बहुत कम लोग ही ऐसे हैं जो बाबाजी के सच्चे स्वरुप को जानते हैं। यह किसी सत्पथ पर चलने वाले साधक को हतोत्साहित करने के लिए नहीं कहा गया बल्कि यह तो किसी अहंकारी साधक के लिए है जो कल्पना कर बैठा है कि वह सर्वस्वरूपेण बाबाजी के विषय में सब कुछ जानता है और उसे बाबाजी की हर विशिष्टता का ज्ञान है। खतरा इस भ्रमपूर्ण बात को मान लेने में है कि हम बाबाजी से मिल चुके हैं और इस बात की सत्यता कोई और नहीं वरन वह व्यक्ति ही जानता है जिसने ऐसा होने का दावा किया है। उसे अपने प्रति सच्चा होना होगा कि किस हद तक उसने बाबाजी के दर्शन किये हैं या उन्हें देखा है। उसने बाबाजी को किसी चिड़िया के चहचहाने के द्वारा अनुभूत किया हो या हलकी ठंडी हवा के झोंके के रूप में, उन्हें स्वप्न में देखा हो या किसी दृष्टांत में, या फिर उनका साक्षात्कार किया हो, अर्थात उन्हें सत् के रूप में अनुभव किया, उनके चिद् स्वरुप को जाना और उन्हें आनंद रूप में महसूस किया, या उन्हें ब्रह्मनिर्वाण की सर्वोच्च अवस्था में अनुभव किया जिसे "शून्य-अशून्य का है-पन"[११] कहते हैं; हममें से कितने ऐसे हैं जिन्होंने उन्हें "अस्तित्वविहीन परमअस्तित्व"[१२] जाना और उनके साथ एक हो गए?

---

११ योगीराज सिद्धनाथ के द्वारा परिभाषित शब्दावली। शून्य प्रतीक है ब्रह्माण्ड की शून्यता का। शून्य अशून्य, ब्रह्माण्ड के सब कुछ का प्रतीक है और 'है-पन' उनमे व्याप्त है और इन दोनों अवस्थाओं से परे स्थित है।

१२ योगिराज सिद्धनाथ के द्वारा दिया गया मुहावरा, यह शब्द एक विरोधाभास का प्रतीक है क्योंकि जहाँ तक हमारे अस्तित्व का प्रश्न है, परब्रह्म, नश्वर विचार के इस कदर परे है कि वह कुछ भी नहीं है। और फिर भी वह हमारे आत्मतत्व और सकल ब्रह्माण्ड का अत्यावश्यक अंग है।

आध्यात्मिक चेतना के विविध स्तरों का अनुभव करते हुए साधक को स्वयं के प्रति सच्चा होना होगा। मैं यहाँ इस बात का फैसला करने के लिए नहीं बैठा हूँ कि क्या सही है और क्या गलत। अपनी बात कहूँ तो मैं बस इतना जानता हूँ कि मैं सेवा और मार्गदर्शन करने के लिए प्रेरित हुआ हूँ। मेरी कलम सिर्फ इसलिए लिख रही क्योंकि वे चाहते हैं कि यह लिखे। शायद इस पुस्तक का उद्देश्य हमारे अहं को काबू में रखना है और हम सभी को अपने भीतर पूरी विनम्रता के साथ यह समझने योग्य बनाना है कि हमारा स्तर कहाँ है और महान सत्ता "बाबाजी" का स्तर कहाँ है।

स्मरण रहे कि युगों युगों में जीवित रहने वाले महान संत मानवजाति के हृदय और मन को पढ़ सकते हैं। वे अच्छे तौर पर यह जानते हैं कि हर एक व्यक्ति अपने व्यक्तिगत आत्मोत्थान के किस क्रम पर खड़ा है और ईश्वर के प्रति उसकी भक्ति में कितनी गहराई है।

अध्याय २

बाबाजी और गोरक्षनाथ एक ही हैं

वे अनामिक कहलाए जाते हैं परन्तु फिर भी उनके कई नाम हैं, उन सब में सबसे पहला नाम, बाबाजी है। वे समय से भी प्राचीन, सभी सिद्धों के पितामह, दिव्य राजवंशों के सम्राटों के सम्राट हैं, जिन्हे प्रथम और अंतिम कहा जाता है। वे महावतार हैं, समूचे ज्ञान और संसार के उत्थान के मूलस्रोत हैं, जिनका वर्तमान जगत से सर्वप्रथम परिचय कराया योगावतार लाहिड़ी महाशय ने, फिर ज्ञानावतार श्री युक्तेश्वर ने और तत्पश्चात परमहंस योगानंद ने, जो क्रियायोग के मुक्तिप्रदायक विज्ञान को भारत से पश्चिमी जगत में ले गए।

परमहंस योगानंद रचित, 'एक योगी की आत्मकथा'[१] के द्वारा जनसामान्य को सर्वप्रथम बाबाजी का परिचय प्राप्त हुआ। इस ग्रन्थ ने इस बात का खुलासा किया कि बाबाजी वे अमर योगी हैं जो जगत के कल्याण और आध्यात्मिक उत्थान के लिए युगों युगों से जीवित हैं। हमें बताया गया कि योगानंद के परमगुरु योगावतार लाहिड़ी महाशय ने उन्हें बाबाजी का नाम दिया और स्वयं बाबाजी के द्वारा क्रियायोग में दीक्षित हुए। योगावतार लाहिड़ी महाशय के द्वारा ही क्रियायोग के क्रांतिकारी प्रकाशमान पथ का ज्ञान आज समूचे संसार भर में प्रसारित है। हालाँकि इस विरासत के द्वारा ही हमें महावतार के कई विवरण प्राप्त हुए हैं, परन्तु फिर भी ऐसा बहुतेरी बातों को गुप्त रखते हुए किया गया। उस समय के महान आध्यात्मिक सतगुरुओं ने बेहद सावधानी

---

[१] बीसवीं शताब्दी में परमहंस योगानंद द्वारा लिखित एक उत्कृष्ट आध्यात्मिक कृति।

के साथ 'बाबाजी' नाम की उस महान सत्ता के बस थोड़े से विवरणों को लोगों के सामने प्रकट किया। उस समय के लोगों की आध्यात्मिक उन्नति की अवस्था अपर्याप्त होने के कारण बाबाजी के रहस्यों को छिपा कर रखा गया। बाबाजी के जीवन और विरासत के कतिपय विवरण जनसाधारण को बताने लायक नहीं समझे गए क्योंकि उस समय लोग उन्हें अपनाने के लिए तैयार नहीं थे।

अब वह समय आ गया है कि हम इस महान सत्ता के विषय में जितना अधिक मनुष्य जान सकता है उतना अधिक सत्य प्रकट करें, जो अमर महावतार हैं, जो हमारी रक्षा और मार्गदर्शन और हमारी मानवजाति और संसार को आशीष देने के लिए आये हैं। परमहंस योगानंद ने अपनी आत्मकथा में कहा है:

"मैंने इन पृष्ठों में बाबाजी के जीवन का महज़ एक संकेत दिया है – बहुत थोड़े से तथ्य जिन्हें वे समझते हैं कि सार्वजनिक रूप से बताया जाना उचित और उपयोगी होगा।"

यह पहले से जानते हुए कि एक ऐसा समय आएगा जब सच्चे जिज्ञासु, जिनके मन मस्तिष्क, बाबाजी के सत्य को अपनाने के लिए पर्याप्त रूप से तैयार होंगे, इस महान सत्ता के बारे में जानने के लिए प्यासे हो उठेंगे; परमहंस योगानंद ने उनकी पहचान को लेकर बहुत से संकेत दिए जिनका आगे चलकर प्रकटीकरण तय था। कदाचित इस बात का सबसे बड़ा संकेत उन्होंने अपनी आत्मकथा में दिया है जहाँ उन्होंने हमें बताया कि बाबाजी तो उन महावतार के बहुत से नामों में से एक नाम है और यह कि उन्हें बहुत से दूसरे नामों से भी बुलाया जाता है जो शैव मत से संबंधित हैं। बाबाजी के बारे में वे कहते हैं:

"उन्होंने अपने लिए एक साधारण नाम चुना है (जिसका अर्थ पूज्य पिता होता है); लाहिड़ी महाशय के शिष्यों द्वारा उन्हें दिए गए दूसरे नाम हैं, महामुनि बाबाजी महाराज, महायोगी, त्र्यम्बक बाबा और शिव बाबा।"

यह योगानंद की कलम की कोई गलती नहीं बल्कि स्पष्ट संकेत है कि वे किसे बाबाजी कह रहे हैं। इन नामों से कोई साधारण पाठक भी आसानी से यह निष्कर्ष निकाल सकता है कि योगावतार लाहिड़ी

महाशय और उनके शिष्य, बाबाजी को एक अवतार और शिव का स्वरुप मानते थे। शिव के इस स्वरुप की किसी सामान्य अवतार के रूप में व्याख्या नहीं हुई बल्कि अति उच्च और शिव की अनश्वर अभिव्यक्ति के रूप में उन्हें जाना गया है, क्योंकि बाबाजी स्वयं अविनाशी शिव ही हैं, जो पूरे भारतवर्ष में शिवगोरक्ष के नाम से प्रसिद्ध हैं, हर युग में होने वाले संत और नाथ सम्प्रदाय के प्रतिष्ठापक हैं। गुप्त रूप से और हिमालय के योगियों के लिए वे शिवगोरक्ष बाबाजी के नाम से जाने जाते हैं। आम आदमी के लिए वे गोरक्षनाथ या गोरखनाथ हैं।

जब हम योगानंद के जीवन के विवरणों की ओर ध्यान देते हैं तब बाबाजी के ही गोरक्षनाथ होने की पुनः पुष्टि हो जाती है। 'मेजदा' नामक पुस्तक में, जो परमहंस योगानंद के छोटे भाई, गोरा द्वारा लिखित है और जिनका स्वयं का नाम संत गोरक्षनाथ के नाम पर रखा गया था, हमें योगानंद के शैशवकाल की घटनाओं का विवरण मिलता है।

मेजदा या योगानंद का जन्म गोरखपुर में हुआ था। उनके जैसे एक अत्यंत उच्च कोटि के संत का इस नगर में जन्म लेना कोई संयोग की बात नहीं थी। इसमें मैं उनका गोरक्षनाथ के साथ गहरा संबंध देखता हूँ जिन्हें आगे चलकर उन्होंने अपनी प्रसिद्ध आत्मकथा में बाबाजी कहा है। गोरखपुर गोरक्षनाथ के भक्तों के लिए एक अत्यंत पावन तीर्थ है क्योंकि मध्ययुग में शिवगोरक्ष बाबाजी की उपस्थिति से यह स्थान पवित्र हुआ था। यह मंदिर, भारत में उनका एक प्रमुख मंदिर है, जहाँ से साधकों को दिव्य विधि विधान, लक्ष्य और आशीर्वाद प्रदान किये जाते हैं। यही वह स्थान था जहाँ योगानंद ने जन्म लिया और बाबाजी के प्रति अपने सच्चे प्रेम और श्रद्धा के कारण उन्होंने गोरक्षनाथ के इस पवित्रतम मंदिर के स्थान की तरफ़ चुम्बकीय खिंचाव महसूस किया।

योगानंद के माता पिता गोरक्षनाथ के बहुत बड़े भक्त थे और उनके मार्गदर्शन एवं आशीष के लिए नियमित रूप से उनके मंदिर जाया करते थे। मात्र चार वर्ष की आयु में योगानंद ने शिवगोरक्ष बाबाजी की शक्ति और कृपा का अनुभव किया और वे इस पवित्र मंदिर में सर्वव्यापी चेतना के आनंद में लीन हो गए थे। उनका यह अनुभव, मेजदा (बांग्ला भाषा में बड़े मंझले भाई का नाम) पुस्तक में, कुछ इस तरह दिया गया है:

"साधारणतया, हमारे माता पिता, मेजदा को हर रविवार या पवित्र दिनों में पूजा के लिए गोरखनाथ के मंदिर ले जाया करते थे। हालाँकि, एक रविवार हमारे घर में धार्मिक उत्सव होने के कारण वे मंदिर नहीं जा सके।

"जैसे-जैसे मेहमान घर से जाने लगे, माँ को इस बात का भान हुआ कि उन्होंने मेजदा को कई घंटों से देखा नहीं। घर और पड़ोस में खोजबीन की गई पर उनका कोई पता नहीं चला। अपने पुत्र के स्वभाव को जानते हुए और अंततः इस बात को समझ कर माँ ने पिताजी से कहा, 'क्योंकि हम गोरखनाथ के मंदिर में हर रविवार पूजा करने जाते हैं और इस रविवार हम नहीं गए, तो हो सकता है कि मुकुंद (योगानंद के जन्म का नाम) वहीं हो।'

"पिताजी और कुछ मेहमान सीधे मंदिर की ओर चले गए। जैसा माँ का अनुमान था, मेजदा वही थे, वे किसी छोटे साधू की तरह, ध्यान में लीन बैठे हुए थे। जबकि सारा परिवार उत्सव का आनंद ले रहा था, वे चुपचाप घर से बाहर निकलकर मंदिर में अपनी प्रत्येक रविवार की उपस्थिति दर्ज कराने चले गए – मंदिर एक किलोमीटर से ज़्यादा दूरी पर था जो एक छोटे बच्चे के लिए लम्बी दूरी थी।

"....भोर होने को थी.... मेजदा ने काफ़ी देर बाद अपनी आँखें खोलीं और अपने चारों तरफ़ इकठ्ठा हुए इतने लोगों को देख कर बड़े चकित हुए। तब उन्हें इस बात का भान हुआ कि वे कहाँ थे और क्यों सब उनके विषय में इतने चिंतित हो उठे थे। एक मीठी मुस्कान के साथ उन्होंने अपने पिता की ओर देखा और फिर उन्हें यूँ परेशान होता देख, सिर झुका कर प्रणाम किया। पिताजी ने गंभीर आवाज़ में उनसे कहा: 'अब घर चलो। बहुत देर हो गई है। हम लोग तुम्हारे बारे में बहुत चिंतित थे।'"

गोरक्षनाथ, जिन्होंने योगानंद को इस छोटी सी उम्र में आशीर्वाद दिया था, आगे चलकर उन्होंने ही पश्चिम में क्रियायोग के प्रचार, प्रसार के लिए उन्हें मार्गदर्शन और आशीर्वाद प्रदान किया। और वे गोरक्षनाथ ही थे जो कालांतर में परमहंस योगानंद की आत्मकथा में महान महावतार बाबाजी के नाम से प्रसिद्ध हुए।

अध्याय ३

संत जो बाबाजी नहीं हैं

संसार भर के सच्चे जिज्ञासुओं के साथ मिलकर मुझे यह बात स्पष्ट हुई कि बाबाजी को लेकर बहुत अधिक संदेह और भ्रम की स्थिति बनी हुई है। जैसा पहले भी बताया जा चुका है कि बाबाजी शब्द का सामान्य अर्थ 'पूज्य पिता' होता है एवं भारत में बड़े बुजुर्गों को इस नाम से ही सम्बोधित किया जाता है। अतः, सभी संशयों को स्पष्ट करने और इस उलझन से मुक्ति पाने के लिए, मुझे इस बात को समझाने की आवश्यकता महसूस हुई कि कौन सच्चे शिवगोरक्ष बाबाजी नहीं हैं, या कौन शिवगोरक्ष बाबाजी नहीं हो सकते।

बाबाजी हैड़ाखन – प्रथम

ये बाबाजी १८६१ में प्रकट हुए और कुमाऊँ की पहाड़ियों के बीच, हैड़ाखन नामक स्थान में अपनी लीला की। वे हैड़ाखन बाबा के नाम से प्रसिद्ध हुए। बहुत से लोग यह कहते हैं कि वे द्रोणाचार्य[१] के पुत्र अश्वत्थामा[२] थे।

महाभारत के महान युद्ध के पश्चात वे चिरंजीवी हो गए और अविनाशी हो कर वे आज भी अपने सूक्ष्म या स्थूल शरीर में जीवित हैं।

---

१ देवऋषि, जो महाभारत के काल में जीवित थे, कौरव और पांडवों के गुरु, और अश्वत्थामा के पिता।

२ अष्ट चिरंजीवियों में से एक; लगभग ३१०२ ई.पू., महाभारत के महान युद्ध में उन्होंने भाग लिया था और ऐसा कहा जाता है कि वे आज भी हिमालय में जीवित हैं।

कुछ साधक उन्हें शिव का अंश-अवतार भी मानते हैं। १९२४ में, वे हिमालय में कहीं गुम हो गए और ऐसा माना जाता है कि वे गुप्त रूप से अश्वत्थामा के रूप में वहां विचरण कर रहे हैं। ये वे महावतार शिवगोरक्ष बाबाजी नहीं हैं जिनका मैं सन्दर्भ दे रहा हूँ और जो शिव की पूर्ण अभिव्यक्ति हैं। और ना ही ये वो बाबाजी हैं जिनका उल्लेख योगानंद की आत्मकथा में मिलता है। स्वामी राम ने हैड़ाखन बाबा की आध्यात्मिक प्रतिष्ठा को सोमबारी बाबा और स्वयं के गुरु, बंगाली बाबा के समकक्ष बताया है, अतः इससे यह बात और भी स्पष्ट हो जाती है कि वे शिवगोरक्ष बाबाजी नहीं हैं, जो अनुपादक हैं – अजर-अमर हैं और अनंत शिव की प्रत्यक्ष अभिव्यक्ति हैं।

बाबाजी हैड़ाखन – द्वितीय

हैड़ाखन बाबा-प्रथम के अंतर्धान होने के कुछ वर्षों पश्चात एक युवा बालक नेपाल से कुमाऊँ प्रदेश में हैड़ाखन बाबा के आश्रम आया और इस बात का दावा करने लगा कि वह इस नए, जवान शरीर में हैड़ाखन बाबा ही है और वह भी अब इसी नाम से जाना जायेगा। दोनों बाबा ने अपना नाम उसी स्थान का रखा (हैड़ाखन) जहाँ वे रह रहे थे जैसा कि सामान्यतः भारत में किया जाता है।

हैड़ाखन बाबा-प्रथम के अदृश्य हो जाने के पीछे कुछ अस्पष्टता बनी हुई है। कुछ लोग कहते हैं कि उन्होंने दूरस्थ हिमालय की श्रेणियों में महासमाधि ले ली (योग क्रिया के द्वारा स्वेच्छा से अपने शरीर से प्राण निकाल लेना), जबकि कुछ दूसरे यह कहते हैं उन्होंने अपना शरीर रुपी चोला बदल लिया था और एक नया शरीर ग्रहण किया जो इस जवान नेपाली बालक का शरीर था। इस युवा सिद्ध ने अपने जीवनलक्ष्य के दौरान कई चमत्कार किए। उसे सच्चे, अनश्वर बाबाजी के रूप में अत्यंत श्रद्धा और सम्मान मिला परन्तु वर्ष १९८४ में उसकी मृत्यु हो गयी। वह एक अंश अवतार या बाबाजी का ही एक रूप हो सकता था, लेकिन इस बात पर संशय की छाया आ गई जब वह परलोक सिधार गया। हैड़ाखन बाबा के लौकिक रूप से अस्तित्ववान होने के ऐतिहासिक साक्ष्य मौजूद हैं परन्तु उनकी मानवीय मृत्यु हुई, अतः यह स्पष्ट है कि वे अनश्वर महावतार बाबाजी नहीं हैं।

गोरख नारायण

गोरख बाबा के नाम से भी प्रचलित ये संत, हिमालय के कुमाऊँ प्रदेश में रहते हैं। 'श्री बाबाजी' नामक पुस्तक से विख्यात हो जाने पर कभी-कभी उन्हें 'श्री बाबाजी' भी बुलाया जाता रहा है। श्री बाबाजी पुस्तक में यह लिखा है कि गोरख नारायण का एक नाम शिवगोरक्ष बाबाजी भी है। यह योगी, गोरख नारायण, हो सकता है कि शिवगोरक्ष बाबाजी के नाम से जाने जाते हों, लेकिन यहाँ मैं आपको यह बिलकुल स्पष्ट कर देना चाहता हूँ कि ये वो प्रसिद्ध शिवगोरक्ष बाबाजी नहीं हैं जिनका सन्दर्भ मैं इस पुस्तक में दे रहा हूँ। और न ही वे योगानंद की आत्मकथा वाले बाबाजी ही हैं। गोरख नारायण ने यह बताया है कि वे अपने पूर्वजीवन में कृपाचार्य थे जो महाभारत युद्ध के काल में जीवित थे। शिवगोरक्ष बाबाजी जिनका मैं यहाँ उल्लेख कर रहा हूँ, स्वयं भगवान शिव की प्रत्यक्ष अभिव्यक्ति हैं। महाभारत युद्ध के दौरान, दिव्य महावतार बाबाजी ने कुंती के छह दिव्य पुत्रों के जन्म का आशीर्वाद दिया था। वे किसी युद्ध के बखेड़े में फँसने से कोसों दूर थे। इसके विपरीत, वे महाभारत युद्ध के मौन दर्शक एवं दिव्य साक्षी थे। इससे यह स्पष्ट हो जाता है कि ये वे कृपाचार्य नहीं थे जिन्होंने पांडव और कौरव वंश के बीच हुए महाभारत युद्ध में भाग लिया था।

गोरख नारायण, हिमालय के अन्य योगियों की तरह, एक आश्रम में रहते हैं, जहाँ तीर्थयात्री एवं पथिक उनसे आसानी से मिल कर उनका आशीर्वाद ले सकते हैं। जिन बाबाजी के बारे में मैं बात कर रहा हूँ, शिवगोरक्ष बाबाजी, एक दिव्य सत्ता हैं, जिनसे मिलना तभी संभव है जब कि स्वयं वे ऐसा चाहें। यहाँ तक कि अपने लौकिक रूप में भी, जब, जहाँ जैसी आवश्यकता पड़ती है वे अभिव्यक्त हो जाते हैं, लेकिन सदा ही केवल मार्गदर्शन या जगत के क्रमोत्थान को प्रोत्साहित करने के लिए ही अथवा बेहद दुर्लभ परिस्थितियों में विशिष्ट व्यक्तियों को दर्शन देते हैं। यह मिलन अत्यंत व्यक्तिगत, अत्यधिक शक्तिशाली और अभूतपूर्व रहस्य से भरा होता है।

बाबाजी नागराज

हम, दक्षिण भारत के कोई संत बाबाजी नागराज के ऐतिहासिक अस्तित्व को पहचान देने के लिए पूरी निष्ठा से कोशिश कर रहे हैं। हमने तमिलनाडु के तंजावुर नगर में सर्फ़ोजी सरस्वती महल पुस्तकालय में उनके नाम की खोजबीन की। ऐसा कहा जाता है कि इस संत ने वहां जन्म लिया था। तमिलनाडु के विभिन्न भागों में जांच पड़ताल और शोध किये गए, जिनमें सित्तरगिरी भी शामिल है। परन्तु अब तक हमें बाबाजी नागराज के अस्तित्व से सम्बंधित ऐतिहासिक साक्ष्य मिलना शेष है, केवल एक आधुनिक मंदिर को छोड़कर जो उनके नाम पर स्थापित और आधारित है। परन्तु यह मंदिर एक ऐसे आदमी की निजी ज़मीन पर बना हुआ था जिसने बाबाजी नागराज और क्रियायोग पर उनकी पुस्तक के विषय में लिखा था।

यह कुछ अजीब सी बात लगती है कि बाबाजी नागराज को वास्तविक बाबाजी का नाम, परमहंस योगानंद की महासमाधि के बाद दिया गया एवं तब नहीं जब कि वे जीवित थे। यदि ऐसा किया जाता तो यह अच्छा होता क्योंकि तब योगानंद इस दावे का समर्थन करते और इसे आशीर्वाद देते कि उनकी आत्मकथा के बाबाजी और दक्षिण भारतीय बाबाजी एक ही व्यक्ति हैं। परन्तु ऐसा नहीं हुआ। इससे अधिक और क्या कहा जाए कि तमिलनाडु के वासियों को भी बाबाजी नागराज के विषय में कुछ भी ज्ञान नहीं है जबकि वे दूसरे तमिल सिद्धों जैसे थिरुमूलार, बोगार नाथ, सम्बन्धार, करूर सिद्ध और रामलिंग स्वामी के विषय में बहुत कुछ जानते हैं। बाबाजी नागराज का क्रियायोग भी वास्तविक क्रियायोग से मेल नहीं खाता है। हालांकि सभी योग – चाहे वे पुरातन हों या नव अविष्कृत हों, अच्छे ही होते हैं। मैं यहाँ सिर्फ इसलिए अंतर कर रहा हूँ ताकि लोग उसी योग का अभ्यास करें जिसका अभ्यास करने का उनका इरादा हो, न कि किसी और योग का अभ्यास। जहाँ तक बाबाजी नागराज के ऐतिहासिक अस्तित्व के साक्ष्य मिलने का प्रश्न है, हमें अब तक तमिल सिद्धों के परिपेक्ष्य में इस नाम के किसी भी संत का कोई भी सन्दर्भ या सबूत नहीं मिला है।

सित्तरगिरी नगर के एक मंदिर में अठारह सिद्धों की मूर्तियां।
सभी सिद्धों के प्रमुख के रूप में शिव गोरक्ष बाबाजी,
बीच में स्थित हैं और उनकी मूर्ति के नीचे फूल रखे गए हैं।

बाबाजी नागराज की खोज में हम एक छोटे नगर सित्तरगिरी पहुंचे, इस नगर का नाम अठारह दक्षिण भारतीय सित्तरों या सिद्धों की परंपरा की विरासत पर बिलकुल ठीक रखा गया था। हमने वहां अठारह तमिल सित्तरों की मूर्तियां देखीं परन्तु बाबाजी नागराज का नाम कहीं भी उल्लेखित नहीं पाया। हालांकि उन अठारह मूर्तियों के ठीक बीच में एक मूर्ति के चरणों के पास हमने फूल गिरे देखे, जो उसे उनका प्रमुख या उनका गुरु होना बता रहा था। जैसा कि हमें मंदिर के महंत ने बताया कि यह मूर्ति शिवगोरक्ष बाबाजी की थी, जो हिमालय से ऋषि अगस्त्य और सुन्दर नाथ के साथ, उत्तर भारत से योग के ज्ञान को दक्षिण तक ले कर आए।

नेपाल में एक कथा है जिसके अनुसार शिवगोरक्ष बाबाजी ने एक बार स्वयं को नागाओं के आध्यात्मिक राजा के रूप में प्रकट किया। किसी पुराने अवशेष में वे समाधि की मुद्रा में दर्शाये गए हैं, जिसमें वे नौ नागों से बने योग के सिंहासन पर विराजमान हैं। अतः भारत के

कुछ प्रदेशों और नेपाल में शिवगोरक्ष बाबाजी को "नागराज" के नाम से भी जाना जाता है। अतः सित्तरगिरी के अठारह सित्तरों के मंदिर को देखकर इस बात की पूरी संभावना लगती है कि शिवगोरक्ष बाबाजी के नागराज नाम की प्रसिद्धि दक्षिण भारत तक भी अवश्य पहुंची होगी। अतः नागराज तो शिवगोरक्ष बाबाजी की महज़ एक उपाधि है।

इसके अलावा, दूसरी शताब्दी में नागार्जुन नामक एक दिव्य रसायनविद का उल्लेख मिलता है जो शिवगोरक्ष बाबाजी का शिष्य था और वह भी उत्तर भारत से आया था। यह हो सकता है कि नागार्जुन की प्रसिद्धि दक्षिण भारत तक पहुंची हो और उसे ही कालांतर में नागराज कहा गया हो।

यह जानना भी महत्वपूर्ण है कि यदि किसी बाबाजी नागराज नाम के मनुष्य ने तमिलनाडु में पैदा हो कर वहां जीवनयापन किया भी हो, तब भी उसका जन्म एक मानवीय जन्म माना जाएगा, और इसीलिए वह अनश्वर महावतार बाबाजी नहीं हो सकता जिनका उल्लेख, 'एक योगी की आत्मकथा' पुस्तक में आता है और जिनके विषय में, मैं यहाँ बतला रहा हूँ।

योगाचार्य श्री गुरू गोरक्षनाथ जी

मृगस्थली स्थली पुण्या भालं नेपालमण्डले।
यत्र गोरक्षनाथेन मेघमाला सनीकृता॥

नागों के सिंहासन पर विराजमान सच्चे शिव गोरक्ष बाबाजी

अध्याय ४

अनादि अनंत बाबाजी के साथ मेरी प्रथम भेंट

अक्षय बाबाजी ने अपार करुणावत होते हुए अपने अविनाशी तत्व का एक अत्यंत सूक्ष्म अंश इस लौकिक जगत में अपने पीछे छोड़ दिया है। वे उन चुनिंदा श्रद्धावान लोगों के लिए सदा उपस्थित रहते हैं, जो प्रकाश के रक्षक हैं, जो क्रियायोग के सन्देश को ज्वलंत बनाए रखने की हिम्मत करते हैं जिससे जगत को आत्मज्ञान प्राप्त हो सके। मैं खुद को अत्यंत सम्मानित महसूस करता हूँ कि मैं उन महान योगियों और संतों के पावन पदचिन्हों पर चलने योग्य हुआ जो मेरे समक्ष प्रकाशमय संजीवन देहों में चले गए, जो बुलंद हिमालय में अंतिम सत्य की खोज में चले गए।

जब मैं उस अवर्णनीय सत्ता, जिन्हें बाबाजी कहते हैं, तक पहुँचने की अपनी यात्रा में थोड़ी देर का विराम लेने लगा, तब ऐसा प्रतीत हुआ कि मेरा मन अपनी सीमाएं छोड़ रहा है और मैं यह बता पाने में असमर्थ था कि कब मेरा शरीर मेरा मन बन गया और कब मेरा मन मेरी चेतना में एक हो बहने लगा। पूर्व कर्मों के छोटे छोटे टुकड़े, जिनसे मिल कर मेरा शरीर, मन और आत्मा बने थे, सब एक जागरण में घुलते जा रहे थे, जिससे मुझमें यह ज्ञान उतर आया कि चैतन्य के स्तर पर पदार्थ और मन उस चैतन्य के, विशुद्ध प्रज्ञा[१] के अधीन होते हैं।

यह वर्ष १९६७ की बात है जब मैंने इस महान सत्ता से मिलने के लिए अपनी यात्रा और खोज प्रारम्भ की। वे अनामिक हैं, परन्तु लोग

---

[१] मन के हस्तक्षेप के बिना सत्य को जैसा वह है वैसा जानना।

उन्हें बहुत से नामों से पुकारते हैं। वे प्रकट-अप्रकट हो कर मानवजाति की रक्षा करते हैं; ऐसी रहस्यपूर्ण उपाधियाँ आजकल के तार्किक लोगों को उलझन में डाल देती हैं। और इसी कारण परम पावन की ओर, मैं अपनी इस तीर्थयात्रा पर निकल पड़ा।

जब मैं हिमालय के अत्यंत दुर्लभ स्थानों पर पहुंचा, तब उन स्थानों की व्यापकता ने मेरे मन को सीमाहीन बना दिया जिससे मुझे बाबाजी की उपस्थिति का ज्ञान हुआ, जो मानो मुझसे यह कह रहे थे, 'मैं सर्वत्र हूँ, मैं कहीं भी नहीं हूँ, और मैं अभी यहीं हूँ।' ढलते सूरज की धूप में परछाईयां लम्बी हो गई थीं। सूर्य के स्वर्णिम उजाले से पृथ्वी मानो स्वच्छ हो रही थी।

जैसे ही आसमान में अँधेरा छाया, तारे जगमगा उठे और पहाड़ों पर वास करने वाले योगियों ने संध्या समय की अपनी अग्नि प्रज्वलित कर ली। रात में चमकते हुए तारे न जाने कितने ही पुरातन ऋषियों की कहानियां अपने में समेटे हुए हैं। जब मैं अपने आधे फटे हुए स्लीपिंग बैग पर आराम करने के लिए लेटा, मैंने रात्रि के आकाश की ओर देखा जो हिमालय में बिल्कुल निर्मल हुआ करता है। वहां मैं सप्तऋषियों को देख सकता था, जो इतने पुरातन हैं कि मुझे आश्चर्य होता है कि उनकी जीवनियां किसने लिखी होंगी। अपनी ही सोच में मगन, मैंने भारत की आध्यात्मिक विरासत का विचार किया, जिसमें सप्तऋषियों में से हर एक तारे के जीवनी लिखी हुई है।

क्या आप जानते हैं कि रात्रि में जब आसमान कुछ नीचे दिखाई पड़ने लगता है, तब उसके साथ ईश्वर भी हमारी आत्माओं के समीप प्रतीत होने लगता है और जैसे ही मैंने आसमान के भीतर झाँका, मेरी आँखें सप्तऋषि के अंतिम से एक पहले वाले तारे पर अटक गयीं। ये प्राचीन ऋषि वशिष्ठ थे, जिनके साथ एक छोटे तारे के रूप में उनकी निष्ठावान पत्नी अरुंधति थीं। और जबकि सारे बाकी सप्तऋषियों की पत्नियां उन्हें छोड़ कर चली गयीं, यह दिव्य जोड़ा आपस में एक दूसरे के विश्वसनीय बने रहे। इसीलिए भारत में हर विवाह के उपरांत, शादीशुदा जोड़ों को इन दोनों के दर्शन कराए जाते हैं, जीवनभर एक दूसरे के प्रति विश्वासपात्र बने रहने की शपथ याद दिलाने हेतु।

अनादि अनंत बाबाजी के साथ मेरी प्रथम भेंट

अत्यंत सूक्ष्म दृष्टिकोण यह बताते हैं कि भारतीय संस्कृति की पुरातनता, प्रागैतिहासिक काल की रात्रि में उद्भूत हुई। महान भारतभूमि की गहनता और दर्शन से अचंभित मैंने जल्द ही स्वयं को तारों के शामियाने के नीच खर्राटे भरते हुए पाया। लेकिन ज़रा एक मिनट ठहरिये! क्या यह मेरे ही खर्राटे थे या फिर कोई जंगली जानवर, झाड़ियों के पीछे अपने भोजन की तलाश में घुरघुरा रहा था?

जल्दी ही मैंने यह पाया कि जबकि मेरा शरीर सोया हुआ था और खर्राटे मार रहा था, मेरा मन पूर्ण रूप से जाग्रत था। यह एक प्रकार की समाधि की अवस्था होती है, और ये कोई पहली बार नहीं हो रहा था कि जब मेरा शरीर निद्रा में लीन था और मेरा मन जाग्रत था। मेरी अवस्था कैसी भी क्यों न हो, जाग्रत या निद्रा में, मैं अब भी उस प्रकट-अप्रकट रक्षक को तलाश रहा था, उनके दर्शनों का प्यासा था।

मैं उस समय जिस स्थान पर सोया हुआ था, वह रुद्रप्रयाग में था। प्रयाग का अर्थ दो नदियों का पवित्र संगम होता है। मन्दाकिनी एवं अलकनंदा नदियों का मिलन स्थल एक ऐसा ही संगम है जो स्वयमेव महान हिमालय स्वरुप भगवान शिव की सफेद जटाओं से बहती धारा का प्रतीक है। यह तीर्थ संगीत के ज्ञान के लिए जाना जाता है, जो भगवान शिव ने देवऋषि[२] नारद[३] को प्रदान किया था। स्मरण रहे कि अब हम गढ़वाल क्षेत्र में प्रवेश कर गए थे, जिसका अर्थ 'देवों की भूमि' होता है। बहुत से योगी और संत इन पवित्र स्थानों में तप[४] और ध्यान साधना करते हुए भगवतप्राप्ति में सफल हुए हैं।

लोग यह नहीं समझ पाते हैं कि मेरे भीतर बाबाजी से मिलने की चाहत कैसे पैदा हुई। इसका उत्तर यह है कि इच्छा तो योगी के स्मृतिकोष में जन्म से ही संग्रहीत और संकुचित रहती है और सही समय आने पर वह इच्छा कर्मरूपी फल में बदल जाती है। परन्तु मैं

---

२ ऋषि या संतों के पदानुक्रम में तीसरे।

३ एक देवऋषि और शिव के भक्त जिन्होंने रुद्रप्रयाग में उन्हें दिव्य संगीत की शिक्षा दी।

४ तपस्या या चरम सहनशीलता, योग की कोशिशों का एक महत्वपूर्ण तत्व, क्योंकि उन सभी में त्याग और श्रेष्ठता निहित है; योग ध्यान में इसे स्वयं की प्राण ऊर्जाओं को अपने ही भीतर शनै: शनै: पकाना जिससे वे संग्रहीत एवं प्रवाहित हो सकें।

यह स्पष्ट कर देना चाहता हूँ कि दिव्य गुरु के आशीषों के फलस्वरूप ही इच्छाएं फलित होती हैं। और इस प्रकार, कुछ तो पैदल और कुछ दूसरों की सवारी पर, मैंने बद्रीनाथ की ओर अपनी यात्रा जारी रखी। जब मैंने हिमालय की उत्तुंग पर्वत श्रेणियों को देखा तब मेरा हृदय भी एक ऊंची उड़ान भर कर उन्हें प्रणाम करने लगा।

बचपन में मुझे यह बताया गया था कि नाथ योगियों की पुरातनता स्वयं हिमालय जितनी पुरानी है और नाथ योगी ही हिमालय की श्रृंखलाओं के सच्चे रक्षक हैं। और सिर्फ यही नहीं, बल्कि वे इतने पुरातन हैं कि कालांतर में उनके स्थूल शरीर प्रस्तरीभूत हो कर पर्वत हो गए, और मेरे लिए तो वे उसी पर्वत का रूप थे जो मेरे सामने था। केदारनाथ का विशाल पर्वत ऐसा ही था मानो भगवान शिव किसी दिव्य योगी के रूप में तपस्या में लीन हों। ठीक ऐसा ही तुंगनाथ पर्वत के साथ भी है, जिसका अर्थ 'बलवान भुजाओं वाले शिव' है। फिर जब मैं कल्पनाथ में कुछ देर ठहरा, मैंने शिव की जटाओं को समूची पर्वत श्रृंखलाओं और कंदराओं में व्याप्त देखा, मानो एक योगी गहन ध्यान में लीन हो। अतः हिमालय का हर एक बुलंद पर्वत एक पवित्र तीर्थ है और

राजसी केदारनाथ पर्वत

एक ऐसे ध्यानस्थ ऋषि का प्रतीक है जो समयांतर में अचल हो गया है। फिर वहां मध महेश्वर था जो शिव के मध्य उदरस्थान का प्रतीक है और रुद्रनाथ उनके मुख का प्रतीक है। ये पांच तीर्थ, पंचकेदार का निर्माण करते हैं और ये पांच अत्यंत महान नाथ योगियों का प्रतिनिधित्व भी करते हैं जो स्वयं भगवान शिव से उद्भूत हुए थे। पूरा वातावरण एक गहन ध्यान था जिसका मैं भी एक हिस्सा हो गया था।

शंकुधारी वृक्षों की अद्भुत सुगंध मेरे लिए ही बह रही थी और उन वृक्षों से गिरे हुए फल अनजाने में मेरे पैरों तले दबे जा रहे थे। मुझसे हो कर गुज़रता हुआ, पहाड़ी हवा का एक झोंका मुझे मानो यह प्रेरक सन्देश दे गया कि आत्मा अमर है और शरीर एक नाव है जो हमें माया के सागर से आत्मज्ञान की मंज़िल तक ले जाता है, कि हम यह नश्वर नासी देह नहीं बल्कि अलख निरंजन अविनासी हैं।

महान ब्रह्मऋषि[५] विश्वामित्र के पोते और पुरातन सम्राट भरत के नाम पर हमारे देश का नाम भारत पड़ा। वशिष्ठ और विश्वामित्र सप्तऋषियों में से एक हैं। भारत का अर्थ उस भूमि से है जिसके लोग आत्मा के प्रकाश ज्ञान से, एक सूत्र से बंधे हुए हैं।

और इसीलिए मैंने चलना और स्नान करना तब तक जारी रखा जब तक मैं शिव और पार्वती की पवित्र लीलास्थली बद्रीनाथ तीर्थ तक पहुँच नहीं गया। एक पुरानी कहावत के अनुसार, ऋषि नारायण को बद्रीनाथ तीर्थस्थान बेहद पसंद आ गया और वे उसे अपना स्थान बनाना चाह बैठे। परन्तु क्योंकि शिव ने उनकी इस इच्छा को नज़रअंदाज़ कर दिया इसलिए ऋषि नारायण ने हिमालय में खोये हुए शिशु का रूप धारण कर लिया। इस अनाथ बालक को देख कर माता पार्वती का मातृत्व प्रेम जागा और उन्होंने उस बच्चे का पालन पोषण किया। तब शिव ने करुणावत हो कर नारायण को बद्रीनाथ में रहकर अपनी लीला और ध्यान साधना करने का आशीर्वाद दिया। यहाँ जगत के कल्याण हेतु भगवान नारायण और नर ध्यान साधना में स्थित हैं। वे ही क्रमशः कृष्ण और अर्जुन हैं। पर गुप्त रूप से दिव्य अलौकिक सत्ता

---

[५] ऋषि जो निर्वाण मोक्ष के अंतिम स्तर तक पहुँच गया हो; एक पूर्ण जागृत मनुष्य।

कृष्ण नारायण ध्यानस्थ हैं, नर के उत्थान और कल्याण के लिए, जो समूची मानवता का प्रतीक है।

शीत ऋतु में हिमालय की बर्फ से ढँका रहने वाला, भगवान नारायण को समर्पित, बद्रीनाथ मंदिर ११,३९८ फीट की ऊँचाई पर है। यह मंदिर; ३,९०० फीट से भी ज़्यादा ऊंचे, भगवान शिव को समर्पित, भव्य नीलकंठ पर्वत के बगल में स्थित है। नीलकंठ पर्वत की हिमाच्छादित चोटी ज़्यादातर बादलों से ढंकी रहती है। सोनार सुली और नारायण पर्वतों से घिरे नीलकण्ठ पर्वत की चोटी, मेघरहित दिनों में बर्फीले हीरे की तरह दिखती है।

ऐसे ही एक साफ़ आसमान वाले दिन मुझे ऐसा प्रतीत हुआ मानो नीलकंठ स्वरुप बाबाजी, नारायण स्वरुप कृष्ण और नर स्वरुप अर्जुन[६], मेरे समक्ष पूरी भव्यता के साथ खड़े हो कर संसार पर आशीषों की वर्षा कर रहे हैं।

मैं जलवायु के अभ्यस्त होने के लिए कुछ दिन बद्रीनाथ में रुक गया। अपने प्रवास के दौरान मैं ध्यान साधना करने के लिए मंदिर जाया करता था। भारत में, शिव मंदिरों को छोड़कर हम सभी मंदिरों की परिक्रमा करते हैं। इस क्रिया को प्रदक्षिणा करना कहते हैं। ऐसी ही एक परिक्रमा के दौरान, मैंने एक अत्यधिक विस्मित कर देने वाली, प्रेरणास्पद कलाकृति देखी, जो किसी महान सिद्ध योगी का चित्र था। उनके गुंथे हुए बालों की लटें बर्फ से ढकीं थीं और थोड़ी बर्फ उनके माला के हर रुद्राक्ष पर भी थी। हाँ, यही तो थे वे! भव्य राजा सुन्दर नाथ। जिनका चित्र, सिंहगढ़ पुणे में मेरे भूमिगत ध्यान कक्ष में है। इस दिव्य योगी के सम्मान में मैं विस्मित सा खड़ा रहा जो गोरक्षनाथ की वंशावली के सिद्ध योगी हैं। सन १९२४ में राजा सुन्दर नाथ, गोरखपुर के गोरखनाथ मंदिर में महंत पद पर आसीन थे जो नाथ योगियों के धर्मनाथ उपसम्प्रदाय के अंतर्गत आता है। सुन्दर नाथ वही योगी हैं, जो एक दक्षिण भारतीय ग्वाले के शरीर में प्रवेश कर सिद्ध तिरुमूलार बने एवं प्रसिद्ध योग-ग्रन्थ, थिरू-मन्दिरम् की रचना की।

---

६ पांच पांडव राजकुमारों मे से एक जिसने महाभारत का युद्ध लड़ा था; पूर्णावतार कृष्ण का शिष्य जिनकी शिक्षायें भगवदगीता में पायी जा सकती हैं।

ये हिमालय के योगी, राजा सुन्दर नाथ, आज भी भारत-चीन सीमा पर स्थित अलकापुरी में अपने संजीवन शरीर में जीवित हैं।

स्वरुप समाधि[७] में प्रतिष्ठित नाथ योगी वही हैं जिन्होंने भारत की महान आध्यात्मिक परंपरा की सदा ही उस संकट से रक्षा की जिसने प्राचीन मिस्र, बेबीलोन, चीन, तिब्बत और दक्षिण अमेरिका की मायन सभ्यता को नष्ट कर दिया। भारत आज भी उतना ही जीवित है जितना दस हजार वर्ष पहले था। यह तय है कि आध्यात्मिक ऊर्जा का केंद्र भारत ही आज भी समूचे विश्व को जड़ जगत के स्वप्न से नए युग के महान आध्यात्मिक सत्य के आश्रय में ले जाएगा। बहुतेरी प्राचीन आध्यात्मिक सभ्यताएं वर्षों पहले नष्ट हो चुकी हैं। केवल यही नहीं, प्रचलित मान्यता के अनुसार, अनंतकाल से सिद्धनाथ योगी मानवता के रक्षक और हिमालय की चोटियों के रक्षक हैं। भारत के प्राचीन और वर्तमान वैभव को दर्शाने वाले इस योगी की पारम्परिक मुद्रा ने मुझे आनंदमय भाव समाधि में पहुंचा दिया। विश्व में कहीं भी ऐसी जीवन पद्धति नहीं है जहाँ एक योगी ईश्वर की खोज में अपना सब कुछ बलिदान कर देता है, बिना इस बात की चिंता किये कि उसका अगला भोजन कहाँ से आएगा, वह इस पथ पर अपना उत्सर्ग कर देता है। ईश्वर के लिए उसका ये जुनून उसके पूरे जीवन को बदल कर गोरखनाथ एवं अन्य संत जैसा दिव्य महामानव बना देता है जो उससे पहले प्रकाशस्वरूप बन कर इसी राह से गुज़र चुके हैं। वह ईश्वर की खोज एकचित्त हो कर करता है। केदारनाथ से बद्रीनाथ जाते समय, पैदल चलने वाले, भूखे पेट, तीर्थयात्री और सन्यासी अपना सब कुछ अपने प्रिय प्रभु के दर्शनों के लिए लगा देते हैं। योगी तो एक फ़कीर है पर फिर भी पूरा संसार उसी का है।

इन ख्यालों से वापस आने के बाद मैं एक दूसरे पावन स्थान, 'चरण पादुका' की ओर बढ़ चला जहाँ विष्णु के सातवें अवतार "श्री राम" अपनी हिमालय यात्रा के दौरान कुछ समय ठहरे थे। जिस गुफा की ओर मैं जा रहा था वह झिलमिली गुफा[८] थी जो नीलकंठेश्वर

---

[७] इसे विकल्प सहित समाधि और संजीवन समाधि भी कहते हैं।

[८] बाबाजी की एक गुफा का नाम जो हिमालय में स्थित है।

प्रसिद्ध योगी राजा सुन्दर नाथ, वर्तमान में भारत चीन सीमा के पास स्थित अलकापुरी में समाधिस्थ।

पर्वत के समीप स्थित थी। जिस रास्ते पर मैं चल रहा था वह पहले से तैयार रास्ता था जिस पर से स्थानीय योगीगण अक्सर आते जाते थे। जैसे-जैसे बाबाजी के उस रहस्यमय स्थान को जाने वाला रास्ता और ऊंचा होता चला गया, वैसे-वैसे मेरी चेतना गहन हो कर एक बिलकुल नए आयाम में प्रवेश करती गई, जिसमें मैं अपने मन से ज़्यादा अपनी चेतना के प्रति जाग्रत हुआ। ऐसा प्रतीत हुआ मानो मैं एक दूसरी ही दुनिया, एक आदर्शलोक[९] में प्रवेश कर रहा था; आप कह सकते हैं कि यह एक तरह का शांग्री-ला था, जिसका सही उच्चारण है शाम्भला या सम्बलपुर है। अब मन और चैतन्य के बीच की सीमा रेखा मिट चुकी थी, अब मैं एक दूसरे लोक के नए आयाम में बढ़ता चला गया। परन्तु जैसे ही मैं आगे चलने को हुआ, मुझे पीछे देखने की प्रबल इच्छा हुई, और क्या देखता हूँ, वहां कोई १२ से १४ साल की एक छोटी बच्ची खड़ी थी। उसने घाघरा चुन्नी पहनी हुई थी। यह एक अलौकिक सी दिखने वाली बालिका थी जिसके भीतर बाहर दिव्य प्रकाश का तेज़ चमक रहा था। वह इसी दुनिया की प्रतीत हो रही थी परन्तु फिर भी मानो इस दुनिया से परे स्थित थी। वह इतने आत्मविश्वास के साथ खड़ी थी जैसे सारा जगत और साथ ही साथ पृष्ठभूमि में चहुँ ओर व्याप्त हिमालय उसी का हो। जब मैंने उसे देखा, मुझे ऐसा महसूस हुआ मानो मैं दो बरस का बालक हूँ और मैंने उससे एक प्रश्न पूछा, "हिमालय के इन बड़े बड़े पहाड़ों के बीच क्या तुम्हें डर नहीं लगता?"

वह मुझे देखकर मुस्कुराई और मुझे एक बार फिर लगा मानो मैं दो बरस का बालक हूँ। तब मुझे यह ख्याल आया कि क्या मैं यह सवाल एक सही व्यक्ति से कर रहा हूँ, और मन को इस बात की अनुभूति हुई कि वह कन्या रूप में दिव्य माँ ही थीं। उसकी काली भेदक आँखें, हिमाचल के सेब की तरह उसके गुलाबी गाल, और उसके कन्धों के पीछे लहराते गहरे काले बाल, मुझे यह बता रहे थे कि वह दिव्य माँ

९ एक आध्यात्मिक स्थान, जिसे हम भारत में शाम्भला कहते हैं, जिसे शांगरी-ला भी कहते हैं, जिसमें एक समतावादी और प्रसन्न समाज, शांतिपूर्ण सामंजस्य के साथ जीता है। शाम्भला वह लोक है जहाँ से कल्कि अवतार का क्राइस्ट के द्वितीय आगमन के रूप में आना अपेक्षित है।

ही थीं। परन्तु मैं इस बात पर विश्वास नहीं कर पा रहा था। जो भी हो, मैंने उससे बातें करना जारी रखते हुए पूछा, 'क्या तुम्हें बाबाजी की गुफा का रास्ता मालूम है?'

सीधे से मेरी बात का जवाब न देते हुए, जैसे उसने कुछ सुना ही न हो, वह कहने लगी, 'तुम्हारे साथ सब कुछ अच्छा ही होगा। देखो मैं कितनी प्रसन्न हूँ, तुम भी मेरी तरह प्रसन्न रहो।' अतः मैंने सोचा कि यदि यह मेरे प्रश्न का उत्तर नहीं देना चाहती तो मैं भी इससे रास्ता क्यों पूछूँ? तो मैंने अपनी चिंताओं को हवा में उड़ाते हुए स्वयं से यह कहा, 'मुझे वहां जाना चाहिए जहाँ यह हवा मुझे ले जाए।' यदि किसी भी बात के कोई मायने नहीं हैं, तब क्यों न वहां जाएँ, जहाँ यह हवा हमें ले जाए। अतः मैं हवा की दिशा में चल पड़ा, मैं उस ओर चल पड़ा जहाँ वह मुझे ले जा रही थी। मैं निश्चित ही अपनी मन बुद्धि में नहीं था। मुझे मेरे शरीर, मन और चेतना के बीच के संबंध का कुछ भी पता नहीं चल रहा था। मैं भक्ति भाव या तार्किक, किसी भी प्रकार की अवस्था में नहीं था। जैसा कि मैंने पहले भी समझाने की कोशिश की है कि जब मन अपनी सीमायें छोड़ने लगता है तब पूर्व और वर्तमान जीवन के बीच की सीमायें भी टूटने लगती हैं और शरीर, मन और आत्मा के बीच के बंधन मिटने लगते हैं। यही कारण है कि बाबाजी 'अक्षय वर्तमान' हैं। जब कोई उनकी उपस्थिति का कृपापात्र बनता है, तब भूत, वर्तमान और भविष्य; 'अभी यहीं' की चेतना में घुलने लगते हैं।

कुछ कदम चलने के बाद मैंने पीछे देखा तो हिमालय की वह कन्या मेरी दृष्टि से ओझल हो चुकी थी। मुझे ऐसा लगा कि मैंने उनके चरणकमलों को छू कर, बाबाजी से मिलने की अपनी आगे की यात्रा का आशीर्वाद लेने का मौका खो दिया। इस बात से मेरे मस्तिष्क में बिजली सी कौंध गयी कि बाबाजी सदा ही माताजी के साथ आया करते हैं, जैसे शिव और शक्ति। यह एक प्रकार की पूर्वसूचना थी और एक अच्छा शगुन था कि निकट भविष्य में मैं अचिन्त्य बाबाजी से मिल सकूँगा। मैंने लगभग तीन दिनों से भोजन नहीं किया था। फिर भी मेरी सम्पूर्ण स्वास्थ्य प्रणाली, उच्चतर आयामों के साथ पूरा तालमेल बनाए हुए थी। मुझे स्मरण है कि इस घटना के बाद एक दूसरी कन्या आयी और पेड़

के तने के बीच में से मुझे चबाने के लिए कुछ दिया। और जैसे ही मैंने उस लैटेक्स जैसी चीज़ को चबाया, मेरी श्वास, जो एकदम भारी चल रही थी, बिलकुल हलकी हो गयी, मेरे जोड़ों की थकान मिट गयी और मैं पुनः ताजादम हो गया। इस दूसरी कन्या ने जो उसी दिव्य कन्या की सहचरी थी जिससे मैं पहले मिल चुका था, पहली भेंट की विशिष्टता को समझने में मेरी सच्ची मदद की।

यह तो उन दिव्य माँ के चले जाने के बाद ही मुझ पर यह प्रकट हुआ कि वे दिव्य माताजी का ही एक रूप थी जो मेरे कदमों को बाबाजी की गुफा तक ले जाने में मार्गदर्शन कर रही थीं। मैं उनसे और भी अधिक आशीष न ले पाने पर एक ही समय में अत्यंत हर्षित और मायूस हुआ। हालांकि मैंने बाबाजी की गुफा की ओर अपनी चढ़ाई जारी रखी, जो कहाँ थी इसका पता खुद मुझे भी नहीं था।

अपनी लयबद्ध चाल से चलते हुए मेरे कदमों ने किंचित गति पकड़ ली। मेरा विश्वास और अटल हो गया कि बाबाजी ही साक्षात शिव हैं। मेरे माथे से टपकते हुए स्वेद की बूंदे मेरी आँखों को भिगो रही थीं, जबकि मेरे चारों ओर ठंडी बर्फ थी, मैं अत्यधिक गर्मी महसूस कर रहा था। मैं थक चुका था लेकिन मुझमे अपरिमित उत्साह और हर्ष हिलोरें मार रहा था। मैंने गुफा के पास से निचले पर्वतों से लेकर समूची हिमालय की श्रृंखला को देखा। पर्वतों का यह दृश्य अत्यंत लुभावना था और पर्वतों की कड़ियों की यह चित्रमाला देखकर ऐसा लगा मानो मैं शिव के अट्टहास को देख रहा हूँ। हर एक चोटी मानो उनके श्वेत दन्त की भांति, सूर्य की तिरछी किरणों में चमक उठी थी।

मुझे एक झटके में यह समझ आने लगा कि यह कोई सामान्य यात्रा नहीं थी। यह तो पावनतम तीर्थयात्रा थी जहाँ संसार की सभी आत्माएं प्रभु प्रेम में एक होने के लिए मिलती हैं। क्या इसका यह अर्थ था कि मुझे बे-मौसम किसी गुप्त सभा के लिए बुलाया गया था जिसमें कि दूसरे सतगुरु उपस्थित नहीं थे।

क्लांत हो कर मैं थोड़ा आराम करने के लिए गुफा के नीचे की ढलान पर पीठ के बल लेट गया, और कल्पना करने लगा कि मैं उस ढलान से उड़कर हिमाच्छादित पर्वत शिखरों के ऊपर, बादलों से परे

अनंत आकाश में पहुँच गया हूँ। उसी समय, सूर्य बादलों के पीछे चले गए और माहौल अतीव ठंडा और अंधकारपूर्ण हो गया और मेरा सूक्ष्म शरीर, घास की उन ढलानों पर लेटे हुए मेरे स्थूल शरीर से बहुत परे तैर रहा था। इसके कुछ देर बाद, बंद आँखों से मैंने एक और प्रकाश देखा और मैं यह समझ नहीं पाया कि वह क्या था। मैंने सोचा, 'आह! सूर्य फिर से आ गए!'

मेरे विचारों का प्रत्युत्तर एक आवाज़ ने दिया, 'बिलकुल, यदि तुम इसे सूर्य सोचते हो तो यह सूर्य ही है।'

मैंने एक महान रूप से जगमाती रोशनी देखी जो मेरी चेतना को, और बाह्य क्षेत्र को भी, आप्लावित कर रही थी। मैंने एक प्रकाशविहीन प्रकाश, एक आध्यात्मिक उजाले के दर्शन किए। इस पूरे परिदृश्य का दैवीय एहसास किसी दूसरे ही लोक का था। हो सकता है ये बाबाजी हों। हो सकता है ये बाबाजी नहीं हों।

मुझे ऐसा लगा कि अब यूँ पीठ के बल लेटे रहना उचित नहीं है, अतः बड़ी चेष्टा के साथ मैंने अपने क्लांत शरीर को पेट के बल किया। उसके बाद मैंने साष्टांग नमस्कार किया। मैं उनके भीतर खुद को भुला बैठा और समझ नहीं पा रहा था की इस पूरी स्थिति में क्या करना चाहिए। आश्चर्य एवं श्रद्धा में डूबा हुआ मैं उनसे पूछ बैठा, 'आप कौन हैं?' मैंने उस अनामिक सत्ता, उस महान अस्तित्व से पूछा।

उन्होंने कहा, 'तुम मुझे जो भी सोचते हो, मैं तुम्हारे लिए वही हूँ।' मेरे गहन अंतर्ज्ञान ने मुझे बताया कि जबकि मेरा अहम, कुछ देवताओं जैसे शिव, गणपति, क्राइस्ट[१०] और बुद्ध[११] तक सीमित है, वे क्राइस्ट, गणपति और बुद्ध से परे हैं क्योंकि वे थे और हैं अस्तित्वविहीन परमअस्तित्व। हम अपनी सीमित समझ और तार्किक सोच में इस सत्य को नहीं जान पाते हैं क्योंकि वे इतने व्यापक हैं कि वे इस लौकिक जगत की दृष्टि में 'कुछ भी नहीं' हैं। तथापि वे सबके मूल कारण हैं।

---

१० सातवें स्तर के दीक्षित, जगतगुरु; एक अवतार जैसे कल्कि मैत्रेय, मत्स्येंद्रनाथ, अवलोकितेश्वर, विठोबा।

११ बौद्ध धर्म के संस्थापक गौतम के लिए प्रयुक्त नाम, जो छठवीं शताब्दी ई.पू. में जीवित थे।

यदि हम बाबाजी कहलाने वाले इन महान बलिदान से उनका सब कुछ ले लें तो भी वे पूर्ण ही बने रहेंगे।

ॐ पूर्णमदः पूर्णमिदं पूर्णात्पूर्ण मुदच्यते
पूर्णस्य पूर्णमादाय पूर्ण मेवावशिष्यते

इन सुन्दर संस्कृत के छंदों में उच्चतम गणित का परम सूत्र दिया गया है। यह किसी की कल्पना की उड़ान नहीं वरन पूर्ण सत्य है, यथार्थ गणित का वास्तविक परीक्षण। 'यदि पूर्ण से पूर्ण को निकाल लिया जाए, तब भी पूर्ण तो पूर्ण ही रहेगा।'

ऐसे ही थे वे। उनका तेज़ मैं सहन नहीं कर पा रहा था। तो मैंने पूर्वजन्म में उनके साथ अपने संबंधों की दृष्टि से उन्हें देखा, मेरे होठों ने एक आकार लिया और मेरी वाणी से ये शब्द फूट पड़े, "शिवगोरक्ष बाबाजी!" जैसे ही मैंने ये कहा, उनकी आवाज़ मेरे ह्रदय और चारों ओर फैले पर्वतों में गूँज उठी, तथास्तु! तथास्तु! तथास्तु!

मेरी दिव्य चेतना में शिव गोरक्षनाथ के साथ मेरे ऋणानुबंधों की स्मृति थी। परन्तु वे मेरी इन पूर्व स्मृतियों को मेरे मुख से ही निकलवाना चाह रहे थे, कि मैं उनका नाम लूँ और उन्हें पहचान सकूँ ताकि मैं अपने आध्यात्मिक पूर्व संस्कारों से जुड़ सकूँ, वे खुद कभी भी न बताते कि "सदा वर्तमान" स्वरुप में वे क्या हैं। शिवगोरक्ष बाबाजी हमारे विश्व के पांच कोषों को भेद कर हमारे मानवीय आकलन से परे जा चुके हैं। अपने इस कभी न लौटने वाले स्थान से और कालचक्र को भेद कर यह अनादि अनंत अस्तित्व हमारे पृथ्वीतल पर, हमारे बीच कैसे उपस्थित हैं? यह एक अद्भुत रहस्य है। यह दिव्य सत्ताओं की एक अचिन्त्य आध्यात्मिक उपलब्धि है, जिन्होंने प्रकाश के बंधनों को तोड़ दिया है और आकाश और काल की सापेक्षता से परे 'सदा वर्तमान' स्वरूपता में रहने चले गए हैं – फिर कभी भी इस लौकिक जगत में वापस न आने के लिए, क्योंकि उनका कार्य हमारे जागतिक कर्मों से कहीं अधिक ऊंचा है। बाबाजी का एक अतिसूक्ष्म शरीर के रूप में पीछे छूट जाना

मनुष्यता के इतिहास की एक सबसे बड़ी पहेली है।

वे क्या थे, यह बात मेरे ही मुख से निकलवाने की बाबाजी की मुझ पर हुई कृपा, निश्चित ही एक पूर्वजीवन का संबंध था जहाँ वे अपने अ-कर्म अस्तित्व से, मेरे स्मृतिकोश में निहित पूर्वजन्मों के कर्मों को बाहर निकाल रहे थे। वहां उन्होंने मेरे भीतर से उत्तर आने की प्रतीक्षा की।

मैंने कहा, 'आप कौन हैं? मैं जानता नहीं और फिर भी मैं आपसे ही हूँ।'

उन्होंने कहा, "जो तुम मुझे समझो, तुम्हारे लिए मैं वही हूँ! मैं वही हूँ जो मैं हूँ!"

वे अस्तित्वविहीन थे, निरहंकारी, निराकार, अक्षय, अजा पुरुष, जहाँ तक मानवीय समझ का सवाल है उनकी कोई भी पहचान नहीं हो सकती।

जब मैं गुफा के बाहर एक पहाड़ की ढलान पर लेटा हुआ था, मैंने पाया कि एक अनजानी लहर मेरे सिर के ऊपर से लेकर मेरे पैरों के अंगूठे तक चल रही थी। यह एक किस्म की शीत और ऊष्मा की धारा थी। एक शीतलहर थी जो नीचे मेरे पैरों से लेकर मेरे सिर के ऊपर तक दौड़ रही थी, और ऊष्मा की लहर सिर के ऊपरी भाग से लेकर पैरों तक मेरे शरीर को शुद्ध कर रही थी। यह ऐसा था मानो मैं सुषम्ना पथ में क्रियायोग श्वास ले रहा था और शुद्ध हो रहा था।

मैंने सोचा, कि दस या ग्यारह घंटे के ध्यान अभ्यास के पश्चात इंसान की नाड़ी[१२] इतनी शुद्ध हो सकती है कि वह उनके दर्शन कर सके। मेरी आवाज़ में ही उन्होंने उत्तर दिया, "यह सत्य है, पर तुम्हे अभी उच्चतर समाधि की अवस्थाओं में जाना है जिन्हें तुमने अभी तक प्राप्त नहीं किया है। तुम्हे आत्मज्ञान की ये दिव्य अवस्था, तुम्हारे पूर्वजन्म के अच्छे संस्कारों[१३] एवं कर्मों के कारण दी जा रही है, अतः ये तैयारी

---

१२ ७२००० सूक्ष्म नलिकाओं में से एक, जिससे हो कर प्राण का प्रवाह शरीर में व्याप्त होता है; इनमें से तीन मुख्य हैं, इड़ा नाड़ी, पिंगला नाड़ी और सुषुम्ना नाड़ी।

१३ हर एक इच्छा की पूर्ति के लिए किया गया कर्म हमारे अवचेतन में एक छाप छोड़ जाता है, जो बदले में, पुनः नयी हो हो कर एक मनोमय क्रिया बन जाती है; मन की गहरायी में छिपे हुए अनगिनत संस्कार आखिरकार केवल असम्प्रज्ञात समाधि में ही नष्ट होते हैं।

तुम्हारे मस्तिष्क और शरीर के लिए ज़रूरी है।"

इस शीत और ऊष्मा के अनुभव के कारण मैं अशरीरी अनुभूति मैं था और इसीलिए मुझे समय का कुछ भी पता न चला, और मैं नहीं जान पाया कि यह प्रक्रिया कितनी देर तक चलती रही। वहां आकाश और काल, दोनों ही नहीं थे। मैं तो बस बाबाजी की कृपा स्वरुप उस अलौकिक प्रकाश और आनंद में लीन हो गया था। मैं अपने शरीर से अर्थात अपने अन्नमय कोष से बाहर निकलकर अपनी भावनात्मक देह अर्थात प्राणमय कोष में व्याप्त हो गया, फिर मेरे प्राणमय स्वरुप ने अपने बौद्धिक अर्थात मनोमय कोष में विस्तार पाया, फिर मनोमय कोष से मैं अपने आत्मचेतना स्वरुप ज्ञानमय कोष में विस्तृत हो गया, यहाँ पर आकर मेरी आत्मा अपना सगुण स्वरुप छोड़ अपने मूल निर्गुण स्वरुप में विराट होने लगी, यही था मेरा आनंदमय कोष, यहाँ पर मैंने अपने आपको पूरी सृष्टि जितना विराट पाया, सर्वनिर्मिती का मैं साक्षी था, मैं सर्वधी साक्षीभूतम् स्वरुप था। यह पूरी प्रक्रिया मानो मेरे आध्यात्मिक परिवर्तन के विविध स्तर थे जिसके कारण मेरे अस्तित्व का सूक्ष्म विस्तार हो रहा था।

यह घटना, पदार्थ की स्थूल परतों से सूक्ष्म की ओर चेतना का ऊर्ध्वगमन होना था, जहाँ क्रमसंकुचित चेतना, पंचभूतों से निर्मित स्थूल शरीर से, सूक्ष्म आकाशीय तत्व में उन्नत हो रही थी और इसके बाद भावनाओं से निर्मित प्राणमय शरीर में उसका उत्थान हो रहा था। निश्चित ही, भावनाओं का पर्याप्त शुद्धिकरण किया जाना चाहिए, और व्यक्ति की चेतनता के लिए उस शरीर की इच्छाओं की पूर्ति कर दी जानी चाहिए, ताकि भावनात्मक देह से विरत कर के उसे मनोमय कोष में प्रविष्ट कराया जा सके, जो कि अपने समस्त वैचारिक स्वरूपों तथा मानसिक प्रक्रियाओं से निर्मित है।

यह योग मेरे भीतर मृदु विस्फोटों के एक क्रम के द्वारा घटित हो रहा था। और यह मेरी चेतना में एकदम ताजा बना हुआ है कि हर बार जब भी मैं उन्नत हुआ, जैसे जब मैं स्थूल से प्राणमय कोष में पहुंचा, मेरी समझ का विस्तार हुआ, और फिर जब मैं सूक्ष्म प्राणमय कोष से मनोमय-विचार कोष तक गया, मेरी चेतना का विस्तार हुआ।

जब मैं अपने मनोमय कोष से विज्ञानमय और आनंदमय कोष तक पहुंचा तब मेरी चेतना इतनी विस्तृत हुई कि मैं अस्तित्व की क्रियाशीलता में सम्मिलित हो पा रहा था और स्वयं को चिड़ियों में, पेड़, बादल और आसमान में महसूस कर पा रहा था।

पृथ्वी, गृह, नक्षत्र, तारे और आकाशगंगाएं मैं था और ये सब मेरी सांस से सांस ले रहे थे और जीवंत हो रहे थे। सूर्य कि किरणें मैं था। अनेकता में यह एक महान एकता थी। इन सब के होने और मेरे इन सब से गुजरने के बाद ही मैं उस सन्देश को समझ पाया और अपने में समा पाया जो मुझे उस नामरहित सत्ता से मिला जिन्हें पूरा संसार बाबाजी के नाम से जानता है और जिन्हें मैं अपने पूर्व संपर्कों के कारण शिवगोरक्ष बाबाजी के नाम से जानता हूँ।

सब कुछ मेरे भीतर था और मैं सबके भीतर था। मेरे सच्चे स्व, मेरे चेतन दृष्टा ने स्वयं को पदार्थ की स्थूल परतों से प्रकाश के सूक्ष्मतम आवरणों की ओर पुनः देखना शुरू कर दिया। बाबाजी की कृपा से ही उस क्षण इन्द्रिय विषय और विकारों से विशुद्ध चेतना अकलंकित एवं सुरक्षित थी, और अब जब कि मैं प्रकृति में निहित दिव्यता का अनुभव कर पा रहा था, यह सब अभी भी दिव्य मन के द्वारा ही घटित हो रहा था, जो सविकल्प समाधि[१४] की एक अवस्था थी। और तब, जैसा मैंने पहले भी उल्लेख किया है, अस्तित्वविहीन परम-अस्तित्व बाबाजी की उपस्थिति के कारण ही, मैंने प्रकाशमान शरीर की सूक्ष्मतम परत, आनंदमय कोष[१५] का अतिक्रमण कर दिया, जो स्वयं में क्रमसंकुचित होकर एक प्रकाशमान तारा बन गया था। मैंने अपने दिव्य सहचर स्वरुप उस ताराद्वार को पार कर लिया, जब मेरी आत्मा उस अस्तित्वविहीन परम-अस्तित्ववान सत्ता के अवर्णनीय परमानन्द में विस्तृत एवं लीन हो गई, जहाँ सबकुछ कुछ नहीं था और कुछ नहीं ही सबकुछ था, सब कुछ परम और आनंदस्वरूप था, परमचेतना का आनंद, शांतस्वरूप, अबाधित, यही थी निर्विकल्प समाधि की उच्चतम अवस्था, जिसे योग

१४ मनुष्य के अनुभव में आने वाली परमानन्द की अवस्था जो गुण धर्मों के साथ घटित होती है।

१५ आनंद का कारण शरीर। पांच आवरणों में सबसे उच्च आवरण जिसने आत्मा को ढँक रखा है।

की भाषा में असंप्रज्ञात समाधि[१६] भी कहा जाता है।

काफ़ी समय बाद जब उनके साकार और निराकार स्वरुप का अनुभव कर यह आत्मा अपने आप में लौटी, तब मैंने सोचा, 'हे नाथ!, ब्रह्माण्ड मेरी चेतना में पानी का एक बुलबुला है, और मेरी चेतना शून्य है आपकी परमशून्यता में। ऐसा है आपका अकथनीय ऐश्वर्य जिसे मनुष्य और देवता भी नहीं समझ सकते। हे देवाधिदेव! आप समस्त दिव्यता के जनक हैं और फिर उससे भी परे हैं। जिनके विषय में कुछ भी न कहा जा सके उन्हें तो केवल परब्रह्म ही समझ पाया है।'

ये सन्देश शब्दों में नहीं था। ये प्रकाश अणुओं में था। उनका सन्देश मुझ तक प्रकाश स्फुलिंगों, अणुओं और प्रकाश बाणों के रूप में आया। आप इसे जो भी कहना चाहें। मैं नहीं जानता, मैं शब्द नहीं जानता, पर ये मुझ तक इतनी तेज़ी से आये कि इनमें बड़े बड़े खंड समाहित थे, उन प्रकाश अणुओं में मानवता के लिए सन्देश था। सन्देश, मेरे संसार का सेवक होने का, जो मेरे लिए सबसे बड़ा सम्मान है। मेरे डीएनए में स्थित मेरे कर्मों को मुक्त कर दिया गया था ताकि वे इस विराट अनुभव के लिए जाग्रत अवस्था में रहें और इससे प्राप्त ज्ञान की पुष्टि कर सकें। लेकिन यह दिव्य अनुभव मेरे सत्कर्मों से भी बहुत आगे निकल गया। यह ईश्वर का महान आशीर्वाद था।

ये जानना आवश्यक है कि ये सूचनाएँ, मैं अपनी अतिचेतन अवस्था में ग्रहण कर रहा था, जिसमें मन का हस्तक्षेप बिलकुल भी नहीं था। मैं कह सकता हूँ कि मेरा विश्लेषणात्मक मन मेरी अतिचेतन अवस्था का दासवत हो गया था। इससे एक महान शिक्षा मिली कि विश्लेषणात्मक मन, शिक्षा प्राप्ति का एक गौण माध्यम है, जिसका उपयोग रोजमर्रा के कार्यों के लिए ही करना चाहिए। दिव्य ज्ञान का मिलना तो सदा सतर्क चेतना के द्वारा ही हो सकता है, जो प्रज्ञा और बोध को प्राप्त कराती है।

और जब मुझे उनके रूप की व्याख्या करनी हो, तब मैं यही कहूँगा कि शब्दों के द्वारा उनके रूप की कल्पना या उसकी छाया तक भी

---

१६ व्याप्त चेतना का योग का परम आनंद, जो निर्विकल्प समाधि के वेदान्तिक आनंद के समकक्ष है।

नहीं जाया जा सकता। परन्तु मैं आपके सामने यह बताने की एक विनम्र कोशिश कर रहा हूँ कि अपने मन रहित मन से मैंने उनको कितना अनुभूत किया। और एक प्रकाशविहीन प्रकाश से वे आये, स्वयं को अकम्पित विराट वज्र के रूप में अभिव्यक्त करते हुए! उनके केश उनके चरणों को छू रहे थे और पारलौकिक अग्नि तेज़ से प्रज्वल्लित थे। उनका मुखमंडल असहनीय तेज़ से चमक रहा था, जिसे न मनुष्य की, न देवता की ही आँखें बिना बंद हुए अनुभूत कर सकती थीं। इस अनुभूति को मैं इन शब्दों में व्यक्त कर पायाः

यदि किसी क्षण, समय व स्थान में
अनगिनत सूर्यों का विस्फोट हो जावे
तब भी तुम्हारी छाया का न अंदाज़ लगा पावे
हे प्रभु! तुम्हारा क्या होगा उजियारा।

उनकी आँखें करुणा का अपार सागर थीं जिनके दर्शन कर कोई भी उनमें डूबे बिना नहीं रह सकता। परन्तु उनकी आँखों को अपने इन चर्मचक्षुओं से देख पाना संभव नहीं था। हम केवल उन आँखों के एक अंश हो सकते हैं और बस वही हो जाते हैं। यहाँ भी उनकी आँखों से निकलता हुआ कांतिमान प्रकाश, उनके सुदूर देशों के असीमित स्थानों पर रहने और फिर भी उसी समय हमारे भीतर विराजित रहने का सन्देश दे रहा था। अत्यंत दूर फिर भी अत्यधिक समीप होने के उनकी आँखों के इस गुण से यह भाव आता था जैसे वे हमारी आँखें हों, जिनसे हम उन्हें देख रहे थे; उन आँखों ने सुबह से साँझ तक सृजन के गीत को गाया है। फिर भी मैंने एक क्षण में यह देखा कि वे संसार के कोलाहल से बहुत दूर, अनंतता की परमशून्यता में समाए हुए हैं। वे एक मौन साक्षी हैं जो शिशुवत संसार का पालन-पोषण करते हैं। मैं अपने पूरे जीवन में उनकी आँखों के इस विरोधाभास को समझ नहीं पाया कि किस प्रकार वे एक ओर ब्रह्माण्ड के काव्य को सुना रही थीं, लेकिन फिर भी साथ ही साथ ब्रह्माण्ड के परे अनंतता की शून्यता अपने में लिए हुई थीं।

बंद आँखों से भी उनकी मुस्कान गहन गंभीर लग रही थी, और उनके होठों का गुरुत्व मुस्कुराता हुआ प्रतीत हो रहा था। हम उनकी मुस्कान में ये दोनों संकेत देख सकते थे और फिर भी उनके चेहरे के हाव-भाव, उनकी मुस्कान के गुरुत्व और उनके गुरुत्व की मुस्कान, दोनों से ही परे थे। 'गुरुत्व' शब्द 'गुरु' शब्द से बना है जिसका अर्थ है, 'वजनदार', और जब वजन, चरम द्रव्यमान तक पहुँच जाए, तब यह आकाश व काल के अविभाजित तंतु को आत्मरूपी तारे में रूपांतरित कर देता है जिसका गुरुत्व किसी आत्म तारे[१७] को स्वयं के भीतर ही क्रमसंकुचित कर और स्वयं के भीतर से ही गुजार कर परम मुक्त दिव्य चैतन्य में प्रवेश कराता है।

'क्या हम अपने मन मस्तिष्क से माप ले सकते हैं या अपने हृदय की गहराई से उन्हें नाप सकते हैं? उनके भीतर समस्त मानवीय विचारों के परे स्वयं ईश्वर अभिव्यक्त हुआ है।' तो देखिये, मैंने यहाँ सम्राटों के सम्राट के मुखमंडल पर विराजमान आनंदमय गुरुत्व को बताने की कोशिश की है। यही है वो गुरुत्व जो आकाश, काल और कार्य कारण की सभी सीमाओं को तोड़ देता है और दिव्य योगी को सभी सापेक्ष बंधनों और सीमाओं के परे के कभी न लौटने वाले स्थान पर ले जाता है। अतः उनके मुखमंडल के गुरुत्व की मुस्कान ने मुझे यह दिखाया कि वे ही उच्चतम सतगुरु हैं, जो कालचक्र को भेद कर दिव्य मनुष्यों को कभी न लौटने वाले स्थान पर ले जाते हैं। गुरुत्व ही वह कारण है जो किसी साधक को आत्मातारा रुपी द्वार से हो कर ले जाता है। उनके मुस्कान का गुरुत्व, समस्त आत्माओं को उनके ही तृतीय नेत्र के ताराद्वार से हो कर मोक्ष प्रदान करने का भरोसा दिलाता है।

उनका शरीर, यदि हम उसे इस प्रकार बोल सकते हैं, गीला प्रतीत हो रहा था, मानो उन्होंने अलकनंदा नदी में स्नान किया हो, फिर भी वह सूखा ही था। मध्यम कद और सुडौल गठन, दोनों ही उनकी आभा की भव्यता में गुम हो गए थे, उन्होंने काला मृगचर्म पहना हुआ था और उनके हाथ में एक कमंडल था। मैंने महसूस किया कि उनके चरण

---

[१७] तृतीय नेत्र में दिखने वाला कूटस्थ चैतन्य; किसी का व्यक्तिगत तारा द्वार, जिसका भेदन कर साधक सविकल्प समाधि से निर्विकल्प समाधि अवस्था में चला जाता है।

धरती को नहीं छू रहे थे पर उससे कुछ इंच ऊपर थे। जैसे ही मेरी चेतना उनकी सार्वभौम चेतना में बहने लगी, मैंने सारा ब्रह्माण्ड उनमें एक देखा। और फिर भी, ब्रह्माण्ड के परे उनकी चेतना एक अथाह गहराई लिए हुई थी। जब मैंने स्वयं को उनके स्वयं में खो दिया, तब उनके शरीर की अमर्त्य गंध ने, उनके अमरत्व से मेरा परिचय कराया।

समाधि अवस्था में भी उनके आध्यात्मिक ऐश्वर्य से मैं आश्चर्यचकित और अवाक हो गया। उनकी चेतना अनंत सप्त लोकों के भी परे व्याप्त थी और मेरी चेतना उनके एक अंश में समा कर व्याप्त हो गई। इस अनंतता में मैं खो गया और मर कर अमर हो गया। इस धराधाम में अवतरित बाबाजी गोरक्षनाथ, वे महान राजयोगी हैं, जिन्होंने संसार के लिए करुणावान होते हुए, हठयोग के विज्ञान की रचना की, जो राजयोग को सरलता से समझने में मील का पत्थर बना। शिवगोरक्ष नाथ को दुर्बल मस्तिष्क के लोगों द्वारा सिर्फ हठयोगी की उपाधि देना गलत होगा।

मेरी यात्राएं कई पवित्र स्थानों एवं गुफाओं में मेरे एकाकी अभियानों की कहानियाँ हैं। एकाकी यात्रा और ध्यान के द्वारा परमशान्ति का निर्झर मेरे भीतर सदा प्रवाहित होता रहा, जिसने मेरे मन को शुद्ध कर मुझे उच्चतर चेतना के योग्य बनाया। भीड़ भरे माहौल में रहते हुए इसे प्राप्त कर पाना मेरे लिए सहज नहीं होता। यहाँ तक कि उस समय भी मैं तैयार नही था, समर्थ नहीं था, पर उनकी कृपा से मैं इसे अनुभूत कर सका। नामरहित, उपाधिरहित, अकम्पित विराट वज्र कहलाने वाले, अनंत के परे और एक असीम से दूसरे असीम तक व्याप्त, शिवगोरक्ष बाबाजी अमर ज्ञान के शीश, हृदय, बीज और आत्मा हैं। उन्हें समझा नहीं जा सकता, केवल महसूस किया जा सकता है।

बाबाजी आकाश, काल और कार्य-कारण से उसी प्रकार खेलते हैं जिस प्रकार कोई बच्चा पानी के बुलबुलों से खेलता है। यदि वे अपनी निर्दोषता में मुस्कुरा दें, तब वे सारा जगत खंड खंड कर देंगे। बाबाजी को जैसा मैंने देखा, वे सदा ही अकम्पित विराट वज्र थे, हैं और रहेंगे।

इस आंतरिक अनुभूति को बता पाना बहुत कठिन है। यह एक बिल्कुल अलग आयाम में अंतःकरण के विस्तार जैसा लगा। मेरे लिए

यह एक असीम शून्यता थी, इतनी दैदीप्यमान और अंधा कर देने वाली कि ये मुझे अंधकार जैसी लगी, महाकाल शिव की तरह अपने में सब कुछ समा लेने वाले कृष्ण विवर जैसी थी यह शून्यता। यह 'शून्य-अशून्य का है-पन' इतना गहन था कि यह बड़ा ही मृदु जान पड़ा पर मुझे ऐसा लगा जैसे मैं शिवगोरक्ष नाथ में समा रहा हूँ। जैसा आप जानते हैं, परम प्रकाश पूर्ण अन्धकार है। यह प्रकाश की प्रकृति है। मैं जानता हूँ कि ऐसी अलौकिक रौशनी का आकलन कठिन है।

हम जानते हैं कि इसकी बात करना निरर्थक है क्योंकि इससे उस अनुभूति का अंश भी हमारी पकड़ में नहीं आ सकता। अतः ये तो ऐसा है मानो अनगिनत सूर्यों का विस्फोट आपकी आँखों के सामने हो जाए। उन्होंने सिर्फ मेरी सहज चेतना के द्वारा मुझे इस सत्य का बोध करवाया। ये प्रकाश हर उस जगह है जहाँ कोई भी "सहज वर्तमान" की चेतना में सम्पूर्ण समा जाता है, जिसे ईश्वर कहते हैं। उन्हें कोई अवतार या दिव्य पुरुष भी नहीं कहा जा सकता। वे उनसे भी परे हैं, वे शून्य-अशून्य का है-पन हैं, निरंजन निराकारस्वरुप और उससे भी ज़्यादा। जितना ही मैं उनके बारे में बोलता हूँ उतनी ही गड़बड़ हो जाती है क्योंकि जगत के ईश्वर शब्दों के परे हैं।

'शिवगोरक्ष बाबाजी' जिनका मुझे साक्षात्कार हुआ वे साक्षात भगवान शिव हैं। वे इस ब्रह्माण्ड की चेतना हैं। दक्षिण भारतीय संत बाबाजी नागराज या आजकल के योगी जो अपना नाम बाबाजी या गोरखनाथ बताते हैं, वे शिवगोरक्ष बाबाजी नहीं हैं।

मेरे पूर्व संस्कारों के कारण मैंने इस विराट अस्तित्व को शिवगोरक्ष बाबाजी के रूप में अनुभूत किया। हर वक्त जब भी मैं अपनी चेतना के भीतर गया मैंने उन्हें हमेशा परमशून्य परमकारणस्वरूप पाया और अधिक अनाकलनीय पाया। वे अचिन्त्य और अथाह हैं।

जीवन को बदल देने वाली इस अनुभूति से मैं धन्य हो गया और बाबाजी के द्वारा अनुग्रहीत हुआ, उनके आदेश पर संसार की सेवा मुख्य रूप से मेरा कार्य बन गया जिसे मूलतः तीन भागों में समझाया जा सकता है।

१. लोगों को शक्तिपात[१८] के द्वारा महावतार बाबाजी के क्रियायोग में अनुग्रहीत करना जिससे ध्यान द्वारा मनुष्य की चेतना का विकास हो सके।

२. मेरा लोगों को सार्वभौम चेतना का अनुभव, "शिवपात"[१९] प्रदान करना, जिससे मैं मानवता को अपना विराट स्वरुप मानकर उसकी सेवा अपने आत्मस्वरूप में कर सकूँ। इस अनुभव से लोग पूरे जगत की एकता को समझ सकेंगे जिससे उनके जीवन में शान्ति और सौहार्द आएगा।

३. "प्राणपात"[२०] (उनकी श्वास से श्वास लेना) के द्वारा उन्हें नया जीवन देने वाली विधियां सिखाना जिससे उनका जीवन एक उत्सव बने। ये सभी रास्ते हमें आत्मशांति द्वारा जगतशान्ति तक पहुंचाते हैं।

शिवगोरक्ष बाबाजी के साथ हुए अनुभव और इन विधियों की प्राप्ति और मानव अधिकारों की घोषणा[२१] से मैं एकदम विस्मित हो गया। सहज होने के बाद मैं निर्विकल्प समाधि की अपनी उच्च अवस्था में नहीं रहा। जैसे ही मैं अपनी साधना की सामान्य अवस्था में लौटा, ऐसा लगा कि एक मौन आवाज़ मुझसे बोल रही हो, "अपने समीकरण खुद बनाओ, अपने कर्म खुद लिखो और खुद ही अपना मोक्ष बनो!"

---

१८ 'शक्ति का नीचे आना' साधकों की आध्यात्मिक प्रगति के लिए सतगुरुनाथ द्वारा प्रदान किये गए तीन आशीषों में से एक। साधक की सुप्त कुण्डलिनी ऊर्जा का जागरण।

१९ 'शिव की कृपा', सतगुरु, चेतन के रूप में स्वयं को शिष्य के मन में जाग्रत कर देते हैं, और शिष्य की ग्रहणशीलता के अनुसार उसके मन को स्वयं की चेतना में रूपांतरित कर देते हैं।

२० सतगुरु की कृपा को बताने वाले इस शब्द को योगिराज सिद्धनाथ ने गढ़ा है, जब वे अपने शिष्यों की श्वास के द्वारा श्वास लेते हैं।

२१ इस पुस्तक के विस्तृत संस्करण को देखिए।

अध्याय ५

बाबाजी के साथ मेरे बचपन का संबंध

मैं यहाँ पर बाबाजी की पहचान का जो खुलासा कर रहा हूँ, वो महज़ कल्पना की उड़ान नहीं बल्कि इस महान सत्ता के साथ हुए मेरे व्यक्तिगत अनुभव और उससे मिली समझ से विकसित हुई है। यह उनकी महती कृपा ही है कि मैं यह जानकारी प्रदान कर रहा हूँ ताकि गंभीर साधक, जो आध्यात्मिक उन्नति के प्यासे हैं, उनकी अप्रकट, सनातन सत्ता के बारे में और भी अधिक जान सकें। जो लोग उन्हें अपनी आत्मा की आँखों से देखना चाहेंगे, वे देख लेंगे और जो ऐसा नहीं करेंगे, वे नहीं देख पाएंगे। संसार के ईश्वर विनम्र हैं और स्वयं को दूसरों पर कभी भी नहीं थोपते परन्तु उनके पहला कदम उठाने का इंतजार करते हैं और फिर अपनी कृपा से उन्हें मालामाल कर देते हैं।

मुझे बचपन से ही इस बात का ज्ञान था कि मेरा जन्म शिवगोरक्ष बाबाजी के आशीर्वाद के फलस्वरूप हुआ था। बाबाजी के साथ मेरे गहन और सूक्ष्म संबंध होने के बाद ही मुझे यह बात पता चली कि ग्वालियर में हमारे पारिवारिक मंदिर का गर्भगृह पूर्ण रूप से इन अमर बाबाजी को ही समर्पित था। मेरे दादाजी ने यह मंदिर, उन पर पुत्र रत्न की कृपा होने के बाद यानि मेरे पिता के जन्म लेने के बाद बनवाया था। इस मंदिर का गर्भगृह शिवगोरक्ष बाबाजी के सम्मान में निर्मित किया गया है और मंदिर का निर्माण स्वयं उनके शिष्य, राजा गुगानाथ के नाम पर किया गया है। हमारे परिवार के सतगुरु गुगानाथ चौहान ने शिवगोरक्ष बाबाजी को 'गुरु महाराज' कह कर बुलाया है – वही अमर बाबाजी जो हिमालय की विस्तारित श्रेणियों में युगों युगों से लेकर आज भी जीवित हैं।

मेरी माँ ने मुझे बताया था कि मेरे जन्म से ठीक पहले उन्हें ग्वालियर के हमारे पैतृक मंदिर में हुए हवन से प्राप्त विभूति दी गई थी। उन्होंने इस पावन विभूति को सावधानी के साथ अपनी सिंगारदानी में रख लिया और क्योंकि वे अपनी गर्भावस्था के दौरान ज़्यादा भोजन नहीं कर पाती थीं, अपनी उस आहारचर्या को दृढ करने के लिए वे उस पवित्र विभूति को पानी में मिला कर पिया करतीं थीं। हर सोमवार वे हमारे ग्वालियर के महल के मंदिर जाया करतीं और वहां समारोहों में हिस्सा लिया करतीं थीं। उनका दृढ़ विश्वास था कि मेरा जन्म बाबाजी के आशीर्वाद और आदेश के फलस्वरूप हुआ था। वर्षों तक उन्होंने ज्योतिषशास्त्र का अध्ययन किया था और वे मुझे बताया करतीं कि मैं एक योगी बनूँगा। वे मुझे कई बार यह बताया करतीं कि चूँकि मेरा जन्म १० मई १९४४ में हुआ था, मेरे ग्रह नक्षत्र कुछ इस प्रकार स्थित हैं कि मुझे ध्यान अभ्यास करते हुए एक गृहस्थ योगी का आध्यात्मिक जीवन जीना है, ठीक महान क्रिया सतगुरु ज्ञानावतार श्री युक्तेश्वर की तरह जिनका जन्मदिन भी वही है। उन्होंने मेरा सुदूर देशों में जा कर क्रिया योग के शाश्वत विज्ञान की शिक्षा देने की भी भविष्यवाणी की थी।

मेरे जन्म की पूर्व घोषणा बहुत से ज्योतिषियों और महान संतों ने भी की थी जो मेरे दादाजी से मिलने आते थे। वे लम्बे समय तक दर्शन, योग और ज्योतिष सम्बन्धी चर्चाएँ किया करते थे। उन्होंने मेरे दादाजी को ये बताया कि उनका होने वाला पोता, राजसी वैभव में जन्म लेने के बावजूद भी वैराग्य के पथ पर चलेगा, शुरू में बहुतों के द्वारा न समझे जाने के बाद भी अपने जीवन के उत्तरार्ध में, उसका कार्य योग और मानवता के प्रति एक सच्चा योगदान माना जायेगा और अपने सही सम्मान को प्राप्त करेगा। वह सनातन धर्म का प्रचार प्रसार धार्मिक और रीति रिवाजों की रूढ़ियों के बिना करेगा जो सारे संसार के लिए हितकर होगा।

कालांतर में मेरे स्कूल और महाविद्यालय के दिनों के दौरान मेरी ध्यान साधना गहरायी और उनके द्वारा मुझे मेरी आत्मा की आवाज़ सुनाई देती कि मेरा भविष्य न तो पढ़ाई लिखाई और न ही धन की प्राप्ति में है; वरन यह तो योग के जागरण को प्राप्त करने में है।

मैं हमेशा बाबाजी की मार्गदर्शक के रूप में उपस्थिति का अनुभव करता मानो वे मुझे, भगवान विष्णु के तीर्थ, बद्रीनाथ में उस अनुभूति के लिए तैयार कर रहे थे जो मुझे १९६७ में मिली जब मैं २३ वर्ष का बस हुआ ही था। कालांतर में, बहुत ही धीरे-धीरे, मैंने शानोशौकत से भरे जीवन का त्याग करना प्रारम्भ कर दिया जिसमें मेरा जन्म हुआ था। मैं तब से ही बेहद साधारण जीवन जी रहा हूँ। भौतिक इच्छाओं से सहज भाव से दूर होने का प्रतिफल मुझे मन की गहन, आंतरिक शांति के रूप में प्राप्त हुआ है। यह आंतरिक प्रशांति मेरे भीतर बाबाजी की उपस्थिति के फलस्वरूप है।

एक तरह से, मेरे शुरूआती जीवन की घटनाओं में इस बात का पूर्वाभास निहित था कि मैं, पूरी दुनिया में सत्य के सच्चे साधकों को बाबाजी का नवजीवन जाग्रति दिलाने वाला क्रियायोग विज्ञान प्रदान करूँगा। अपनी युवावस्था के दौरान मुझे सदा ही इस अनश्वर सत्ता का आशीर्वाद और मार्गदर्शन मिलता रहा, जब तक कि मेरी उनसे हिमालय में भेंट नहीं हो गई, जहाँ उनकी दिव्य उपस्थिति में मेरा रूपांतरण हो गया।

बाबाजी से मिलने और उनसे अनगिनत आशीष लेने के बाद भी, जब मुझसे उनका सटीक शब्द-चित्र बनाने के लिए कहा गया, तब मैं अवाक रह गया। मुझे यह बताने के लिए कोई शब्द नहीं मिले कि वे कौन हैं या क्या हैं।

अंतहीन करुणा के सागर

यह कहना पर्याप्त होगा कि वे तो वह सत्ता हैं जिसके विषय में कुछ भी कहा नहीं जा सकता। किस प्रकार विचारों से सीमित शब्द, एक असीम सत्ता की व्याख्या कर सकते हैं? किस प्रकार पानी की बूँद, सागर को समझ सकेगी? आखिरकार वे 'अंतहीन करुणा के सागर' हैं, "है-पन" की परम सत्ता हैं, जिनके बारे में प्राचीन साधु संतों ने लोकोक्तियों और रहस्यों में बताया है। और फिर भी किसी दोषपूर्ण उपकरण वाले मूर्तिकार की तरह, अपूर्ण शब्दों के द्वारा ही सही, मुझे, काल के प्रारम्भ से भी पहले जन्मी इस महान सत्ता का विवरण देने की कोशिश करनी होगी।

बाबाजी हमारे त्रिआयामी जगत की गतिशील ऊर्जा हैं, परम की चेतना हैं और उनका केंद्र हर ओर एवं परिधि कहीं भी नहीं है। उनकी चेतना की यह दिव्य लीला इस तरह से विरोधाभासी है कि उनकी गतिमान और स्थितिज ऊर्जा दोनों एक ही साथ उनके द्वारा अभिनीत एवं धारण की जाती हैं। वे स्वयं वज्र हैं और फिर भी वे उसे अपने हाथों में लिए हुए हैं। यह मनुष्य जाति को ज्ञात वह महानतम विसंगति है जिसका गुणगान पुरातन ऋषियों ने शिव और शक्ति की दिव्य लीला के रूप में किया है।

अभी वहाँ हैं, और अब एक चमक के साथ प्रस्थान कर गए, और इसके बाद भी अपना स्थान परिवर्तित नहीं किया, बाबाजी, हर कहीं और कहीं भी नहीं, एक ही समय में हैं। वे हैं साक्षात, 'अकम्पित विराट वज्र।' बाबाजी ब्रह्माण्ड के पूरे जीवनकाल तक रहते हैं, उन्होंने चर अचर जीवों के उत्थान के लिए अपना बलिदान कर दिया है। वे, आत्मा के पदार्थ में क्रमसंकोच और पदार्थ से आत्मा में क्रमविकास की सतत होने वाले प्रक्रिया के मूल कारण हैं। यह महान त्याग न केवल मनुष्यों के लिए बल्कि देवताओं और भगवानों के लिए भी समझ से परे है। इसीलिए उन्हें, 'महाभिनिष्करण'[१] या महान त्याग भी कहते हैं।

अपार करुणावत होकर बाबाजी ने अपनी अनंत चेतना का एक सांत अंश पीछे छोड़ दिया है ताकि मनुष्यता का उत्थान दिव्यता के समरूप हो सके। सूर्य के अनगिनत विस्फोटों में उन्होंने समस्त ब्रह्माण्ड के अणुओं में अपनी आत्मा की जीवंतता, ज्ञान और सत्य का संचार कर दिया है, सिर्फ मनुष्य जाति की मुक्ति के लिए ही नहीं वरन समस्त चर अचर पदार्थों और जीवों को उनकी मूल चेतन अवस्था में मुक्त कर देने के लिए। बाबाजी के दिव्य 'है-पन' की यह चिंगारी आध्यात्मिक ज्ञान का मूल स्रोत है जिसको व्यक्तिगत प्रयासों द्वारा दिव्य चेतना के रूप में विकसित और अभिव्यक्त किया जा सकता है।

---

१ 'महान बलिदान', लेखक यहाँ पर शिवगोरक्ष बाबाजी का सन्दर्भ दे रहे हैं, दिव्यता का उच्चतम है-पन, जो मनुष्यता और जगत को दिव्यता में उन्नत कर देने के लिए स्वयं को विस्फोटित कर सभी चर अचर प्राणियों के अणुओं में प्रवेश करते हैं। जैसे-जैसे यह कभी न थमने वाला त्याग जारी रहता है, यह दिव्यता अपना सम्पूर्ण देकर भी पूर्ण बनी रहती है। यह दिव्य पहेली न तो मनुष्यों और न ही देवों द्वारा कभी भी सुलझाई या समझी जा सकेगी।

न केवल वे दिव्य चेतना के मूल स्रोत हैं बल्कि कण कण में स्पंदित दिव्य हृदय बाबाजी ने मनुष्य जाति को क्रियायोग का विज्ञान प्रदान किया है। यह वह प्रक्रिया है, जिसके द्वारा, भौतिकता में डूबा हुआ स्वेच्छाचारी मनुष्य, आत्मा होने के अपने जन्मसिद्ध अधिकार का पुनः दावा कर सकता है और ज्ञान, आनंद और अनंत सत्ता के अपने घर लौट सकता है। क्रियायोग के सतत अभ्यास से ही कोई भी अपनी दिव्यता के समरूप पुष्प की भाँति खिल सकता है। हर एक युग में और हर एक काल में यही मनुष्य जाति का मोक्ष रहा है।

अध्याय ६

बाबाजी – पुरातन उत्पत्तियाँ

हिमालय में सभी युगों के महान संत, बाबाजी के दर्शनों से, मुझे उनके 'शिवगोरक्ष बाबाजी' नाम का बोध हुआ। कतिपय स्थानों पर उन्हें कई नामों से बुलाया जाता है, यथा, बाबाजी, गोरक्षनाथ, कोरखनाथ, त्र्यम्बक बाबा, महाशिव बाबा, राजाधिराज, महाभिनिष्करण, आदि। मेरे भीतर से निकले कुछ और नाम भी मैंने इसमें जोड़ दिए हैं, जैसे, अकम्पित विराट वज्र, सभी युगों के संत, अस्तित्वविहीन परमअस्तित्व और अंत में उनका नाम स्वयं भगवान शिव के समानार्थक है, जिन्हे, 'हर कहीं और कहीं भी नहीं' कहा जाता है।

यह नवनाथ कहलाने वाले दिव्य प्रकाश के नौ ईश्वरों का अलौकिक पदानुक्रम है। प्रथम हैं, भगवान शिव (ब्रह्माण्ड की चेतना) के रूप में, शिवगोरक्ष बाबाजी। फिर हैं उदय नाथ जो पार्वती हैं, ब्रह्माण्ड की स्त्रैण ऊर्जा। तीसरे हैं, कार्तिकेय – अलख नाथ (केन्द्रगामी-आंतरिक बहने वाला ब्रह्माण्ड के उत्थान का भँवर) और चौथे हैं, मत्स्येन्द्रनाथ, वे जो माया के अलौकिक आवरण को फेंकते हैं और फिर सभी आत्माओं को इस महान भ्रम से मुक्ति दिलाते हैं। पांचवें हैं शैल नाथ, जो विष्णु के द्योतक हैं, जगत ब्रह्माण्ड में अपनी चेतना व्याप्त करते हैं और उसकी रक्षा करते हैं, और छठवें हैं, चौरंगीनाथ – चन्द्र के अमृत को धारण किये हुए जो अमरत्व प्रदान करता है। इसके बाद के क्रम में आते हैं, ब्रह्मा के रूप में सत्यनाथ। जो ब्रह्माण्ड के मन के सृजनकर्ता हैं, फिर हैं अचलचम्बुनाथ, जो आदिशेष के रूप में काल के द्योतक हैं, जो अनंतनाग हैं (ईश्वर के ब्रह्माण्ड में सप्त अनंत लोक हैं), और हैं

कण्ठदनाथ (जो गणेश के द्योतक हैं, केन्द्रप्रसारी बाहर की ओर बहने वाला जगत के उत्थान का भँवर). यह हैं अग्निश्वत्थ ऋषि और सातवें, आठवें और नौवें स्तर की दीक्षा से सम्बन्धित हैं।

शिवगोरक्ष स्त्रियों के साम्राज्य से मत्स्येन्द्र विष्णु की रक्षा करते हैं

भगवान शिव ने संसार के मोक्ष के लिए योग और तंत्र का सिद्धांत मत्स्येन्द्रनाथ को प्रदान किया, जिन्हे तब लोकेश्वर के नाम से जाना जाता था। यह अनोखी कहानी कुछ ऐसी है: जब उनके माता पिता नाव से यात्रा कर रहे थे, एक बहुत बड़ा तूफान आया और उनकी नाव डूब गई। घटनाओं की श्रृंखला के अनुसार, महान नाथावतार ने स्वयं के ऊपर माया का आवरण डाल लिया ताकि माया की मत्स्य से निगल लिए जाएँ।

उसी समय ऐसा कुछ हुआ कि समुद्र के किनारे, शिव, पार्वती को योग के रहस्य सिखा रहे थे। वो सो गयीं परन्तु मत्स्येन्द्रनाथ ने मछली के उदर के भीतर से सब कुछ सुन लिया। श्रीशैल्या में एक पत्थर की नक्काशी पर उकेरी गई किंवदंती में उन्हें मत्स्य के मुख से अपना सिर बाहर किये हुए दिखाया गया है, जहाँ से वे गुप्त सिद्धांत को सुन रहे हैं। तब से ही 'लोकेश्वर' को मत्स्येन्द्रनाथ कहा जाने लगा। परन्तु उन्हें खोज लिया गया और श्रीशैल्या में एक बगल की नक्काशी में यह दिखाया गया है कि शिव, उस मत्स्य की तरफ़ इशारा कर पार्वती को यह बता रहे हैं कि ज्ञान का सच्चा पिपासु कहाँ छुपा हुआ है और उन्हें भी उसी की तरह सावधान रहना चाहिए। पार्वती को जो भी घटित हुआ उसका पता चला और उन्होंने अतिशीघ्र वह किया जो उन्हें करना ही था। उन्हें योग और तंत्र के इस दिव्य ज्ञान को जगत के उत्थान के लिए बाहर संसार में लाना था। अतः उन्होंने लोकेश्वर की ओर ऊर्जा का एक आवेश, शाप के रूप में निर्देशित किया, जो आज के युग में भी आत्मविद्या का एक वरदान साबित हुआ। मत्स्येन्द्रनाथ के द्वारा प्रदत्त, योग और तंत्र का विज्ञान एक ऐसा ही वरदान है।

पार्वती के शाप के अनुसार, अपनी लीला का पूरा ज्ञान रखते हुए, योगावतार मत्स्येन्द्रनाथ, स्त्रियों के साम्राज्य में चले गए जिसे कदली

वन कहा जाता था ताकि वहाँ दिव्य लीला कर सकें और मानवजाति की रक्षा कर सकें। यह एक अद्वितीय बात है कि किस प्रकार सही शब्दों के अभाव में, हम शाप और वरदान को क्रमोत्थान के चक्र में इस्तेमाल करते हैं। यह जानना रुचिकर है कि मत्स्येन्द्रनाथ ने पार्वती के विद्युत तत्व को सहयोग दिया ताकि वे स्वयं को माया और भ्रम के जगत में क्रमसंकुचित कर सकें। उन्होंने गोरक्षनाथ के रूप में शिव के चुम्बकीय तत्व को भी सहयोग दिया जिससे वे स्वयं को माया से बाहर आत्मतत्व में क्रमोन्नत कर पाये। अतः पार्वती ने उन्हें शाप दिया और शिव ने उन्हें वरदान दिया। उन्होंने महान त्याग का कार्य किया और दिव्य कार्य की उच्चतर श्रेणियों में पहुंचे।

दिव्य कालचक्र में दिए गए निर्णय के अनुसार चूँकि योग के द्वारा प्रजनन और क्रमागत वृद्धि का कार्य सतत चलते रहना चाहिए, पार्वती ने एक कर्म के नियम को गति प्रदान की जिसमें न सिर्फ मत्स्येन्द्रनाथ का कदली वन में जाना सम्मिलित था बल्कि उनका तंत्र के चमत्कारी ज्ञान और योग के रहस्यात्मक ज्ञान का प्रचार प्रसार करना भी शामिल था। मैं शाप और वरदान जैसे शब्दों के सन्दर्भ में, भारतीय शब्दावली के आंतरिक उद्देश्य को स्पष्ट करना चाहूँगा। पुरातन भाषा में, काल और वृद्धि का चक्र, सिर्फ शाप और वरदानों से ही गतिशील नहीं होता था बल्कि गहन स्तर पर शाप एक किस्म का बहाना था जिससे कर्मों के उत्थान का एक सिलसिला प्रारम्भ हो जाता था। ठीक उसी प्रकार वरदान भी दिए जाते थे ताकि उन्नति को प्राप्त आत्मा में आनंद और विश्वास का संचार हो।

अतः यह एक कहने का तरीका था कि पार्वती ने मत्स्येन्द्रनाथ को श्राप दिया ताकि वे पृथ्वी पर जन्म ले कर तंत्र (कौल ज्ञान)[१] और योग के क्रमोत्थान करने वाले विज्ञान की शिक्षा दें। उन्होंने मत्स्येन्द्रनाथ को आगे यह श्राप भी दिया कि वे कदली वन में समस्त योग की स्मृति खो देंगे। इस समय तंत्र का ज्ञान अपने उच्चतम स्तर

१ इसे कौल मार्ग भी कहते हैं, यह कौल तंत्र है जिसके जन्मदाता मत्स्येंद्रनाथ थे एवं जिसका कौल ज्ञान निर्णय में खुलासा किया गया है जिसमें अनश्वरता के अमृत को उद्दीप्त कर देह की दिव्यता का मिलना शामिल है।

पर था और आध्यात्मिक संतति के प्रजनन का ज्ञान, पृथ्वी के लोगों में प्रचारित हो गया था। यही था, 'आत्मा का पदार्थ में क्रमसंकोच', एक ऐसा कार्य जो माया सदा से करती आई है। मत्स्येन्द्रनाथ के मकसद का प्रथम कार्य संपन्न हो चुका था जो संसार को यह बताना था, कि किस प्रकार जनन कोशिकाओं और डीएनए को बेहतर बनाएं जिससे आध्यात्मिक संतानों की प्राप्ति हो सके।

अब शिवगोरक्ष बाबाजी के लिए यह उपयुक्त समय था कि वे अपने लौकिक गुरु को किसी प्रकार यह सन्देश दें कि योग के द्वारा आध्यात्मिक उन्नति के उनके लक्ष्य के दूसरे भाग का अब प्रारम्भ होना था। यह वक्त अब मत्स्येन्द्रनाथ के अपने अगले लक्ष्य के प्रति जागने का था जिसमें मानवता की रक्षा और सहयोग सम्मिलित था ताकि उसकी आत्मा का चैतन्य में सहज रूप से उत्थान हो सके।

अतः बाबाजी गोरक्षनाथ ने एक छोटा सा संगीत दल बनाया जिसमें नृत्यांगनाएं और संगीत वाद्ययंत्र बजाने वाले शामिल थे, जबकि उन्होंने स्वयं ढोल बजाने वाले का रूप धरा था। यह संगीत दल कदली वन

"जाग मछंदर गोरख आया"

की तरफ़ बढ़ चला। बाबाजी को यह भलीभाँति अवगत था कि जिस नगर में वे जा रहे थे, रानी तिलोत्तमा उस पर शासन करती थी, जो देवी लक्ष्मी का अवतार थीं, और मत्स्येन्द्रनाथ स्वयं भगवान विष्णु के अवतार थे। जब बाबाजी और उनका संगीत दल नगर में पहुंचे, उन्होंने रानी तिलोत्तमा के महल की चौकीदारी कर रही स्त्रियों को बताया कि वे गीत और संगीत के द्वारा राजा और रानी का मनोरंजन करने के लिए आये हैं। हालांकि कोई भी आदमी उस नगर के भीतर प्रवेश नहीं पा सकता था परन्तु गोरक्षनाथ का अनुरोध इतना प्रबल था कि स्त्रियाँ नरम पड़ गईं और उन्हें भीतर प्रवेश करने दिया।

जब वे महल की ओर जाते समय खूबसूरत उपवनों से होकर गुज़र रहे थे, तब उन्हें सबसे अधिक करिश्माई फूल मिले जिनकी सुगन्धि से कोई भी मदहोश हो जाए। वहां की चिड़ियों को स्वर्ग की चिड़ियाएँ कहना ज़्यादा सही था। अंततः दल ने स्वयं को राजा रानी के समक्ष प्रस्तुत किया और नृत्य एवं गायन प्रारम्भ किया। बाबाजी गोरक्षनाथ ने अपने ढोल से आत्म जागृति देने वाले स्पंदनों को बजाना शुरू कर दिया। यह ध्वनि स्पंदन कुछ इस प्रकार सुनाई दे रहा था, 'जाग मछंदर गोरख आया', जिसका अर्थ है कि, 'हे मत्स्येन्द्रनाथ! जाग जाओ कि अब गोरख तुम्हे लेने आ गया है।' यह ध्वनि, मत्स्येन्द्रनाथ के कानों में पड़ी। तत्पश्चात वे अपने लक्ष्य के तांत्रिक आयाम को त्याग कर भविष्य के योग की चेतना के अपने लक्ष्य की ओर अग्रसर हुए। हम यह भी कह सकते हैं कि वे स्वयमेव ली गई सविकल्प समाधि की तांत्रिक अवस्था से योग की निर्विकल्प समाधि में चले गए। और तब ये दोनों महान विभूतियाँ अपने विस्तृत लक्ष्य की ओर निकल पड़ीं जो संसार के मोक्ष हेतु, दिव्य उत्थान करने वाले योग के विज्ञान की शिक्षा देना था।

शिवगोरक्ष बाबाजी ही महावतार बाबाजी हैं

शिवगोरक्ष बाबाजी और महावतार बाबाजी के बीच का संबंध कई ग्रंथों में स्थापित किया गया है। लोककथाओं एवं मध्ययुगीन ग्रंथों में यह उल्लेखित है कि गोरक्षनाथ ने कबीर को अनुग्रहीत किया एवं उन्हें नाथ

योगियों के तौर तरीके सिखाए। परमहंस योगानंद ने अपनी आत्मकथा में भी महावतार बाबाजी और कबीर के बीच के संबंध के विषय में लिखा है। यहाँ उन्होंने बताया है कि स्वयं बाबाजी ने योगावतार लाहिड़ी महाशय से इस बात का उल्लेख किया था कि उन्होंने कबीर को क्रियायोग में अनुग्रहीत किया था। बाबाजी ने योगावतार लाहिड़ी महाशय को भी अनुग्रहीत किया था और लाहिड़ी महाशय ने स्पष्ट रूप से यह कहा है कि वे अपने पूर्व जीवन में कबीर थे। इससे यह सिद्ध होता है कि महावतार बाबाजी और बाबाजी गोरक्षनाथ एक ही हैं और इस प्रकार दोनों के बीच प्रत्यक्ष संबंध की स्थापना हो जाती है।

मेरी अपनी आत्मकथा में, मैंने भी कबीर को प्रत्यक्ष रूप से राजा भर्तृहरि नाथ और लाहिड़ी महाशय दोनों ही के साथ संबंधित किया है:

"इसके कुछ समय बाद उसी रात जब मैं महान नाथ योगियों की कथाओं से पवित्र हुई क्षिप्रा नदी के घाट पर ध्यान कर रहा था, एक बार फिर मेरी मन की आँखों के सामने महान योगी राजा भर्तृहरि नाथ आ गए। काले पट्टे पहने हुए उन्होंने स्वयं को मुस्कुराते हुए क्रियायोग सद्गुरु लाहिड़ी महाशय में बदल दिया, उनके साथ मुझे सद्गुरु कबीर के भी दर्शन हुए जिन्होंने मुस्कुराते हुए खुद को शिर्डी साईं बाबा में परिवर्तित कर दिया। और फिर उन दोनों ने सस्वर कहा, "अलख गोरखिआ बाबाजी! अलख गोरखिआ बाबाजी!" बाद में विचार करने पर और गहन ध्यान में मुझे इस बात का एहसास हुआ कि महारानी पिंगला की मृत्यु के पश्चात, गोरक्षनाथ, भर्तृहरि को अपने कार्य और तप के लिए अपने साथ ले आये थे और तब भर्तृहरि बड़े ही भारी मन के साथ गए थे।"

गोरक्षनाथ ने इस बात का ध्यान रखा था कि उनके भव्य महल देखने और गृहस्थ पत्नी की इच्छाएं उनके कारण शरीर में सुरक्षित रहें ताकि कालांतर में बाबाजी इस महान आत्मा को संसार में अवतरित कर उनका विवाह दिव्य काशिमोनी से करा सकें। तत्पश्चात जब वे लाहिड़ी महाशय के रूप में गृहस्थ योगी बने तब बाबाजी ने अपने उद्देश्य के लिए रोकी हुई उनकी भव्य महल देखने की इच्छा को पूरा किया जिसकी साधारण मनुष्य कल्पना मात्र ही कर सकते हैं। यदि बाबाजी ने राजा

भर्तृहरि के मन में इस इच्छा का बीज न रखा होता तब कोई भी लाहिड़ी महाशय जैसी महान आत्मा को इस नश्वर संसार में अवतरित नहीं करा सकता था। इस संसार में ऐसी कोई भी शक्ति नहीं जो लाहिड़ी महाशय को उनके गुरु महावतार गोरक्षनाथ बाबाजी से अलग कर सके। धन्य हैं बाबाजी गोरक्ष और धन्य हैं राजा भर्तृहरि नाथ जो संसार की मुक्ति के लिए गृहस्थ योगवतार लाहिड़ी महाशय के रूप में अवतरित हुए।

मेरे दर्शनों ने मुझे यह दिखाया कि राजा भर्तृहरि नाथ, कबीर और लाहिड़ी महाशय जैसे महान सद्गुरु, अवतारी चेतना के उच्चतम स्तर पर एक हैं। अतः लाहिड़ी महाशय और कबीर की निर्वाण चेतना भी एक ही है। ये सारे शरीर महज़ वस्त्रों की तरह हैं जिन्हे इस जगत में एक महत्वपूर्ण दिव्य कार्य करने के लिए चुना गया है।

लाहिड़ी महाशय ने अपनी डायरी में लिखा है, 'बूढा बाबा, बाबाजी ही कृष्ण हैं।' कृष्ण का जन्म देवकी माँ के गर्भ से हुआ था, वे पूर्ण जाग्रत थे, और उन्होंने पूर्णरूपेण दोषमुक्त हो कर अपने मायावी स्वरुप से भी स्वयं को आवृत्त किया हुआ था, क्योंकि एक पूर्णावतार ही दिव्य प्रकाश के शरीर को अपनी संकल्प शक्ति से धारण कर सकता है या त्याग सकता है। (अध्याय ११, 'अवधूत अवतार सिद्धांत' इस पुस्तक के विस्तृत संस्करण में देखें)। गुप्त सिद्धांतों में कृष्ण को शम्भू चैतन्य भी कहा जाता है जिसका अर्थ, प्रकाशमान प्रभु शिव होता है।

हालाँकि शिवगोरक्ष बाबाजी अमर्त्य और अकाल पुरुष हैं, फिर भी वे समय समय पर, जगत को अपने अवतारी कार्य के द्वारा आशीष देने और पृथ्वी पर गुणों के संतुलन को बनाए रखने के लिए स्वयं को अभिव्यक्त करते हैं। अपनी इन्ही अभिव्यक्तियों में से एक में, वे आठवीं से ग्यारहवीं शताब्दी के बीच में किसी काल में प्रकट हुए। यह कहा जाता है कि बाबाजी, आठवीं शताब्दी में आदि शंकराचार्य के काल में भी अस्तित्ववान थे और उनका एक अतिसूक्ष्म अंश आज भी कुछ अत्यंत उच्च श्रेणी के दीक्षितों के साथ अस्तित्व में बना हुआ है।

अपने कार्य और शिक्षाओं के द्वारा मैंने, ज्ञान के खजाने में, इस दिव्य सत्ता शिवगोरक्ष बाबाजी के मूल और सार तत्व से सम्बन्धित कुछ सत्य

एवं कुछ तथ्यों का योगदान देने का विनम्र प्रयास और उद्यम किया है। वे अनामिक कहे जाते हैं। मैंने उन्हें अस्तित्वविहीन परमअस्तित्व भी कहा है जो उनके साकार और निराकार स्वरुप की विसंगति को दर्शाता है। उन्हें अकम्पित विराट वज्र और महाभिनिष्करण या महान त्याग भी कहते हैं, यह उनकी वह प्रतिज्ञा बताता है, जिसमें, अपनी अचिन्त्य आध्यात्मिक चेतना में हमेशा के लिए लीन रहने के बजाय वे, सदा सर्वदा भौतिक जगत में बने रहते हैं और संसार को ईश्वरीय चेतना की ओर पहुंचाते रहते हैं। जिस प्रकार शिव बहुत से नामों से जाने जाते हैं, वैसे ही शिवगोरक्ष बाबाजी भी बहुत से नामों से जाने जाते हैं, जो उनकी सत्ता की गहनता एवं सत अस्तित्व की व्याख्या करता है।

हालांकि लोग उन्हें कई नामों से जानते हैं, फिर भी वे अनामिक कहलाए जाते हैं। वे एक अनंतता से दूसरी अनंतता तक शिशुवत संसार का पालन-पोषण करते हैं। स्वर्ग एवं पृथ्वियां सब जाएंगे गुज़र, पर वे सदा संग हमारे रह जाएंगे इधर। साधु, संत, दार्शनिकों और योगियों की सीमित दृष्टि उनके अतिचेतन तारे को भेद नहीं सकती। उनके आध्यात्मिक वैभव की कोई व्याख्या नहीं हो सकती। वे स्वर्गीय देवदूतों के दिव्य पदानुक्रम की सर्वोच्च चेतना हैं, दिव्य नवनाथों का संयुक्त सार तत्व हैं। वे महान त्याग हैं, जिन्होंने अनगिनत सूर्यों के विस्फोट में, स्वयं अपनी आत्मा की जीवंतता, ज्ञान और सत्य को जगत के हर एक अणु में संचारित कर दिया है, जिससे न सिर्फ मानवजाति का बल्कि सभी जड़ और चेतन का उनकी सनातन चेतन अवस्था में मोक्ष संभव हो सके। वे, आत्मा के भौतिकता में क्रमसंकोच एवं पदार्थ के आत्मा में क्रमविकास की अचिन्त्य लीला के परमकारण हैं, जो वास्तविक 'सम्पूर्ण योग' है, जिसका ज्ञान, नाथ योगियों को प्राचीन काल से रहा है।

शिवगोरक्ष बाबाजी स्वयं भगवान शिव की अभिव्यक्ति कहे जाते हैं। उन्होंने संसार को मानवीय चेतना का उत्थान करने वाले अभ्यास प्रदान किये, विशेष रूप से, शिव-शक्ति क्रियायोग की दिव्य रसायन विद्या जो दोहरी क्रिया कर आत्मा की उन्नति में तेज़ी लाती है। यह चेतना का विस्तार करती है और पूर्व अशुभ कर्मों को जलाती है। बाबाजी को दूसरी अन्य परम्पराओं और पौराणिक कथाओं में बहुत से नामों से जाना

जाता है। वे संसार के आध्यात्मिक उत्थान का मूल कारण हैं और नाथ सम्प्रदाय के प्रतिष्ठापक हैं। वे स्वयं को किसी के सामने सही समय आने पर ही प्रकट करते हैं; ज़्यादातर समय वे अप्रकट ही रहते हैं, और अपने शिष्यों के द्वारा ही संसार का मार्गदर्शन करते हैं। उन्होंने आधुनिक युग में दिव्य ज्ञान के प्राचीन विज्ञान को पुनर्जीवित किया है।

सत्य के साधकों के कार्यों और प्रेरणा के द्वारा उनकी कालरहित उपस्थिति की अभिव्यक्ति होना जारी है। एक महान रहस्य और त्याग, दिव्य चेतना के नौवें स्तर पर पाया जाता है जो स्वजन्मना है। यही है ब्रह्म निर्वाण की वह अवस्था जिससे बाबाजी नीचे आ कर संसार को मोक्ष दिलाते हैं, इसके बाद भी वे अपनी अवस्था कायम रखे हुए हैं। यह कैसे संभव है, उनके अलावा कोई भी नहीं जानता। वे आदि सप्त अग्निश्वत्थ ऋषियों की सामूहिक चेतना हैं, जो काल के प्रारम्भ में उपस्थित थे। वे उच्चतम ईश्वर का प्रकाशविहीन प्रकाश हैं। फिर भी उन्होंने अपार करुणावत हो कर अपनी अनंत चेतना का एक सांत अंश पीछे छोड़ दिया है ताकि संसार का दिव्यता के समरूप उत्थान हो सके। उनकी सत्ता का यह अत्यंत सूक्ष्म और अनश्वर अंश इस मनुष्यलोक में आवश्यकता अनुसार समय समय पर अभिव्यक्त होता है। अनंत काल से ये अक्षय वर्तमान संसार के उत्थान पर अपनी नज़र रखे हुए हैं जब तक कि यह निर्वाण मोक्ष को प्राप्त न कर ले। उन्हें प्रकट-अप्रकट संसार का रक्षक कहना सही ही है। वे हैं महाभिनिष्करण – महान त्याग।

दिव्य सत्ता बाबाजी, परमोच्च चेतना, परमशिव का व्यक्तिगत पहलू एवं सर्वव्यापी "है-पन" हैं। दिव्य बाबाजी जो आपका सत्स्वरूप हैं, क्रियायोग के सतत, धैर्ययुक्त अभ्यास के द्वारा जाने जा सकते हैं। वे कभी नहीं जन्मे परन्तु हमारे जगत के त्रिआयामी सृजन के प्रारम्भ में अभिव्यक्त हुए हैं। कार्य कारण एवं आकाश काल की सीमाओं के जगत में उपस्थित रहते हुए भी, दिव्य सत्ता शिवगोरक्ष बाबाजी पर कार्य कारण के कार्मिक नियम लागू नहीं होते। वे किसी भी त्रिआयामी व्यवस्था से संचालित नहीं होते जिस व्यवस्था के शरीर और मन अधीन होते हैं।

तीन रहस्य

मानवीय आकलन से परे तीन रहस्यमयी उपस्थितियाँ हैं:

वह उपस्थिति जिसके विषय में कुछ भी कहा नहीं जा सकता

यही है वह उपस्थिति जिसे हम अवर्णनीय सत्ता, हर युग के संत, शिवगोरक्ष बाबाजी के नाम से बुलाते हैं, जो हमारे अस्तित्ववान जगत में कार्य कर रहे हैं। सापेक्षता और जगत ब्रह्माण्ड में, हम सभी बाबाजी की अभिव्यक्ति के अत्यंत क्षीण प्रकाश को ही देख पाते हैं, परन्तु कोई भी उनके पारलौकिक तारे को भेद कर उनकी निरपेक्ष अवस्था तक नहीं जा सकता। वह पूर्णरूप से अथाह, अनंत और अचिन्त्य हैं।

वह उपस्थिति जिसके विषय में हम कुछ भी नहीं जानते

यह है, समस्त अस्तित्व के परे, महान अकथनीय सत्ता, जिसके लिए अनगिनत ब्रह्माण्ड मात्र स्वप्न अणुओं के सामान हैं और खरबों महाकल्प उनकी आँख की एक झपक के बराबर हैं। यह परमशिव हैं, काल से भी परे, महाकाल, जो बिना कुछ किये ही अनंत ब्रह्माण्डों को अस्तित्व में ले आते हैं।

वह उपस्थिति जिसके विषय में कोई भी कुछ भी नहीं जानता है!

यह वह अकथनीय सत्ता है जिसके विषय में वह उपस्थिति भी, जिसके बारे में हम कुछ भी नहीं जानते, कुछ नहीं जानती! (प्रिय पाठकों, यह वाक्य, मन को श्रद्धाभाव से मौन कर देने के लिए गठित किया गया है) कोई भी, कुछ भी जानने योग्य या न जानने योग्य, उसे नहीं जानता। वे, जो कोई भी है या नहीं है, उच्चतम सुरों और असुरों तक के लिए भी, अनाकलनीय हैं। यह है महान अचिन्तनीय, शून्य-अशून्य का है-पन, अस्तित्वविहीन परमअस्तित्व। कोई भी शब्द, कभी भी, आकलन के परे उस अवर्णनीय के लिए प्रयुक्त नहीं किये जा सकते।

बाबाजी दिव्य रूप में पूजित

अध्याय ७

बाबाजी का शिष्य होने के नाते

हे प्रकाश पुत्र, तुम तेज मात्र
हर लो अविद्या तिमिर के समग्र गात्र
सतत लड़ो मिथ्या के संग
संग्राम करो तुम दिवस रात्र।।

मेरे अपने अनुभव और सत-असत विवेक बुद्धि के अनुसार, जगत ईश्वर के रूप में बाबाजी ने कोई भी नए शिष्य नहीं बनाए हैं। अंतिम दो शिष्य जो उन्होंने स्वीकार किए, योगावतार लाहिड़ी महाशय एवं ज्ञानावतार श्री युक्तेश्वर थे जिन्होंने अपनी देह को प्रकाश में रूपांतरित कर लिया था। केवल वही व्यक्ति इस प्रकार के प्रत्यक्ष संबंध के योग्य है जिसकी देह काल के प्रकोपों से मुक्त, सतत निर्विकल्प समाधि की अवस्था में रहे।

बाबाजी की अनुभूति का होना एक बात है परन्तु बाबाजी का प्रत्यक्ष शिष्य होना एक बिलकुल ही अलग स्तर की प्राप्ति है। कई लोगों ने अवर्णनीय बाबाजी की अनुभूति का होना बताया है, जबकि यह बाबाजी का प्रत्यक्ष शिष्य होने से बिलकुल अलग बात है; जहाँ परमगुरु और शिष्य दोनों ही सतत चैतन्य की अवस्था में रहते हैं। यह एक अत्यंत दुर्लभ घटना है, जहाँ महावतार गुरु और अवतारी शिष्य एक दूसरे के साथ सारूप्यता में रहते हैं और निष्काम चेतना के सर्वव्यापी परमानंद (समाधि) में स्थित होते हैं।

उदाहरण के लिए यदि किसी उच्च श्रेणी के साधक को, जो अवतार से निम्न श्रेणी का हो, बाबाजी समान महान तत्व से संपर्क रखना हो, तब उसके तीव्र तप और निम्नतर समाधियों के बावजूद भी, वह बाबाजी के दिव्य वैभव की प्रचंडता को सहन नहीं कर सकता और उस विराट तत्व के आवेश में निश्चित ही उसके स्थूल और सूक्ष्म शरीर विस्फोटित हो जाएँगे। परन्तु सर्वोच्च गुरु महान बाबाजी के द्वारा इस तरह की कृपा का आदेश नहीं होता, क्योंकि किसी उच्च शिष्य या अवधूत, यहाँ तक कि बोधिसत्व के लिए भी समय से पहले उनके आनंदमय तत्व में विस्फोटित हो जाने को वे उचित नहीं मानते।

मनुष्य और ऐसी महान सत्ता के बीच आध्यात्मिक संबंध कायम होने पर, यह शिष्य के तथाकथित शरीर के टुकड़े टुकड़े कर डालेगा। यदि बाबाजी को अपनी करुणा में ही जनसामान्य की अर्धजाग्रत कुण्डलिनी के साथ जुड़ना हो, तब, अपने पूरे प्रेम के साथ भी, यह लाभ करने के बजाए, धीमी गति से उन्नत होने वाली मानवता के लिए नुकसानदायक अधिक सिद्ध होगा। अत: यह अत्यंत आवश्यक है कि बाबाजी की चेतना और आध्यात्मिक सार तत्व, धीरे-धीरे क्रमश: कम होते हुए, प्रथमत:, अवतार, फिर अवधूत, फिर सिद्ध, फिर परमहँस, और इसके बाद हँस[१] तक पहुँचे और तब जा कर ही उनका आध्यात्मिक तत्व और कृपा, जनसामान्य के द्वारा अपनाई जा सकेगी और लोग उस महान सत्ता के सर्वोत्तम आशीर्वादों को ग्रहण कर सकेंगे जिन्हें अनामिक कहा जाता है। यह उनकी कृपा के नीचे आने का वर्णन करता है; ईश्वर की शक्ति, ज्ञान और प्रेम के उच्चतम शिखर से मानवता की शक्ति ज्ञान और प्रेम तक, जो ईश्वरीय ज्ञान के समक्ष कुछ भी नहीं है।

एक साधारण मनुष्य की स्नायु प्रणाली, मस्तिष्क के कोष और सूक्ष्म चक्रों की संरचना ऐसी नहीं होती कि वह महावतार बाबाजी जैसी दिव्य

---

[१] हँस, आत्मा, व्यक्तिगत चेतना (जीव); जिसे देह के भीतर चलने वाले प्राण की भी संज्ञा दी जाती है। मनुष्य के मस्तिष्क में पार्श्व निलय, एक उड़ान भरते हुए हंस की आकृति जैसे हैं, जिसके पंख मस्तक की ओर बलपूर्वक आगे बढ़ रहे हैं और पीछे का निलय उसके सिर की तरह है, जो पीछे की ओर केंद्रित है, मानो एक हँस, पीछे भविष्य की ओर उड़ रहा हो, और जिसकी गति प्रकाश से भी अधिक है

सत्ता के आध्यात्मिक प्रवाह को सहन करने में समर्थ हो सके। एक अवतार ही महावतार का शिष्य हो सकता है। इससे निम्नकोटि का कोई भी व्यक्ति महज़ अपनी कल्पना की उपज में खोया रह सकता है।

क्योंकि वास्तविकता में यदि किसी मनुष्य पर दिव्य विद्युत का प्रहार हो जाए और भले ही वह कितना ही प्रेमपूर्ण और धीरे से किया गया हो, तब उस मनुष्य का शरीर नष्ट हो जाएगा, जब तक कि वह बुद्ध, जीसस, भर्तहरि नाथ और लाहिड़ी महाशय के समान अवतारी चेतना के दिव्य गुणों वाला न हो, जो बाबाजी की महान शक्ति को सहन करने में समर्थ हैं।

किसी भी व्यक्ति को, जो इस प्रकार के संबंध का दावा कर रहा हो, लाहिड़ी महाशय और श्री युक्तेश्वर की इन अवस्थाओं का प्रदर्शन करना होगाः

- शाम्भवी मुद्राः अपलक बाह्य दृष्टि के साथ मन का आत्मरूप समाधि में स्थित हो जाना।
- निर्विकल्प समाधिः दिव्य मन के परे दिव्य चेतना की अवस्था में रहना। कभी भी निद्रित नहीं बल्कि सदा समाधि में होना।
- पुनुरुत्थानः योगावतार लाहिड़ी महाशय, ज्ञानावतार श्री युक्तेश्वर और प्रेमावतार जीसस क्राइस्ट की भाँति पुनरुज्जीवन को प्राप्त हो जाना। अवतार का अर्थ दिव्यता का नीचे आ कर उद्धार करने से है। उपरोक्त तीनों विभूतियां क्रमशः योग, ज्ञान और प्रेम के अवतार हैं।

जब कोई मनुष्य यह कहता है कि उसे बाबाजी का प्रत्यक्ष अनुभव हुआ है, तब उसका यह कहना लोगों की समझ में नहीं आ सकता। और इस बात की सच्चाई को सिद्ध करने का कोई तरीका भी नहीं है। केवल वही व्यक्ति अपने अंतर्मन में यह जानता है कि वह क्या कह रहा है और बाबाजी ही उसके कर्मों के अनुसार अंतिम न्याय करेंगे।

बहुतेरे लोगों को इस महान सत्ता के दर्शन, भेंट, आशीर्वाद और मार्गदर्शन प्राप्त हुए हैं। यह संभव है और यह सच भी हो सकता है।

लेकिन बाबाजी और मरणधर्मा मनुष्य के बीच का आध्यात्मिक अंतर इतना अधिक है कि इस परिमाण का छोटा सा भी आध्यात्मिक अनुभव, योगी को कई दिनों और महीनों तक स्तब्ध किये रह सकता है। फिर भी एक अत्यल्प आशीष भी उन समस्त आत्माओं पर महान कृपा करेगा जिन्होंने बाबाजी को देखा है अथवा नहीं देखा है और उससे वे आध्यात्मिक प्रगति के मार्ग पर अपने अंतिम निर्वाण मोक्ष की ओर उन्नत होंगे जो स्वयं बाबाजी हैं।

यह दुखद किन्तु सत्य है कि मनुष्य का स्वभाव, अपनी सीमाओं को लांघने की कोशिश करना है, और किंडरगार्टन करने से पहले पीएचडी करने का है। दर्शन होना एक बात है लेकिन "जिसके बारे में कुछ कहा नहीं जा सकता" ऐसी दिव्य सत्ता की अलौकिक आभा में निरंतर स्नान करना एक बिलकुल ही दूसरी घटना है। यद्यपि वे हम से भी समीप, हमारी श्वास के जीवन की अन्तर्निहित चेतना की दिव्यता हैं, फिर भी हम सभी को पूरी सच्चाई के साथ यह आत्मविश्लेषण करना होगा कि हम बाबाजी के साथ संबंध के मामले में किस स्तर पर आते हैं। हमारा अस्तित्व उनके होने का प्रमाण है, वे पूर्ण रूप से हमारे भीतर हैं लेकिन हमने स्वयं को बाबाजी में कितना प्राप्त किया है? प्रश्न यही है। इस बात को आगे स्पष्ट रूप से समझते हैं कि उनका हमारे भीतर होना और हमारा उनके भीतर न होने के सही सही मायने क्या हैं? इसका यह तात्पर्य है कि बाबाजी की परम-आत्मचेतना हमारी आत्माओं का सार तत्व है और ब्रह्माण्ड के समस्त चर अचर प्राणियों के भीतर वे उनकी गतिशील चेतना के रूप में स्थित हैं। परन्तु हम सब में रहने वाली बाबाजी की यह परमात्म चेतना, हमारी बुद्धि, मन और भावनाओं की विभिन्न परतों से ढकी हुई है।

हम स्वयं की पहचान अपनी देह, मन और भावनाओं के द्वारा करते हैं जो हम नहीं हैं न कि हमारे अस्तित्व की सत्यता से जो बाबाजी की चेतना है, जो संसार को परम आत्म चेतना की ओर ले जा रही है, जिसे हम शब्दों की कमी के चलते ईश्वर या भगवान बुलाते हैं। अब जैसे-जैसे हम क्रियायोग के अभ्यास और दूसरे आध्यात्मिक मार्गों के द्वारा अपने अन्नमय, प्राणमय और मनोमय शरीरों की स्थूल परतों

को शुद्ध करते जाते हैं तब अनेक वर्षों और अनेक जन्मों के अभ्यास के पश्चात, हम अपनी आत्मा का क्षीण प्रकाश देखना शुरू कर देते हैं जिसकी आत्मा मैंने बाबाजी को कहा है। जैसे-जैसे हम मेरुदण्ड के पथ में और भी ज़्यादा चलने लगते हैं, अपनी देह, मन और आत्मा रुपी दर्पण को परिशुद्ध और साफ़ करते चलते हैं, तब हमारी आत्मा की ज्योति, जो बाबाजी का मंदिर है, अपनी आभा में भीतर से बाहर चमकने लगती है और हम बाबाजी की परम चेतना में अधिकाधिक हिस्सा लेने लगते हैं और स्वयं की देह, मन, बुद्धि के रूप में कम से कम पहचान करने लगते हैं। अतः जब मैं यह प्रश्न आप सब से पूछता हूँ कि 'बाबाजी हमारी अन्तर्निहित चेतना की भी आत्मा हैं लेकिन हम बाबाजी में कितने पाये जाते हैं?', तो इसका यही तात्पर्य होता है।

अतः योग की स्थापना करने वाले अपने पूर्वजों से प्राप्त योग और ध्यान की अमूल्य आध्यात्मिक विरासत के द्वारा हम स्वयं की अपने सत-अस्तित्व के साथ अधिक से अधिक पहचान कर पाएंगे, जो परम चेतन स्वरुप बाबाजी हैं, और अपनी दैहिक आकृतियों, वासनाओं एवं मानसिक आदतों के साथ कम से कम होते चले जाएंगे। क्रिया योग के अभ्यास के द्वारा जब हम अपनी भौतिक इच्छाओं और ग्रंथियों को विदा करने लगते हैं, तब हम बाबाजी की परमचेतना में अधिकाधिक जीने लगते हैं क्योंकि बाबाजी हमसे इस कदर समीप हैं, वे हमारे सच्चे अस्तित्व का सारतत्व हैं, और फिर भी उनसे मिलने और उन्हें देखने के लिए हमें इतना महान प्रयत्न करना पड़ता है। वे समीपस्थ और दूरस्थ कहे जाते हैं, और इसीलिए मैं आप सभी को यह प्रश्न करने के लिए प्रोत्साहित करता हूँ कि, 'बाबाजी हम सब के भीतर हैं, लेकिन हमने स्वयं को बाबाजी में कितना पाया है?'

बाबाजी के दल में आठवें स्तर के अति उच्च दीक्षित आते हैं जिन्हे अग्निश्वत्थ ऋषि कहते हैं। ऐसे हैं उनके शिष्य, यदि हम उन्हें इस प्रकार संबोधित कर सकते हैं, अपने पदानुक्रम में तैतीस की संख्या में, अपने भव्य शरीर रुपी वस्त्रों में, मनुष्य के आकलन से बहुत परे, साढ़े अठारह करोड़ वर्ष पहले उनके दिव्य रूप इस पृथ्वी पर, ईश्वर की आत्मा को मनुष्य तत्व से मिलाने के लिए प्रकट हुए और वर्तमान

श्वेत वराह कल्प[२] के प्रथम आध्यात्मिक पदानुक्रम का निर्माण किया। यदि भारत के प्राचीन ग्रंथों का सावधानीपूर्वक अध्ययन किया जाए, तो हम पाएंगे कि इन समस्त महान आत्माओं के नाम, उनकी पहचान, और उनके आने का समय इनमें दिया गया है। ये महान उपस्थितियां जन्म और मृत्यु से परे हैं, जब हम उनके बारे में कहते हैं, वह मृत हैं!, और सामने देखो वे जीवित हैं! और किसी दूसरे स्थान पर प्रकट हो जाते है। ये महान सत्ताएं कभी मरती नहीं क्योंकि उनका कोई जन्म भी नहीं।

यहाँ उन कुछ महान अग्निश्वत्थ ऋषियों का विशेष उल्लेख करना आवश्यक है, जो आध्यात्मिक पदानुक्रम में ग्रहीय और सौर देवताओं के समान बुलंद ऊंचाइयों पर स्थित हैं। इनके अंतर्गत आते हैं, सनत कुमार जो भगवान शिव के पुत्र कार्तिकेय को दर्शाते हैं और प्रधान देवदूत माइकल के समकक्ष हैं जो ईश्वरीय मुख वाले देवदूत हैं। दूसरे अग्निश्वत्थ ऋषि हैं सनक, जो गणपति हैं, समस्त मेज़बानों के भगवान, और सभी मंगल कार्यों का प्रतिपादन करने वाले हैं, जो पाश्चात्य नामावली में प्रतिपादन करने वाले प्रधान देवदूत गेब्रियल के नाम से जाने जाते है। फिर हमारे पास हैं, सनन्दन, इसके बाद सनत-सुजाता, फिर आते हैं पंचशिका, फिर कपिल और रिबु। ये सप्त अग्निश्वत्थ ऋषिगण, ईसाइयत में, ग्रहीय देवता न हो कर, सप्त दिव्य प्रधान देवदूतों के अनुरूप हैं (इन दिव्यताओं के यथारूप वर्तमान में उपलब्ध नहीं हैं). तत्पश्चात आती हैं उच्च अनग्रह प्राप्त, कौमार्य की प्रकाश स्वरुप उमा नाथ, जो महान दिव्य जीवन बल ऊर्जा कुण्डलिनी का मूर्तिमंत रूप हैं, जिन्हे माताजी भी कहा जाता है।

शिव की अर्धांगिनी, महान योगेश्वरी उमा नाथ को माताजी भी कहा जाता है। वे बाबाजी के साथ एक हैं, और साथ ही साथ अपनी दिव्य पारलौकिक कुण्डलिनी के गतिशील स्वरुप को अभिव्यक्त कर रही हैं। वे, आठवें स्तर के अग्निश्वत्थ ऋषियों के साथ भी कार्यरत हैं ताकि अंतिम मोक्ष की प्राप्ति के लिए, मानवीय चेतना का उत्थान हो पाए।

---

२ हमारे वर्तमान कल्प का नाम, वर्तमान में हम इस महान संसार चक्र के मध्य से गुज़र रहे हैं। पूरे चक्र की अवधि है, ४,३२०,०००,०००।

इसके बाद आते हैं, महान आदिगुरु शंकराचार्य जिन्हें शिवगोरक्ष बाबाजी ने अद्वैत के उच्चतम विज्ञान और आध्यात्मिक उत्थान को प्यासी मानवता तक पहुंचाने का आदेश दिया। इन अत्यंत उन्नत सत्ताओं में दूसरे हैं, महान दत्तात्रेय, जिन्होंने इस पृथ्वी को अद्वैत दर्शन और तंत्र योग का गुप्त विज्ञान प्रदान किया। सम्राटों के सम्राट बाबाजी के दिव्य आभामंडल में कार्य करने वाले, भगवान वैवस्वत मनु हैं जो आंतरिक पदक्रम के शासक हैं। कल्कि अवतार (मैत्रेय बुद्ध), जगत गुरु हैं, जिन्हें क्राइस्ट का द्वितीय आगमन भी कहते हैं, पृथ्वी पर सत्य की स्थापना के लिए तैयार हो रहे हैं। मानवीय बुद्धि से बिल्कुल परे, बाबाजी के साथ दिव्य-कारणलोक में कार्य कर रहे, योगावतार लाहिड़ी महाशय, जगत गुरु के उत्तराधिकारी होंगे। ज्ञानवतार युक्तेश्वर को हिरण्यलोक[3] में उच्चतर आत्माओं के उत्थान का उत्तरदायित्व दिया गया है। वे मनु सावर्णि के रूप में वैवस्वत मनु के उत्तराधिकारी होंगे। ये सभी संसार की आंतरिक शासन प्रणाली के आध्यात्मिक पदक्रम के दिव्य लोकों में शासन करेंगे।

इसके बाद हम कुछ चिरंजीवियों के नाम लेते हैं, भगवान हनुमान, अश्वत्थामा, कर्ण, अर्जुन, नागार्जुन, आर्यसंघ, काउंट संत जर्मैन, परशुराम, बाली, कृपाचार्य, द्रोणाचार्य। भगवान सूर्य कश्यप (हमारे सूर्य), सर्वाधिक भव्य और पूजित अग्निश्वत्थ ऋषियों में से एक हैं जो शिव गोरक्ष बाबाजी के साथ कार्य करते हैं। इतनी ऊंची है उनकी आध्यात्मिक प्रतिष्ठा कि कहने के लिए शब्द बहुत कम हैं।

यह स्मरण रखना ज़रूरी है कि जब भी कोई आध्यात्मिक अर्थों में बाबाजी का शिष्य होने का दावा करता है, तब उसकी कुण्डलिनी बाबाजी की दिव्य कुण्डलिनी के साथ सतत रूप से जुड़ी हुई होनी चाहिए। इसका तात्पर्य यह है कि उसकी गतिशील ऊर्जा का प्रकाश तत्व, सतत रूप से प्रकाश की गति की चरम अवस्था में होना चाहिए, जो उस अवतार का द्रव्यमान अनन्तगुणा करता है, उसका दिव्य शरीर

---

3 स्वर्णिम लोक, सूक्ष्म लोकों का उच्चतम स्वर्ग जहाँ कुछ योगी, दिव्य गुरुओं जैसे ज्ञानावतार श्री युक्तेश्वर के मार्गदर्शन में योग के उच्चतर रूपों का अभ्यास करने के लिए उन्नत हो पहुंचते हैं।

काल रहित हो जाता है, और उसकी चेतना वर्तमान में अवस्थित हो जाती है। जब इस प्रकार के सारूप्य सम्बन्ध की स्थापना होती है, केवल तभी कोई शिष्य, बाबाजी के साथ एकता को महसूस कर सकता है, जिनका केंद्र सब ओर है और जिनकी परिधि कहीं भी नहीं है। उनका प्रत्यक्ष शिष्य होने का तात्पर्य यही है।

योगावतार लाहिड़ी महाशय और ज्ञानावतार श्री युक्तेश्वर के अंतिम सन्दर्भ के बाद मैं कम से कम एक व्यक्ति को भी ऐसा नहीं पाता जो इस अलौकिक सत्ता के साथ गुरु-शिष्य संबंध कायम रख पाया हो। इसमें कोई संदेह नहीं कि उन्हें योगानंद के अनुभव से प्रेरणा पाकर बनाए गए बाबाजी के चित्र पर आधारित दर्शन या आशीर्वाद प्राप्त हो सकता है, अतः वे अनुभव, सविकल्प दर्शनों की श्रेणी में ही आते हैं। तथापि इस दिव्य सत्ता, बाबाजी की सच्ची अनुभूति के लिए, कभी भी न लौटने वाले व्यूहों के पार, धर्ममेघ समाधि के भी परे जाना होगा।

अतिउत्साही साधकों और स्वामियों को अपने मतिभ्रम या त्रिआयामी दर्शनों से स्वयं को बाबाजी का प्रत्यक्ष शिष्य समझ लेने की गलती के प्रति सावधान होना होगा; उन्हें अपनी स्थिति का अनुपात स्वयं समझने की आवश्यकता है। यहाँ बहुतेरे बीमार और कमजोर नौसिखिये भक्त और स्वामी हैं जिनके रोग बाबाजी के दर्शनमात्र से दूर हो जाते हैं। ऐसा होना उन्हें इस दिव्य अवतार के शिष्य होने योग्य नहीं बनाता लेकिन उन पर यह कृपा ज़रूर करता है कि वे अपनी आध्यात्मिक यात्रा को जारी रखकर परमपद की प्राप्ति करें जो स्वयं बाबाजी ही हैं। मुझे यहाँ यह भी बताना है कि निश्चित ही यहाँ दूसरे बाबाजी भी हैं, जिनके विषय में लोगों ने लिखा है। कुछ मनुष्य हैं, कुछ सच्चे ऐतिहासिक लोग हैं, और कुछ पूरी तरह से काल्पनिक हैं। इन "बाबाजी" लोगों के बहुत से नाम हैं। इन सारे "बाबाजी" और इनके शिष्यों और अनुयायियों के विषय में मुझे कुछ भी नहीं कहना है क्योंकि कोई भी उम्रदराज़ व्यक्ति स्वयं को बाबाजी कह सकता है, और कोई भी उनका प्रत्यक्ष दर्शन कर सकता है, और यहाँ तक कि उनके नाम में मंदिर भी बनवा सकता है।

अब मैं पश्चिमी जगत को सच्चे "बाबाजी" को पहचानने के विषय में सावधान करना चाहूंगा और चाहूंगा कि वे अपनी कल्पना की उड़ान

पर भरोसा न करें। सच्चे धरातल पर बने रहने के लिए आपको मंदिरों, पुस्तकों और दूसरे साहित्य के प्रामाणिक ऐतिहासिक साक्ष्यों की खोज करनी होगी, जो प्राचीन दस्तावेज़ हैं, जिनमे इस अद्भुत सत्ता का उल्लेख मिलता है। क्योंकि दूसरी महान आत्माएं, जैसे भगवान कृष्ण और भगवान जीसस भी धरती के लोगों के सामने प्रकट हुईं और उन्हें बताया कि उनका जन्म कहाँ हुआ और उन्हें कहाँ सूली पर चढ़ाया गया। उनके ऐतिहासिक कालक्रम के अवशेष और निशानियाँ आज भी पृथ्वी पर मौजूद हैं।

अध्याय ८

रुद्रप्रयाग का अनुभव

पतझड़ के मौसम में तीखी हवाओं का दौर था और पेड़ों की पत्तियाँ पीले नारंगी रंग से रंग गई थीं, जब मैंने हिमालय के अंदरुनी इलाकों में बसे रुद्रप्रयाग के तीर्थ की ओर रुख किया। रूद्र, शिव को दी गई एक उपाधि है और प्रयाग का अर्थ 'किन्ही दो पवित्र नदियों का संगम' है। यहाँ इस सन्दर्भ में ये दो नदियां, अलकनंदा और मन्दाकिनी हैं जो शिव के जटाजूट स्वरुप हिमालय पर्वतों की कंदराओं और घाटियों से हो कर बह रही हैं। जब मैं इस पावन नगर में पहुंचा तो मैंने पाया कि दोनों ओर झोपड़ीनुमा चाय की और मिठाईयों की दुकानें थीं। मैं एक तरफ़ रुका और मैंने एक प्याला चाय और एक समोसा मँगवाया, समोसा जो बहुत स्वास्थ्यवर्धक तो नहीं होता परन्तु बेहद स्वादिष्ट अवश्य होता है। तत्पश्चात मैंने आराम किया और मेरा मन, प्रकट-अप्रकट मानवता के रक्षक, शिवगोरक्ष बाबाजी पर ध्यानस्थ हो गया।

मैंने सोचा, 'कोई कभी भी नहीं जान सकता', 'ऐसी दिव्य सत्ताओं के लिए कुछ भी असंभव नहीं है, कि किस प्रकार वे स्वयं को हम मनुष्यों की सीमित मन बुद्धि तक नीचे ले आते हैं। यदि वे चाहें तो ठीक इसी समय, इस बाजार के बीचों बीच प्रकट हो सकते हैं।' लेकिन मैं जानता हूँ कि जब तक यह लोगों के आध्यात्मिक उत्थान में सहायक न हो, तब केवल क्षुद्र कारणों के लिए वे इस प्रकार के दर्शन नहीं दिया करते। इसके साथ साथ वहां उपस्थित सभी लोगों के कर्मों को इस प्रकार के प्रबल आध्यात्मिक आवेश को ग्रहण करने योग्य होना होगा।

ये विचार मेरे मन मस्तिष्क में चल रहे थे जब मैं उस अद्भुत गरम चाय के प्याले से चुस्कियां ले रहा था। मैंने, साधू संतों और महान सतगुरुओं की कहानियाँ सुन रखी थीं जिन्होंने संगम तीर्थ पर आ कर स्नान किया था; ये कथाएँ मेरे मन के अतिचेतन आकाश से आयीं थीं। हिमालय के अद्भुत स्थानों के विषय में मैंने योगियों और साधु संतों से सुन रखा था – पंचकाशी, पंचकेदार और पंचप्रयाग, तीर्थयात्रियों और योगियों के लिए अत्यंत पावन स्थान हैं।

इसके बाद मैं उठा और अपनी यात्रा जारी रखी। जब मैंने मुख्य रुद्रप्रयाग मंदिर में प्रवेश किया, तब वहां पुरोहित ने मेरा स्वागत किया और बताया कि यही वह पवित्र स्थान है जहाँ स्वयं भगवान शिव ने देवर्षि नारद को गन्धर्वों के संगीत की बारीकियां और राग रागनियाँ सिखाई थीं। नारद स्वयं इन अलौकिक संगीतज्ञों के प्रमुख थे और यह कहा जाता है की इसी स्थान पर उन्हें शिवभक्ति सूत्रों की भी शिक्षा दी गई जो कालांतर में नारद भक्ति सूत्र के नाम से प्रसिद्ध हुए।

हिमालय की श्रृंखलाओं में रचे-बसे बहुतेरे प्रयाग एवं तीर्थ स्थानों के साथ, बहुत सी अद्भुत कहानियाँ जुडी हुई हैं; उनमें शिव-पार्वती एवं सभी हिमालयवासियों की लघु कथाएँ प्रचुर मात्रा में पाई जाती हैं। जब उस छोटे से नगर में साँझ उतरने लगी तब मैंने अपना आसन उठाया और दोनों नदियों के संगम की ओर चल पड़ा। मैंने आसन को नीचे रखा और पाया कि उस संध्या की वेला में कुछ अनजाना और रहस्यमय आलोक था। मेरा ह्रदय उस महान सत्ता से मिलने के लिए तड़प रहा था जिनकी आध्यात्मिक ऊंचाई का मुझे ज़रा सा भी अंदाजा नहीं था। जैसे-जैसे संध्या, रात्रि के मखमली मौन में तब्दील होने लगी, मेरा मन स्वयमेव ही स्थिर होने लगा और अधिकाधिक प्रशांत बन गया। एक ओर मैं अलकनंदा नदी का गरजने वाला स्वर सुन पा रहा था तो वहीं दूसरी ओर मन्दाकिनी नदी के जल की धीमी सरसराहट सुनाई दे रही थी। पहाड़ों के पक्षियों का कलरव अपने चरमोत्कर्ष पर पहुँच कर धीरे-धीरे थम गया, जब संध्या ने रात की शक्ल इख्तियार कर ली। और अलकनंदा नदी के गर्जन का स्वर धीमे धीमे सुदूर एवं कोमल होकर तिरोहित हो गया, मेरा मन एक गहन भावना में प्रवेश कर गया

और स्वयं के एक अंश को एक दूसरे ही आयाम में खोने लगा जो मानसिक न होकर मेरी सच्ची अवस्था थी। मेरा एक अंश तो चेतन दृष्टा का था जो मेरे सच्चे स्व का प्रतिनिधत्व कर रहा था और दूसरा मेरा मन था जो मेरे असत स्व का प्रतिनिधित्व कर रहा था। इससे मुझे यह अंतर्दृष्टि मिली कि मन एक तरह का महान धोखेबाज़ है जिसके बहुमुखी प्रलोभन और विकर्षण हैं। जैसे ही मैं धीरे-धीरे अपने मन और उसके भौतिक विचारों की रचना को पीछे छोड़ता चला गया, उसी समय मैं दिव्य चेतना की आंशिक अवस्था में जाग्रत होने लगा। जैसे-जैसे रात्रि गहन होती चली गई, मैं अपने अर्ध मन की उस आंशिक चेतनावस्था में ही रमण करने लगा।

मेरी चेतना के साथ मेरा मन इस कदर तल्लीन हो गया और उस पर इस कदर मुग्ध हो गया कि यदि यूँ कहें तो वह मेरी चेतना के साथ प्रेम करने लगा। उसके गुरुत्वाकर्षण में पड़ कर, मन इन्द्रियों की पकड़ से मुक्त होता हुआ वापस लौटने लगा। जब क्रियायोग के अभ्यास के द्वारा, प्राण मेरुदण्ड की चेतना में स्थित होने लगा, तब जिस प्राण ने मेरी दैहिक चेतना को बंदी बना कर रखा हुआ था, वही प्राण मेरी चेतना को धीरे-धीरे स्वतंत्र करने लगा। परन्तु एक क्षीण दैहिक चेतना अभी भी बनी हुई थी और मुझे यह ज्ञात था कि थोड़े समय बाद यह भी तिरोहित हो जाएगी।

अपने देह-मन और अपनी चेतना के बीच की इस क्रियाशीलता का अनुभव अपने आप में अनूठा था, जिसकी कोई भी व्याख्या संभव नहीं है। उपरोक्त मैंने इसकी व्याख्या की हर संभव कोशिश की है लेकिन मैं यह जानता हूँ कि यह उस अनुभूति के साथ न्याय नहीं कर सकती। मैंने अपनी आत्मकथा में इसी अनुभूति के विषय में लिखा है लेकिन चूँकि मन, सम्पूर्ण अनुभव को एक ही समय में पुनः जीवित नहीं कर सकता, अतः जितनी बार भी मैं उसके विषय में लिखता हूँ, मेरी स्मृति उसी अनुभव के विभिन्न टुकड़े जमा करती है। मैंने अपने रुद्रप्रयाग के अनुभव के विषय में दो बार पूर्णतया अलग तरीके से लिखा है परन्तु मैं आपको यह भरोसा दिलाना चाहता हूँ कि उन दोनों में ही निहित अनिवार्य जागृति जैसी थी आज भी वैसी ही है और आगे भी समान ही

रहेगी। जब मैं ध्यानस्थ हुआ, मेरी चेतना विस्तृत हुई और अचानक मैंने पाया कि नदी मेरे उदर से हो कर बह रही थी और मेरे मेरुदण्ड के ऊपर पहुँच रही थी, रात्रि के भीतर मेरा ध्यान गहन होता जा रहा था जब मैं अपनी उस अवर्णनीय अवस्था में प्रतीक्षारत था, मैं स्थिर दृष्टि में प्रवेश कर गया जिसे शाम्भवी कहते हैं।

अतः मैं और भी गहनतर ध्यान में लीन हो गया, बाबाजी से मिलन की उत्कंठा इतनी अधिक प्रबल हो गई थी कि मेरी चेतना मुझे व्यापक अनुभूत होने लगी और एक दूसरे ही आयाम में विस्तारित होने लगी। और इसके बाद, सुदूरवर्ती छोर से, उस नदी की पूरी लम्बाई के साथ साथ, जो अब गंगा बन चुकी थी, एक अत्यंत चमकदार रोशनी आई, जो कई रंगों की छटाओं से युक्त घूमती हुई उत्तर ध्रुवीय रोशनी के जैसी थी। वहां गुलाबी बैगनी और नीले रंग थे और घूमते हुए इस प्रकाश की गहराई का केंद्र श्वेत था। एकाएक, मैंने अपनी दैहिक चेतना खो दी; मेरा अंतरतम सत्व मेरा बाह्यतम अस्तित्व हो गया और मेरा बाह्यतम भाग मेरा अंतरतम अस्तित्व हो गया। मेरी चेतना इस अवर्णनीय अनुभूति की विशालता को समझ पाने में असमर्थ थी। मेरा 'अहम' एक अलग आयाम में लीन हो रहा था जो इतना व्यापक था कि वह शून्य प्रतीत हो रहा था। इस महान शून्यता ने मुझे आप्लावित कर दिया परन्तु इन सबके बावजूद मुझे एक अद्वितीय अनुभव हुआ कि मैं अपने अंतरतम सारभूत तत्व का एक हिस्सा हूँ। यह ऐसा था मानो महान अस्तित्व बाबाजी, मेरे भीतर स्वयं को ही यह अनुभव प्रदान कर रहे थे। इस अनुभूति की महिमा से में चकित था। मेरे भीतर कैसे इस प्रकार महान जागरण घटित हो गया था? इसके बावजूद, विरोधाभास यह था कि मानो यह अनुभव मेरे उच्चतर स्व के द्वारा मेरे निम्नतर स्व को दिया गया प्रतीत हो रहा था। आप कह सकते हैं कि दिव्य असीम चेतना अपनी ससीम मानवीय चेतना से जुड़ रही थी और उसे जाग्रत कर रही थी। अब इस समय मेरी अर्धचेतन, अर्ध मन की अवस्था पूर्णरूप से विलीन हो गई थी और एक चेतन दृष्टा के रूप में मैं बाबाजी के आयाम रहित आयाम में प्रवेश कर गया और उनके अवर्णनीय सत्य में पूर्णरूप से सम्मिलित हो गया। जबकि मैं अभी लिख रहा हूँ, मुझे फिर भी यकीन नहीं है कि मुझे इस अनुभूति को लिखने का जोखिम लेना चाहिए या नहीं, क्योंकि जैसा

मैंने पहले भी बताया है, मैं जानता हूँ की शब्द पूरी तरह अपर्याप्त हैं और मन तिलमात्र भी अ-मन की अवस्था को बता पाने में असमर्थ है।

यह निश्चित ही निर्विकल्प समाधि की अवस्था थी। यह सत्य है कि निर्विकल्प समाधि का होना ईश्वर की मुझ पर असीम कृपा के फलस्वरूप ही था परन्तु यह कृपा ऐसी नहीं है जिसे आप बिना कुछ किये ही पा जाएँ। दिव्य गुरु और अवतार यूँ ही आकर आप पर समाधि की कृपा नहीं करते। वे यह आपको तब प्रदान करते हैं जब आपने पूर्व जीवन में योग के प्रति श्रद्धा रखी होती है और अभ्यास किया होता है। यह आपकी वह आध्यात्मिक फसल है जिसे आपने स्वयं बोया था। तो साधना में लग जाएँ और प्रेमपूर्ण हृदय के साथ अभ्यास करें। मेरा विश्वास है कि हर किसी को उसके कर्मों के अनुसार बिलकुल वैसा ही फल प्रदान किया जाता है। अन्यथा सभी यही कहेंगे कि चाहे जो भी हो, शिव मुझे समाधि प्रदान कर ही देंगे, फिर ये योगी हिमालय में ध्यान साधना क्यों कर रहे हैं? तब क्यों न हम संसार के सुखों को भोगें! हर कोई यही करेगा। क्यों प्रयत्न करना? इस त्याग की क्या जरुरत है? अतः यह आलस्य का दर्शन एक गलत मानसिकता की उपज है। आपको तत्परता से अभ्यास करना होगा। शुद्ध हृदय से शिवशक्ति क्रिया के अपने आध्यात्मिक अभ्यास की ओर जाएँ, बाबाजी का क्रियायोग करें और इस जीवन एवं अगले जीवन में इसके परिणाम आपके होंगे।

पूरा वातावरण गहन भव्यता लिए हुए उनके प्रकाश विहीन प्रकाश की जगमगाहट से चमक रहा था और फिर भी मैं जानता था कि मैं बहती हुई गंगा नदी के समीप बैठा हुआ हूँ। मैं अपनी उस अवस्था का आनंद ले रहा था। मैंने अपनी पहचान खोयी नहीं वरन मैं स्वयं से भी अधिक हो गया था। मैं उनकी चेतना और पहचान बन गया था, तारो में जगमगा रहा था, शक्तिशाली अलकनंदा नदी का गर्जन बन गया था, मन्दाकिनी नदी के स्त्रैण स्वभाव में कोमलता के साथ बह रहा था। यह मानो शिव और शक्ति के मिलन जैसा था। तभी अचानक वहां उत्तर ध्रुवीय रोशनी स्वरुप बाबाजी के प्रकाश से एक अचिन्त्य चमक उठी। यह समस्त प्रकाशों की माता स्वरुप था। अतः प्रकाशविहीन प्रकाश

जो उस प्रकाश को प्रकाशित करता है जो हमारी आत्माओं के प्रकाश को प्रकाशित करता है, यही वह अवर्णनीय प्रकाश था, परमसत्य की एक ऐसी महान शून्यता थी कि वह असंसारी था। जैसे ही वह प्रकाश, शून्य के सार तत्व, अस्तित्वविहीन परमअस्तित्व के यथार्थ रूप में प्रकट हुआ, उसकी महिमा ने समूचे अस्तित्व को प्रज्वलित कर दिया। समूची प्रकृति और ब्रह्माण्ड आश्चर्यचकित हो कर सिर झुकाये और हाथ जोड़े खड़े थे।

एकाएक मैंने बाबाजी के साकार रूप को अलकनंदा और मन्दाकिनी नदियों के संगम पर स्नान करते हुए देखा। मुझे समय और स्थान या अपने वहां होने का कोई भी अन्दाजा नहीं था। प्रकाश विहीन प्रकाश से बनी बाबाजी की देह, नदी में और मृदु चन्द्रमा के प्रकाश में स्नान कर रही थी। तत्पश्चात वे नदी से बाहर आ कर मेरी तरफ़ आए। उन्होंने मेरे मन को अविचलित एवं अक्रिय अवस्था के लिए तैयार कर दिया था अन्यथा मैं उस अद्भुत जागृति के आकर्षण से अत्यधिक उत्तेजित या हक्का बक्का रह जाता। मैं उन्हें अपनी आँखों के भीतर से बाहर देख रहा था या फिर मैं उन्हें बाहर से अपने भीतर देख रहा था, दोनों ही तरह से यह सत्य था और इसीलिए मैं जानता था कि वह शाम्भवी मुद्रा कि एक उच्च अवस्था थी। मुझे बस इतना ज्ञात है कि जब मैंने उनकी आँखों के भीतर झाँका तो यह मानो अथाह गहराई के भीतर देखने जैसा था।

जब वे पहाड़ी की ढलान से ऊपर की ओर जा रहे थे, उन्होंने मुझे अपने पीछे आने का संकेत किया। मुझे इस बात का रत्ती भर भी भान नहीं है कि कितनी देर तक हम चले और किस एकांत स्थान पर वे मुझे ले कर गए। तब उन्होंने मुझे बैठ जाने को कहा। वहां चारों ओर पेड़ ही पेड़ थे और कुछ पेड़ों के बीज और साथ ही साथ कुछ प्याज़ें भी बिखरी हुई थीं। उन्होंने मुझे एक प्याज़ लेकर छीलने के लिए कहा। मैंने वही किया जो उन्होंने कहा और अपनी ओर से कोई भी सवाल नहीं पूछे क्योंकि यद्यपि मैं समाधि या उन्मनी अवस्था[१] में था, फिर भी मैं उनकी उपस्थिति से अत्यधिक अभिभूत हो गया था।

---

१ स्पष्ट मन के विचार रहित आनंद की अवस्था

जब मैं प्याज़ को परत दर परत छीलने लगा, मुझे ऐसा महसूस हुआ कि मैं अपने मन से अज्ञानता की परतों को छील रहा था, जिसने मेरी आत्मा के वैभव को ढँक रखा था। वहां कोई भी शब्द नहीं थे, कोई बातचीत नहीं हो रही थी, जीवन का यह कैसा अद्भुत अनुभव था। जैसे-जैसे मैं एक एक परत को हटाता जा रहा था, मुझे यह महसूस हो रहा था कि अहंकार, ज्ञान, इच्छा, घृणा और समस्त वासनाएं विलीन होती जा रही हैं और मेरी अंतरतम आत्मचेतना को मुक्त कर रही हैं। इसने मुझे भविष्य में सर्वव्यापी चैतन्य से एकत्व प्राप्त करने योग्य बनाया। इसने मुझे इस बात का बोध कराया कि बाबाजी क्या हैं। शिवगोरक्ष बाबाजी ईश्वर के साथ इस कदर एकरूप हैं उनकी व्याख्याएँ और खुलासे एक समान ही हैं।

हालाँकि जब मैं प्याज़ को छीलना लगभग खत्म कर चुका था, उन्होंने मुझे अंत तक उसकी परतों को निकालते चले जाने को कहा। एक विचार मेरे मन में आया कि उन्होंने मुझे अपना पुत्र कह कर क्यों सम्बोधित नहीं किया। तब मुझे इसका प्रत्युत्तर मिला कि हो सकता है मैं उनका पुत्र नहीं बल्कि उनका प्रपौत्र हूँ। हालाँकि यह एक विचार का व्यर्थ बहाव था जो जल्द ही मेरी स्थिर चेतना में विलीन हो गया। जब मैं प्याज़ के केंद्र में पहुँचा, उन्होंने मुझसे पूछा, 'इसमें क्या है?' और मैंने उत्तर दिया, 'कुछ भी नहीं।' उन्होंने मुझसे पास ही पड़े एक बीज को उठाने और खोलने के लिए कहा, उसके भीतर भी मुझे एक खाली स्थान मिला और फिर उन्होंने मुझे सर्वोच्च दर्शन और सत्य बताया जिसका श्रवण मैंने पहले कभी भी नहीं किया था। उन्होंने कहा, "मेरे बच्चे! सभी सत्यों का सत्य यही है कि कुछ नहीं से ही सब कुछ बना है।" उनके शब्दों से मुझे ज्ञान हुआ कि जब ब्रह्माण्ड और उसकी माया की परतें हट जाती हैं, तब हमें विशुद्ध चेतना मिलती है जो इस भौतिक जगत की दृष्टि में "कुछ भी नहीं" है। यह पूर्णतया अभौतिक है। और इस कुछ नहीं से ही समूचे जगत ब्रह्माण्ड का सृजन हुआ है। वे हँसे, मुझे पता नहीं उसके बाद क्या हुआ क्योंकि जब वे हँसे, मैं "कुछ नहीं", हो गया और मुझे स्वयं का कोई भान नहीं था। कालांतर में जब मैं अपनी सामान्य अवस्था में लौटा तब उस ज्ञान की गरिमा के प्रति श्रद्धावत हुआ जो मुझे प्राप्त हुआ था।

यह सत्य कभी भी इससे पहले बोला नहीं गया; इस जैसा कुछ छान्दोग्य उपनिषद्[२] में बोला गया है जहाँ पिता अपने पुत्र को यह बताता है कि जिस प्रकार बीज में सूक्ष्म सारतत्व रूप में वृक्ष उपस्थित रहता है, ठीक उसी प्रकार यह सम्पूर्ण जगत ब्रह्माण्ड भी सूक्ष्म पदार्थ से सृजित हुआ है। परन्तु यहाँ उस महान देन की बात यह है कि बाबाजी ने 'वस्तु के सूक्ष्म सारतत्व' जैसे शब्दों का इस्तेमाल नहीं किया। उन्होंने मुझे बताया कि, 'कुछ नहीं से ही सब कुछ का सृजन हुआ है।' यहाँ तक कि सांख्य दर्शन[३] भी इस सीमा तक नहीं गया, लेकिन बाबाजी पदार्थ के ऊर्जा में संरक्षण के सिद्धांत से भी आगे निकल गए। मेरे मुताबिक किसी भी वस्तु का सृजन शून्य से कर पाना मनुष्यों के लिए असंभव है। केवल ईश्वर ही समूचे विश्व ब्रह्माण्ड को शून्य से अस्तित्व में ला सकता है।

यही कारण है कि वह ईश्वर है।

---

२ सातवीं शताब्दी ई.पू. लिखित प्राचीनतम ग्रंथों में से एक। इसमें ओम और प्राण की प्रकृति पर विस्तार से व्याख्या की गयी है।

३ संख्या, योग के मुख्यतम दर्शनों में से एक जो अस्तित्व के तत्वों के वर्गीकरण से सम्बंधित है और इसमें उन तत्वों के समुचित भेदनिभेद की शिक्षा है जिससे पुरुष और प्रकृति के विभिन्न पहलुओं में अंतर किया जा सकता है। यह प्रेरणादायक प्रणाली, बौद्ध दर्शन के पहले आये, प्राचीन सांख्य योग की परंपरा से उपजी है और जिसे, ३५०० ई.पू., ईश्वर कृष्ण की सांख्य करिका में संहिताबद्ध किया गया है।

अध्याय ९

बाबाजी और माताजी

दिव्य स्तर पर सदा एक हैं

एक शांत सँध्या को, जब मैं कुमाऊँ इलाके के जगेश्वर मंदिर[1] में बैठा हुआ था, मैंने अपने चारों ओर सभी विशाल मंदिरों को देखा और एक किस्म के पूर्वस्मरण की गहन भावना से भर गया – मेरे मन की आँखों के सामने, दूसरे युगों के पुरातन ऋषि मुनियों के चित्र आ रहे थे। मैं यह नहीं समझ पा रहा था कि जब मैं वहां पहुँचा, तब ये पावन मंदिर इतने उजाड़ और वीरान क्यों थे। और तब जैसे ही मेरी देह स्थिर हुई, मैं स्वयं में स्थित हो गया, मेरी चेतना परिवर्तित हो गई। मेरे मन ने मेरी चेतना के लिए द्वार खोल दिए, और यहाँ तक कि पूर्वजीवन की घटनाओं के क्षणभंगुर दृश्य भी मेरी चेतना के शांत सरोवर में विलीन हो गए। ऐसा प्रतीत हो रहा था कि मैं एक दूसरे ही लोक के आयाम में प्रवेश कर रहा था, परन्तु मैं वही था। मंदिर और पेड़ वही थे। यहाँ तक कि जिस ज़मीन पर मैं बैठा था, वह बिल्कुल वास्तविक और ठोस थी। गढ़वाल प्रदेश की कठोर और मर्दाना प्रकृति के विपरीत कुमाऊँ के पर्वतों का वनीय वातावरण कहीं अधिक स्त्रैण प्रकृति का था, और शंकुधारी और देवदार के हरे वृक्ष, मेरे मन की आँखों के समक्ष, प्रशांत हरे सरोवर का रूप बन गए और मेरी चेतना में विलीन हो गए। अस्त होते सूर्य की झुकी हुई किरणों ने मुझ पर मंदिरों की परछाइयाँ डाल दीं, और एक कोमल हवा का झोंका अपने संग जंगल की अत्यंत ताजी और जीवंत महक लिए मेरे पास से गुजरा।

---

१ कुमाऊँ प्रदेश में अर्धनारीश्वर का एक पावन तीर्थ।

मैं स्वयं के भीतर स्थिरचित्त, शांत, निष्काम और पूर्ण तुष्ट हो कर बैठ गया। और फिर उस मौन संध्या के सूर्यप्रकाश के पीछे से एक बहुत ही सरल और साधारण युवक की आकृति उभरी। मुझे यह स्पष्ट तौर पर ज्ञात नहीं था कि वे बाह्य वातवरण से प्रकट हुए थे या आंतरिक मौन से, परन्तु उनकी अभिव्यक्ति दोनों ही तरह से होती प्रतीत हो रही थी। मैं जानता था, लेकिन साथ ही साथ इस बात के प्रति अनजाना भी था कि ये वही थे, जिन्हे गुप्त रूप से, लोग अनामिक बुलाते हैं, और फिर भी यह सत्ता बहुतेरे नामों से जानी जाती है, जिन्हें हर एक योगी या स्वामी अपने अपने व्यक्तिगत विश्वासों और स्वभावों के अनुसार उपयोग में लाता है। हालांकि जब यह युवक, जो १६ से २० वर्ष की उम्र का होगा, मेरे सामने १५ से २० फीट की दूरी पर आकर बैठ गया, तब वह एक ऐसा स्वप्न था जो इतना अधिक वास्तविक था कि यथार्थता भी उसके समक्ष एक स्वप्न प्रतीत हो रही थी। और मैं अपनी उन्मनी अवस्था में होते हुए भी, उनकी अचिन्त्य महिमा से अचंभित रह गया। वे वासनारहित और पूर्णतया निर्दोष थे और मुझमें कोई वासना न थी। वे किसलिए आये थे? कोई खुलासा करने के लिए? मुझे कोई कथा सुनाने के लिए? और जब मैंने उनके साकार रूप को देखा, वे मेरी ओर देख कर मुस्कुराये और तब मुझे उनकी प्रकृति रहित प्रकृति के बड़े ही अद्भुत दर्शन और अंतर्दृष्टि मिली। उनके आधे शरीर ने स्त्री का रूप ले लिया और उनके अंग प्रत्यंग एवं उसकी रूप रेखा, उनकी छाती सहित रूपांतरित हो गए, इस प्रकार कि उनका आधा शरीर पूर्ण रूप से दिव्य माँ का हो गया था, उनका दूसरा आधा शरीर सोलह ग्रीष्म ऋतुओं के सुकुमार की पौरुष आकृति का था — वे अपने उस साहचर्य में अविनाशी थे। क्योंकि उन्होंने मुझे इस बात का दर्शन कराया था कि स्वयं बाबाजी ही माताजी हैं। उनमे कोई भी अंतर नहीं है। बाबाजी शिव हैं और उनकी शक्ति माताजी हैं, जो गतिशील सृजनात्मक बल और ब्रह्माण्ड की मुक्तिस्वरूप बल के रूप में बाबाजी से ही उत्पन्न हुई हैं। अतः मुझे यह ज्ञान प्राप्त हुआ कि बाबाजी और उनकी शक्ति एक दूसरे से पृथक नहीं हैं।

यह एक महान शिक्षा थी जो मुझे प्राप्त होना ज़रूरी थी, क्योंकि मैं हमेशा यही मानता था कि बाबाजी और माताजी पृथक हैं[२]। यह निम्न सापेक्ष स्तर पर सत्य भी हो सकता है, परन्तु जैसे-जैसे योगी की आध्यात्मिक अंतर्दृष्टि का विकास हो जाता है, लिंग का भेद समाप्त हो जाता है, केवल आत्मिक स्तर पर ही नहीं, बल्कि दैहिक स्तर पर भी। मुझे बाबाजी और माताजी के एक स्वरुप का ज्ञान हुआ जिसे भारतीय भाषा में अर्धनारीश्वर[3] के नाम से जाना जाता है, जिसका अर्थ है कि शिव और शक्ति एक ही हैं। यह अर्धनारीश्वर दिव्य उभयलिंगी सत्ता है, जिसमें शिवगोरक्ष बाबाजी चेतना का प्रतिनिधित्व करते हैं और माताजी शक्ति ऊर्जा, दिव्य कुण्डलिनी का प्रतिनिधित्व करती हैं, जो इस सापेक्ष जगत में मानवजाति के उत्थान के लिए कार्य करती है। इस समाधि के परमानन्द से नीचे आने के बाद मैं घूमकर मुख्य जगेश्वर मंदिर के भीतर गया और पुजारी से यह जानकर अवाक रह गया कि यह मंदिर विश्व का इकलौता ऐसा मंदिर है जहाँ शिवलिंग का अर्ध भाग शिव और अर्ध भाग शक्ति का है।

यह विश्व का एकमात्र ऐसा मंदिर है जहाँ दिव्य उभयलिंगी सत्ता अर्धनारीश्वर की पूजा एक ही शिवलिंग में शिव-शक्ति के रूप में की जाती है। लोग इस प्रकार कहते हैं, 'मेरा दिमाग उड़ गया।' न सिर्फ इस अद्भुत मिलन से मेरा दिमाग ही उड़ गया था बल्कि मेरी समाधि भी उड़ गई थी। यह अनुभूति शब्दों से कहीं आगे निकल गई थी। मैं मंदिर से बाहर आया और ठण्ड की दुपहरी के सूर्य में चट्टानों के ऊपर बैठ गया और मैंने सचमुच कहा, 'बाबाजी प्रकाश से परे हैं, सापेक्षता के कालचक्र को भेद कर उससे भी परे जा चुके हैं। वे प्रकाशविहीन प्रकाश हैं जो उन्हें प्रकाश की गति से भी तेज़ बना देता है; और वे हैं काल की उलटी दिशा का एक सिद्धांत, जो पहिये की

---

२ जाते हुए उन्होंने एक बार फिर अपना रूप दिखाया जिसमें उन्होंने अपने कानों में कुंडल पहन रखे थे, ठीक भगवान् शिव की तरह। इससे मेरे मन में किसी भी प्रकार का संदेह न रहा कि नाथ परंपरा के शिव गोरक्ष बाबाजी और परमहंस योगानंद की आत्मकथा के बाबाजी में कोई भी अंतर नहीं है।

३ आधे शिव और आधी शक्ति, उभयलिंगी यूनानी देवता की तरह, जो आधे पुरुष और आधे स्त्री हैं।

धुरी पर एकदम अकम्पित स्थित हैं, जबकि माताजी – शक्ति का प्रकाश और कुण्डलिनी उनके चारों ओर घूम रही हैं, और समस्त ब्रह्माण्ड का प्रबंधन कर रही हैं। क्योंकि वे अकम्पित हैं, माताजी चलायमान हैं, और क्योंकि वे अस्तित्वविहीन एवं अचिन्त्य हैं, माताजी समूचा अस्तित्व हैं और ब्रह्माण्ड के मूल प्रकाश के रूप में समस्त जगत ब्रह्माण्ड के लिए चिंतनीय हैं। बाबाजी ब्रह्माण्ड से परे उसका बीज रूप हैं, जिनके कारण माताजी का अस्तित्व है जो इस जगत ब्रह्माण्ड का व्यक्त रूप हैं।'

इसके बाद, जब मैं अपनी चेतना में आया, सूर्यास्त हो चुका था, और तारे संध्या के आकाश पर आना और जगमगाना प्रारम्भ कर चुके थे। मैं संध्या के प्रथम तारे, शुक्र को देख पा रहा था जो माताजी का प्रतिनिधित्व कर रहा था, जिसे भारत में सितारा या तारा के नाम से जाना जाता है। अपनी मस्ती में झूमता हुआ मैं, मंदिर से अपने शिविर और आरामगाह में आ गया। मैं जानता था कि कुमाऊं प्रदेश तेंदुओं, चीतों और दूसरे जंगली जानवरों से आक्रांत है, परन्तु मुझे अपनी सुरक्षा का कोई भय नहीं था। यदि एक बार भी बाबाजी अपने भक्तों के सामने प्रकट हो गए, तब भय अपने आप ही उनके हृदय से सदा के लिए विदा हो जाता है और वे संसार को प्रेम और साहस के स्नेहशील स्पंदन भेजते हैं। उस रात्रि मेरा शरीर पूरी शांति से सोया परन्तु मेरा मन मेरी चेतना में दूर तलक व्याप्त हो गया, एक जाग्रत निद्रा, व्यक्त में अव्यक्त की अनुभूति।

मैंने यह पहले भी समझाया है कि माताजी, न केवल स्त्रैण ऊर्जा का उद्भव कराने वाली बाबाजी की शक्ति हैं जो कुण्डलिनी के द्वारा इस जगत के उत्थान की प्रक्रिया का संचालन करती हैं, बल्कि वे जगन्माता की भूमिका भी निभाती हैं और वे दिव्य गर्भ का रूप हैं, चाहे वह एक निष्कलंक गर्भधारण हो या कि एक सामान्य प्रक्रिया। जब भी माताजी स्वयं को सापेक्ष जगत के भीतर ले आती हैं, तब वे जगन्माता के रूप में आठवें आयाम से अवतारी स्तर के सातवें आयाम में प्रवेश करती हैं। परम सिद्धों के बीच इस बात को गुप्त रूप से कहा जाता रहा है कि कोई भी आध्यात्मिक सत्ता सातवें स्तर के अवतारी शरीर से उच्चतर शरीर धारण कर इस पृथ्वी लोक में नहीं रह सकती।

ऐसा इसलिए है क्योंकि कोई भी उच्चतर चेतना इस सापेक्ष जड़ जगत में कार्य करने में असमर्थ है क्योंकि वह आकाश काल की सीमा से परे है और उसका द्रव्यमान अनंत है। माताजी अपने गर्भ में इस धरती पर जन्म लेने वाले समस्त अवतारों और दिव्य सत्ताओं के मूर्त रूप को धारण करती हैं। प्रथमतः वे भगवान परशुराम की माता रेणुका हैं, फिर, भगवान राम की माता कौशल्या, फिर भगवान कृष्ण की माता देवकी हैं। इसके बाद वे भगवान बुद्ध की माता माया के रूप में जन्म लेती हैं और फिर वे जीसस की माता मरियम के रूप में इस धरती पर आती हैं। कुंती किसी दिव्य माता के रूप से कमतर नहीं जिनके पाँचों पुत्र अमलोद्भव से जन्मे थे। फिर आती हैं भगवान कल्कि की माँ, सुमित्रा। आनंदमयी माँ भी माताजी का एक महत्वपूर्ण पहलू हैं। अतः माताजी सच्चे मायने में जगन्माता, जगदम्बा हैं।

अन्यत्र मैंने इस बात पर भी बल दिया है कि जब बाबाजी अकम्पित वज्रधर या वैधात्र हैं तब माताजी उत्थान करने वाली वह विद्युत वज्र हैं जो मानवजाति के उत्थान में सहायता करती हैं। मैंने उन्हें जगत माता के रूप में भी दर्शाया है जो समस्त अवतारों को धारण करने वाली और जन्म देने वाली दिव्य गर्भ स्वरूपा हैं। माताजी को अधिकांशतः बाबाजी की बहन के रूप में दर्शाया जाता है। उनके दिव्य कार्य के समक्ष स्थूल सम्बन्ध बहुत मायने नहीं रखते हैं। वे अपने कार्य की प्रकृति के अनुसार, बाबाजी के साथ किसी भी सम्बन्ध के रूप में आ सकती हैं। समझने योग्य महत्वपूर्ण तथ्य तो यह है कि माताजी, बाबाजी की अविभाज्य दिव्य ऊर्जा हैं जो सही समय और अवसर आने पर उनके साथ अपनी दिव्य लीला किया करती हैं।

बाबाजी और माताजी ने जगेश्वर मंदिर में अर्धनारीश्वर के रूप में दर्शन दिए।

अध्याय १०

बाबाजी द्वारा अवतारों की दीक्षा

पौराणिक कथाएं महज़ कल्पना नहीं बल्कि लोक साहित्य का एक हिस्सा हैं – ज़्यादातर अलिखित लम्बी कहानियों की श्रृंखलाओं जैसी, जो उस संस्कृति के ताने बाने का निर्माण करती हैं जो स्मरणातीत कालक्रम से ले कर आज हम तक पहुंची हैं। शिवगोरक्ष बाबाजी आध्यात्मिक इतिहास के पन्नों से हो कर गुज़रते हैं। वे परम गुरु कहलाते हैं, महान बरगद के वृक्ष स्वरुप जिनसे समस्त अवतारों और दिव्य सत्ताओं की शाखाएँ प्रस्फुटित हुई हैं। भूतपूर्व कल्पों में उन्होंने अग्निश्वत्थ ऋषियों, सप्तऋषियों और दिव्य सत्ताओं यथा कुबेर, इंद्र, वरुण, सूर्य और यम को अनुग्रहीत किया है। पराशर, राम, कृष्ण, एनोह, हर्मिस, और अपोलो जैसी महान आत्माएं भी भूतपूर्व संसार चक्रों में बाबाजी के द्वारा अनुग्रहीत हुई हैं।

उन्होंने प्रथमतः काल से भी पुरातन रूद्र का रूप धारण किया। फिर वे ६००० ई.पू. कालाग्नि नाथ के रूप में अभिव्यक्त हुए। इसके बाद ५००० ई.पू. में काशी (बनारस) की पावन नगरी में वे दक्षिणमूर्ति के रूप में आए जब उन्होंने स्वयं को ही दीक्षा दी। महान भीष्म पितामह के देह त्याग के १०० वर्षों पश्चात, ३००० ई.पू. में शिवगोरक्ष बाबाजी ने मलकायज़ेडक की दीक्षा प्रदान की, जिन्हे भविष्य में छठवीं मूल सभ्यता का सम्राट, मनु सावर्णि होना है। १४०० ई.पू. में उन्होंने महान याह्वेह (जेहोवा) के रूप में जलती हुई झाड़ी द्वारा मूसा को दीक्षा प्रदान की। ७० ई.पू. में उन्होंने स्वयं को गोरक्षनाथ के रूप में अभिव्यक्त किया, यह काल सम्राट भर्तृहरि नाथ और उनके छोटे भाई विक्रमादित्य का

था, जिसमें उन्होंने दोनों को दीक्षा प्रदान की। इसके बाद अपनी दिव्य लीला को जारी रखते हुए, वे राजा शालिवाहन[1] के पास आये और उनके ज्येष्ठ पुत्र चौरंगीनाथ को योग में अनुग्रहीत कर आशीर्वाद प्रदान किया। जैसा कि, 'एक योगी की आत्मकथा' में उल्लेखित है, बाबाजी ने आदि शंकराचार्य को भी दीक्षा प्रदान की थी।

भगवान राम को दिया गया आशीर्वाद और अनुग्रह (७००० ई.पू.)

विष्णु के सातवें अवतार भगवान राम का सांसारिक अवतरण अत्यंत विख्यात हुआ था। अपने १४ वर्ष के वनवास के बाद जब वे अयोध्या राज्य पहुँचे तब वहां विशाल उत्सव और आनंद मनाया गया। उनके राज्याभिषेक की तैयारियां पूरी धूमधाम और भव्यता के साथ की गईं थीं। इस काल में दिव्य शिवगोरक्ष बाबाजी गहन समाधि में लीन थे और इसी समाधि के द्वारा उन्होंने भगवान राम को अपना हार्दिक आशीष प्रदान किया, और प्रभु राम के मन में आध्यात्मिक व्यापकता प्रदान कर एवं अयोध्या की प्रजा का स्वस्थ प्रशासन करने की इच्छा देकर उन्हें अनुग्रहीत किया। क्योंकि महान गुरु गोरक्षनाथ भगवान राम के राज्याभिषेक में सम्मिलित नहीं हो रहे थे, अतः उन्होंने अपने शिष्यों के छोटे समूह को आशीर्वाद स्वरुप प्रसाद के साथ वहां भेजा था।

भगवान कृष्ण को दिया गया आशीर्वाद और अनुग्रह (३१०२ ई.पू.)

प्राचीन काल में, एक बार जब भगवान कृष्ण यात्रा पर थे, वे महान ऋषि गर्ग के आश्रम में पहुँचे। इस महान संत के साथ हुए उनके सत्संग में, अनश्वर सत्ता, बाबाजी का प्रसंग आया। कृष्ण, इस रहस्यमयी अनश्वर सत्ता जिन्हें बाबाजी कहा जाता है, के विषय में जानने के लिए अत्यंत उत्सुक हुए और उन्होंने महान ऋषि से पूछा, 'ये भगवान कौन

---

१ सातवाहन राजा के नाम से भी प्रचलित, जिन्हे अन्य परम्पराओं में सोलोमन या सुलेमान भी उच्चारित किया जाता है।

हैं, जिन्हें गोरक्षनाथ के नाम से जाना जाता है? किन मन्त्रों एवं तरीकों से उन्हें प्रसन्न किया जा सकता है और किस प्रकार की ध्यान साधना की जानी चाहिए जिससे उनका साक्षात किया जा सकता है?'

अतः, शिवगोरक्ष बाबाजी के विषय में जान लेने के बाद ऐसा कहा जाता है कि उन्होंने ६०,००० दिव्य वर्षों (पृथ्वी के वर्षों के हिसाब से नहीं) तक, हिमालय और जगन्नाथ पुरी के तीर्थ पर तीव्र ध्यान साधना और तप किया। फिर शिवगोरक्ष बाबाजी, भगवान कृष्ण के समक्ष प्रकट हुए और उन्हें दिव्य ज्ञान और आत्मज्ञान के गहनतम रहस्यों में दीक्षित किया। क्योंकि बाबाजी की चेतना के भीतर त्रिमूर्ति विद्यमान है, उनका एक रूप भगवान कृष्ण का है, जिन्हे गुप्त रूप से 'शम्भू चैतन्य' भी कहा जाता है। इससे योगावतार लाहिड़ी महाशय के उस कथन की भी व्याख्या हो जाती हैः कि, 'जो बूढ़ा बाबाजी है वही कृष्ण है।' जो संबंध बाबाजी का कृष्ण के साथ है, वही संबंध शिव का विष्णु के साथ है। शिव महापुराण में, भगवान शिव कहते हैं, 'मुझे और विष्णु को एक ही जानना।' जो लोग यह जानते हैं, वे जीवन्मुक्त हैं। शिव-गोरक्ष और विष्णु-कृष्ण दोनों ही यह जानते हैं कि दिव्य चेतना के स्तर पर उनका स्वरुप एक है परन्तु सापेक्षता के स्तर पर उनके कार्य अलग अलग हैं। कृष्ण ब्रह्माण्ड में आत्माओं का पालन करते हैं और शिवगोरक्ष मानवीयता के सिद्धांत को भंग कर देते हैं ताकि समस्त आत्माओं को परम सत्य तक ले जा सकें।

मूसा को दिया गया आशीर्वाद और अनुग्रह (१४०० ई.पू.)

शिवगोरक्ष ने याह्वेह (जेहोवा) के रूप में, सिनाई पर्वत पर, जलती हुई झाडी के द्वारा, मूसा को आशीर्वाद दिया था और दीक्षित किया था। जेहोवा ने मूसा से कहा था, 'अपने जूते उतार दो, क्योंकि जिस मैदान पर तुम खड़े हो वह एक पवित्र स्थान है।' हमें यहाँ यह समझना होगा कि बाबाजी मूसा के समक्ष याह्वेह के रूप में प्रकट हुए थे जिसका अर्थ 'महाकाल' होता है। वे भर्तृहरि नाथ और योगावतार लाहिरी महाशय के सामने भी महाकाल के रूप में प्रकट हुए थे। बाबाजी ने आगे बढ़कर मूसा को आत्मविद्या के गुह्य ज्ञान में दीक्षित किया और उन्हें दस

आज्ञापत्र प्रदान किए, जिससे उन्हें भविष्य के न्यायकर्ता एवं भगवान वैवस्वत मनु के उत्तराधिकारी, छठवीं मूल मानवजाति के मनु सावर्णि के रूप में उत्थित होने का आशीर्वाद एवं अनुग्रह प्राप्त हुआ।

उन्होंने आगे बढ़कर मूसा को इस सत्य में अनुग्रहीत किया कि 'किसी भी मूर्ति को मेरे सामने न रखा जाए', जिसका तात्पर्य यह था कि कोई भी व्यक्ति अपनी शारीरिक मूर्ति की पूजा न करे या उस पर मोहित न हो जाए, बजाय इसके, ध्यान साधना के द्वारा स्वयं की पहचान देह रूप में नहीं बल्कि आत्मरूप में करे। स्वयं को दिव्य आत्मा न मान कर यह नश्वर देह मानना ही भ्रमपूर्ण है। मूर्ति पूजा का अर्थ, स्वयं की स्थूल देह की पूजा और गुणगान करने से है, जिसे मूसा ने अपने लोगों को करने से मना किया और इसके स्थान पर आंतरिक दिव्य चेतना की आराधना करने को कहा। दस आज्ञापत्रों में यह सिद्धांत निहायत ही गलत तरीके से समझा गया है, जहाँ लोग यह समझ बैठे कि मूर्ति पूजा केवल जड़ प्रतिमाओं की ही होती है, परन्तु लोग यह नहीं समझ पाए कि ऐसा कर के वे अपने रक्त मांस की देह की पूजा करने का बड़ा खतरा मोल ले रहे हैं। मनुष्यों को इस गलत पहचान के पाप से मुक्त करने का कार्य, मूसा पूर्ण रूप से समाप्त नहीं कर पाए थे। अतः, उन्हें मौर्य[२], विक्रमादित्य और इसके बाद ज्ञानवतार श्री युक्तेश्वर के रूप में पुनर्जन्म लेना पड़ा था ताकि वे अपना मंतव्य स्पष्ट कर लोगों को आत्मज्ञान के सत्पथ पर ला सकें। यहाँ उन्हें इस बात की समझ मिलेगी कि वे दिव्य आत्मा हैं न कि नश्वर देह रुपी प्रतिमा जिसकी मूर्ति पूजा की जाए। नई आज्ञा कुछ इस प्रकार है:

मानवता हमारा एकमात्र धर्म
श्वास हमारी एकमात्र प्रार्थना
आत्मचेतना हमारा एकमात्र ईश्वर

योगिराज सिद्धनाथ

---

२ ४०० ई.पू. भारत के प्रथम सम्राट, जो ५७ ई.पू. में प्रसिद्ध राजा विक्रमादित्य के रूप में अवतरित हुए थे। इसके बाद ६०० ई में राजा आर्थर और फिर न्यायप्रिय राजा शिवाजी और कालांतर में ज्ञानावतार श्री युक्तेश्वर के रूप में अवतरित हुए। यही वह सत्ता है जिसका भविष्य में हमारी छठवीं मूल जाति के जगत सम्राट, मनु सावर्णि के रूप में आना तय है।

भोग नाथ (लाओ-त्जु) (५०० ई.पू.) को प्रदान किया गया आशीर्वाद एवं अनुग्रह

उत्तर भारत के एक तीर्थस्थल बनारस में बाबाजी ने अपनी एक अत्यंत शक्तिशाली उत्पत्ति कालाग्नि नाथ के द्वारा भोग नाथ को अनुग्रहीत किया। कालाग्नि नाथ और भोग नाथ दोनों ही प्राचीन नवनाथ परंपरा से सम्बंधित हैं। भोग नाथ को बोगार नाथ के नाम से भी जाना जाता है, जब वे दक्षिण भारत की यात्रा पर निकले थे, और कालांतर में उन्हें बो-यांग के नाम से जाना गया, जब उन्होंने शिवगोरक्ष बाबाजी के आदेश पर चीन की यात्रा की।

शिवगोरक्ष बाबाजी ने एक अनश्वर रसविद होने के नाते, पारद के पारसमणि में रूपांतरण के द्वारा अमरता के पावन विज्ञान की शिक्षा दी थी। विशेष कीमियाई पारद गोलियां भी बनाई गईं थीं जिनके उपयोग की शिक्षा, भोग नाथ को अविनाशी देह की प्राप्ति हेतु दी गई थी। और निश्चित ही इसके साथ साथ बाबाजी ने उन्हें जड़ी बूटियों के व्यापक और गहन ज्ञान और कायाकल्प की सूक्ष्मातिसूक्ष्म पद्धतियों में भी अनुग्रहीत किया। भोग नाथ या बो यांग, जैसा कि उन्हें चीन में बुलाया जाता है, ताओ आंदोलन के संस्थापक थे जिन्होंने उपहार स्वरुप जनसामान्य को पवित्र कुण्डलिनी योग प्रदान किया, जो यिन यांग के नाम से प्रचलित हुआ। यिन का तात्पर्य शक्ति से है जो दिव्य नारी का सिद्धांत है, जबकि यांग शिव हैं जो दिव्य पुरुष का सिद्धांत है।

चीन में हजारों लोगों को भारत के अमूल्य योग के पावन विज्ञान की शिक्षा दी गई और कालांतर में बो यांग, लाओत्जु के रूप में प्रसिद्ध हुए। उन्होंने चीनवासियों को प्राणायाम के भारतीय विज्ञान की भी शिक्षा दी जिसे चीन में ताई-ची के नाम से जाना गया। यह क्रिया, पुरुष और प्रकृति तत्व के सहस्रार चक्र में मेल होने एवं स्वर्णिम समाधि की योगावस्था में प्रवेश पाने से संपन्न होती है। और अंततः चीन के शिष्यों को भारत के नाथ सम्प्रदाय के महानतम रहस्यों की शिक्षा प्रदान की गई। यह तंत्र योग की एक श्रेणी के अंतर्गत आता है, जिसमें पवित्रतम ऊर्जा का आध्यात्मिक ऊर्जा में रूपांतरण होता है। परन्तु अत्यंत दुःख का विषय है कि कालांतर में आने वाले चीनी शिष्य, तंत्र योग की

इस विधि की आध्यात्मिक ऊँचाई को नहीं आँक पाए और यह विधि, व्यावसायिक एवं कामोद्दीपक उद्देश्यों के लिए उपयोग में लाई जाने लगी और इस प्रकार अपयश को प्राप्त हुई। हालांकि भारत में अभी भी यह विज्ञान अपनी उसी पुरातन शुद्धता में जीवित है और इसे आज भी पश्चिम या पूर्व से आये किसी भी खोजी सैलानी को आसानी से प्रदान नहीं किया जाता है।

भोग नाथ दक्षिण अमेरिका भी गए थे जिसकी वहां के दक्षिण अमरीकी भारतीय समुदायों द्वारा पुष्टि की जाती है। वे बतलाते हैं कि उन्होंने वर्तमान समय के चिली के मायकास के लिए न्याय व्यवस्था की रचना की। वे श्वेत वस्त्रों और श्वेत दाढ़ी में पूर्ण रूप से एक भारतीय योगी दिखते थे। वे यह भी बतलाते हैं कि भोग नाथ ने उनके पंचांग के लिए भी नियमों की रचना की और उनके त्योहारों को स्थापित किया, यही कारण है कि हम सुनते हैं कि किस प्रकार दक्षिण अमेरिका में किसी स्थान पर भगवान गणेश की मूर्ति पायी गई और फिर गायब हो गई। कालांतर में अमर भोग नाथ भी उनकी संस्कृति पटल से अदृश्य हो गए।

माया, इन्का एवं एज़्टेक सभ्यताओं की बहुत सी प्राचीन कथाओं के अनुसार बहुत से दूसरे महान गुरु थे जो वहां अन्य आयामों से आये थे। भोग नाथ ने उन्हें इस बात का ज्ञान प्रदान किया कि एक संसारचक्र २०१२ में समाप्त होगा, जिसे गलती से संसार का अंत समझ लिया गया। जबकि इस गलत जानकारी का सीधा सा अर्थ यह था कि २०१२, एक युगचक्र का अंत है और एक नए युग का आरम्भ है। मैंने इस पुस्तक के विस्तृत संस्करण के एक अध्याय 'महान भारतीय पंचांग' में इसकी व्याख्या की है।

सिकंदर महान (४०० ई.पू.) को प्रदान किया गया आशीर्वाद और अनुग्रह

शिवगोरक्ष बाबाजी की एक शक्तिशाली अनश्वर उत्पत्ति, महान कालाग्नि नाथ हालांकि ६००० ई.पू. में अभिव्यक्त हुए थे तथापि उन्होंने

अपनी इहलीला, समय के गलियारों से होते हुए जारी रखी, जब तक कि महान सिकंदर ने जन्म नहीं ले लिया। इस महान व्यक्ति के भाग्य में पृथ्वी के एक अत्यंत बड़े हिस्से को जीतना तय था परन्तु उसके भीतर दिव्यता को जानने की एक प्रचंड ज्वाला निरंतर धधक रही थी। जैसे-जैसे सिकंदर बड़ा हुआ, वह स्वस्थ, बलशाली और बहुत चपल था लेकिन इसके साथ-साथ वह ध्यान की गहन अवस्थाओं में जाने की क्षमता भी रखता था। अपनी अंतर्चेतना में उसने भविष्य में स्वयं की कल्पना एक महान राजा और विश्व विजेता के रूप में कर रखी थी। ये हो सकता है वह इसे अपनी कल्पना मात्र समझता हो परन्तु वास्तव में यह उसके भविष्य के पूर्वाभास की अवस्था थी। जैसे-जैसे समय गुज़रता गया उसके सपनों ने आकार लेना शुरू कर दिया। मकदूनिया का राजा होने के नाते उसने एक सुप्रशिक्षित अश्वदल और दृढ़ पैदल सेना जमा कर ली थी।

फिर वह पूरे यूरोप में अपने प्रबल आवेश के साथ, एक के बाद एक राष्ट्र पर अपने पराक्रमी विजय अभियानों के लिए निकल पड़ा। वह एक महान योद्धा था परन्तु एक ऐसा इंसान भी था जिसके सिर पर किस्मत ने मेहरबान होकर विजय की मुहर लगा दी थी। अंततः वह संतों और योगियों की धरती पर आया जहाँ महान योद्धा सिकंदर ने अपने से कहीं अधिक महान आध्यात्मिक विभूति कालाग्नि नाथ से मुलाकात की (जिन्हें कई बार गलत तरीके से, कालानोस, कालीनाथ, कलंगी नाथ, उच्चारित किया जाता है) कालाग्नि नाथ का अर्थ होता है, 'अग्नि रुपी काल के ईश्वर'।

निश्चित ही सिकंदर को इस बात का भान था कि वह ज़ीउस का पुत्र था और इसे ध्यान में रखते हुए उसने अपने एक दूत को इस महान योगी को बुलाने भेजा। कालाग्नि नाथ ने वापिस सन्देश भिजवाया, 'अपने सम्राट को बता दो कि प्रभु का एक दूसरा बेटा उसका इंतजार कर रहा है और यह अधिक उचित होगा यदि सिकंदर उससे आ कर मिले।' कहना न होगा कि सिकंदर स्वयं उस योगी के समक्ष आया और उसने उनसे यूनान आने की प्रार्थना की; जिसे महान गुरु ने स्वीकार कर लिया। उन्होंने सिकंदर को त्याग के महान योग में

अनुग्रहीत किया। कालांतर में वे महान योगी, योग की सिद्धि के द्वारा संसार त्याग कर चले गए। वे मकदूनिया की पूरी सेना के सामने स्वयं के लिए बनाई गई चिता की अग्नि में प्रवेश कर गए और यह दिखा गए कि आत्मा अमर है और देह महज़ एक नाशवान वस्त्र।

मकदूनिया में जब सिकंदर अपनी मृत्युशय्या पर था, तब अविनाशी सतगुरु, स्वयं को पुनर्जीवित कर उसके समीप उपस्थित हुए। वहां उन्होंने सिकंदर को इस बात के लिए राजी किया कि वह मृत्यु के उपरान्त अपनी कब्र से अपने हाथ बाहर निकाल कर रखवाए जिससे संसार को त्याग की यह महानतम शिक्षा मिले कि मनुष्य इस संसार में खाली हाथ आया है और खाल हाथ ही जाएगा। मनुष्य को स्वयं को अनश्वर चेतना के साथ संयुक्त करना चाहिए न कि संसार के झिलमिलाते हुए क्षणभंगुर वैभव के साथ।

योगावतार भर्तृहरि नाथ (८० ई.पू. – ५७ ई.पू.)

उज्जैन के सम्राट भर्तृहरि नाथ, परमार वंश के अंतिम चंद्रावत राजा थे। अपनी महारानी पिंगला की मृत्यु के पश्चात उन्होंने राजपाट का त्याग कर संन्यास व्रत का संकल्प लिया था ताकि वे गोरक्षनाथ के अनश्वर शिष्य बन सकें। उन्होंने हिमालय में तप और ध्यान साधना कर अपनी चेतना और दिव्य देह को १००० वर्षों तक बनाए रखा, जब तक कि उनका १०१० ई. में भौतिक देह में पुनर्जन्म ले लेना का सही समय नहीं आ गया। उनके अधिष्ठापन के ठीक बाद उनके छोटे भाई विक्रमादित्य ने ५७ ई.पू. से उज्जैन का राजपाट सम्हाला। ये भर्तृहरि नाथ ही थे जिन्होंने विक्रमादित्य को हरिद्वार के पावन नगर के जीर्णोद्धार और पुनर्निर्माण के लिए निर्देशित किया।

भर्तृहरि के पुनर्जन्मों की जानकारी स्पष्ट रूप से मेरे व्यक्तिगत ध्यान साधना और अनुभूतियों का परिणाम हैं, लोग अपनी समझ के अनुसार इसकी विवेचना करने के लिए स्वतंत्र हैं।

भर्तृहरि नाथ के पुनर्जन्म अत्यंत प्रसिद्ध हैं और वे इस महान सत्ता के विषय में कुछ गुप्त रहस्यों से भी पर्दा हटाते हैं जिन्हें हमारा भविष्य

का जगतगुरु होना तय है। नीचे भर्तृहरि नाथ का अपने महान गुरु शिवगोरक्ष बाबाजी से दीक्षा लेना दर्शाया गया है। अपने पूर्व जीवन में, महाभारत के महान कालक्रम के दौरान वे (जैसा कि मुझे अनुभूत हुआ) महान सम्राट देवपी थे, जिन्होंने अपने साम्राज्य का त्याग कर दिया था और छोटे भाई शांतनु ने उनका उत्तराधिकार सम्हाला था जो महान भीष्म पितामह के पिता थे। भीष्म पितामह, महाभारत ग्रन्थ की एक जानी पहचानी विभूति हैं। सम्राट देवपी गहन तप एवं ध्यान साधना में लीन हो गए, कहना उचित होगा कि वे जगतगुरु के रूप में उत्तराधिकारी बनने के लिए तैयार हो रहे हैं, जिसमें वे भविष्य में होने वाले कल्कि अवतार, भगवान मैत्रेय का स्थान लेंगे। इसके बाद उन्होंने विष्णु के अंश अवतार के रूप में जन्म लिया और आर्यदेव चाणक्य के नाम से जाने गए, जिन्होंने चन्द्रगुप्त मौर्य को मगध के सम्राट के रूप में सिंहासन पर बिठाया और मौर्य को भारतीय साम्राज्य के प्रथम सम्राट के रूप में स्थापित करने में अपना योगदान दिया।

बाबाजी, भर्तृहरि नाथ को दीक्षा प्रदान करते हुए

स्वयं मौर्य का आध्यात्मिक सम्राट होना तय है और यह जानना बड़ा दिलचस्प है कि हर एक जन्म में, जगत गुरु और जगत सम्राट सामान्यतः अपना अवतरण या तो साथ-साथ या बहुत थोड़े वर्षों के अंतराल में किया करते हैं। इसके पश्चात राजा भर्तृहरि नाथ का अवतरण हुआ जो हमारे भविष्य में होने वाले जगत गुरु हैं, जिनके साथ उनके छोटे भाई विक्रमादित्य भी अवतरित हुए जो जगत की आंतरिक शासन प्रणाली की आध्यात्मिक वंशावली में भविष्य के हमारे जगत सम्राट हैं। राजा भर्तृहरि का जीवन, प्रेम, आध्यात्मिकता और संन्यास के विविध रंगों से भरा हुआ है जिसमें उन्होंने संसार को यह दर्शाया है कि हर एक अभिनेता को जीवन के रंगमंच में अपनी भूमिका निभानी है लेकिन फिर भी आत्मा की अपनी सच्ची पहचान को अभिनीत व्यक्तित्व में खो नहीं देना है।

फिर हम उनके अगले जन्म, महान कवि संत कबीर पर आते हैं, जिन्हें योगावतार लाहिड़ी महाशय ने स्वयं का पूर्व जन्म बताया है। संत कबीर का जीवन, विभिन्न समाजों और लोगों के बहुतेरे आदर्शों एवं धर्मों में एकता खोजने की एक गहन आध्यात्मिक यात्रा है। वे महान शिवगोरक्ष बाबाजी के द्वारा क्रियायोग और योग के भक्ति मार्ग में अनुग्रहीत हुए। और जैसे-जैसे हम समय के गलियारों से होकर निकलते हैं, हम पाते हैं कि यह दिव्य आत्मा एक बार फिर महान अवतार संत ज्ञानेश्वर के रूप में अवतरित हुई जिनका योग और भक्ति का सन्देश महाराष्ट्र की भूमि में चहुँ ओर प्रसारित हुआ। उन्होंने क्रिया योग के दिव्य विज्ञान का अभ्यास किया और उनका भक्ति आंदोलन एवं दर्शन, 'स्फूर्ति वाद' था। यह जानना रुचिकर है कि उनकी बहन मुक्ता बाई, राजा भर्तृहरि की पत्नी महारानी पिंगला का पुनर्जन्म थीं। अतः इस प्रकार राजा भर्तृहरि और पिंगला, जो पूर्वजन्म में पति-पत्नी थे, आगामी जन्म में भाई बहन के रूप में ज्ञानेश्वर और मुक्ता बाई बन अवतरित हुए।

मेरा भर्तृहरि नाथ का उज्जैन में दर्शन करना और बाद में मुझे क्षिप्रा नदी के घाट में उनका प्रथमतः कबीर और फिर मुस्कुराते हुए योगावतार लाहिड़ी महाशय में परिवर्तित होने का दर्शन होना, उपरोक्त तथ्य की पुष्टि करता है। भर्तृहरि, कबीर और योगावतार लाहिड़ी महाशय के

अवतरणों के बीच २००-३०० वर्षों का एक बड़ा अंतराल है, और इन सभी विभूतियों को एक विशेष कार्य पूर्ण करना था। उज्जैन में भगवान राम का मेरा पैतृक मंदिर और भगवान शिव का महाकाल मंदिर उसी स्थान के पास स्थित हैं जहाँ मुझे महान भर्तृहरि नाथ और योगवतार लाहिड़ी महाशय के दर्शन हुए।

लेखक के रूप में भर्तृहरि नाथ द्वारा साहित्य के दो महान कार्य संपन्न हुए। इनमे से एक पुस्तक का नाम *श्रृंगार शतक* है और दूसरी का *वैराग्य शतक*। श्रृंगार शतक में बातें हैं राजसी जीवन की, वैवाहिक तौर तरीके, सौंदर्य की श्रृंगारमयी जीवन शैली और माया की। वैराग्य शतक रचना है विराग और परित्याग की, एक योगी के जीवन पथ की, बलिदान और सन्यास के जीवन की।

इस तारतम्य में हम बाबाजी गोरक्षनाथ और बाबाजी महावतार के बीच की परम एकता को देख सकते हैं:

बाबाजी गोरक्षनाथ	**बाबाजी महावतार**
10 ई. में उज्जैन में भर्तृहरि नाथ को दीक्षा प्रदान की	1861 ई. में रानीखेत में लाहिड़ी महाशय को दीक्षा प्रदान की
बाबाजी गोरक्षनाथ पूरे सम्मान के साथ सम्राट विक्रमादित्य द्वारा स्वर्ण के सिंहासन पर विराजमान किये गए।	बाबाजी महावतार पूरे सम्मान के साथ एक अलौकिक शिष्य के द्वारा स्वर्ण के सिंहासन पर विराजमान किये गए।
फिर राजा भर्तृहरि ने सिंहासन पर विराजमान बाबाजी गोरक्षनाथ को जीवन और मृत्यु का राजदंड अपने हाथों में लिए देखा जिसमें वे अपने शिष्य को यह दर्शन करा रहे हैं कि वे स्वयं काल हैं।	लाहिड़ी महाशय ने सिंहासन पर विराजमान महावतार बाबाजी को जीवन और मृत्यु का राजदंड अपने हाथों में लिए देखा जिसमें वे अपने शिष्य को यह दर्शन करा रहे हैं कि वे स्वयं काल हैं।

उपरोक्त से इस बात में कोई भी संदेह नहीं बचता कि बाबाजी गोरक्षनाथ और बाबाजी महावतार एक ही हैं और साथ ही साथ राजा भर्तृहरि नाथ और योगावतार लाहिड़ी महाशय भी एक हैं।

ज्ञान अवतार आदिशंकराचार्य (७८८-८२२ ई)

आदि या प्रथम शंकराचार्य को चहुँ ओर भारत के महानतम दार्शनिक के रूप में जाना जाता है। वे एक संत और एक विद्वान का दुर्लभ मेल थे। उनका जन्म दक्षिण भारत में केरल के गाँव कलाड़ी में हुआ था। यह कहा जाता है कि ये महान ज्ञानावतार दो साल की आयु से ही पढ़ सकते थे और उन्होंने आठ वर्ष की आयु में ही वेदों का पूरा ज्ञान प्राप्त कर लिया था। उन्हें बड़े तौर पर अद्वैत वेदांत के पितृपुरुषों में से एक जाना जाता है जिसका मूल दर्शन, योग की उस सच्चाई का पूरक है जिसकी व्याख्या पतंजलि के योग सूत्रों में की गई है। बहुतेरे विद्वान और चिंतनशील व्यक्ति, अद्वैत वेदांत और योग के दर्शन में अंतर करने की कोशिश किया करते हैं बिना यह जाने कि आदि शंकराचार्य स्वयं एक योगी और एक अवतार थे।

ऐसा कहा जाता है कि उन्होंने योग सूत्रों पर एक महत्वपूर्ण भाष्य लिखा जिसे 'विवरण' के नाम से जाना जाता है। शंकराचार्य ने भारत

मत्स्येंद्रनाथ परकाया प्रवेश करते हुए जो उन्होंने आदि शंकराचार्य को सिखाई थी

की चार दिशाओं में चार मठों की स्थापना की और उन्हें संगठित कियाः उत्तर में ज्योतिर्मठ, दक्षिण में श्रृंगेरी, पूर्व में पुरी, पश्चिम में द्वारका।

बाबाजी ने इन महान अद्वैतवादी को काशी (बनारस) में अनुग्रहीत किया और उनके आध्यात्मिक पुनर्जागरण के कार्य को शक्ति प्रदान की। यह तथ्य जनसामान्य को पहली बार परमहंस योगानंद की आत्मकथा के पृष्ठों पर ज्ञात हुआ जहाँ इस बात का उल्लेख आता है, जब बाबाजी योगावतार लाहिड़ी महाशय और स्वामी केवलानन्द को महान वेदांतवादी के साथ अपनी मुलाकात के बारे में बताते हैं। इसके साथ मैंने अपनी खोज भी यहाँ जोड़ी है कि आदि शंकराचार्य को मंडन मिश्र की पत्नी को वाद-विवाद में हारने की चुनौती दी गई थी और उनसे वैवाहिक जीवन के अनुभवों की व्याख्या करने को बोला गया था।

एक सन्यासी होने के नाते वे ऐसा कर पाने में असमर्थ थे; हालाँकि उन्होंने अपनी शक्तियों द्वारा एक मृत राजा के शरीर में प्रवेश किया, अपनी रानी के साथ वैवाहिक जीवन का अनुभव लिया और इस प्रकार वाद-विवाद में विजयी हुए। शंकराचार्य के ऐतिहासिक अभिलेखों में यह स्पष्ट रूप से उल्लेखित है कि उन्होंने परकाया प्रवेश की प्रक्रिया के द्वारा राजा के शरीर में प्रवेश किया जिसे उन्हें उनके नाथ गुरुओं, मत्स्येन्द्रनाथ और गोरक्षनाथ ने सिखाया था (माधव नारायण रचित ग्रन्थ, 'शंकर दिग्विजय' देखें) इससे यह प्रकट होता है कि निस्संदेह योगी कथामृत के बाबाजी जो शंकराचार्य के क्रिया गुरु थे और बाबाजी गोरक्षनाथ जिन्हें स्वयं शंकराचार्य ने अपना गुरु बताया है, दोनों एक ही हैं। हमारे संसार के ईश्वर अहंकारविहीन हैं अतः वे स्वयं की लौकिक पहचान छुपा कर रखते हैं, जिसकी निश्चित ही उन्हें कोई आवश्यकता नहीं है।

योगावतार कबीर (१४४०-१५१८ ई.)

काशी (बनारस) के समीप हिन्दू माता पिता से जन्मे और मुस्लिम जुलाहों द्वारा पाले गए कबीर, वृहद धार्मिक संस्कृति के एक जोशीले इंसान थे, जो सर्वाधिक तौर पर अपने सूफी संगीत और कविताओं के द्वारा आज भी याद किये जाते हैं। हथकरघे से अपना जीवनयापन करने

वाले बड़े ही साधारण मनुष्य थे कबीर, जिन्होंने अपने समय के विभिन्न मतों और जातिगत भेदभावों को हटाकर, ईश्वर के प्रेम को जन जन तक पहुंचाने में स्वयं को समर्पित कर दिया। उनकी दार्शनिक समानताएँ मुख्यतः प्रसिद्ध हिन्दू संत रामानंद की विचारधारा के साथ हैं जिनके वे शिष्य थे, हालाँकि कबीर पारसी रहस्यवाद से भी बेहद प्रभावित थे। ज़्यादातर मौकों पर वे कहा करते, 'मैं राम और अल्लाह की संतान हूँ।' परमेश्वर के बारे में उन्होंने घोषणा कीः 'वे न तो कैलाश में हैं और न काबा में ही' और कहा कि ईश्वर, सत्कर्म करने वाले पवित्र मनुष्य से कहीं अधिक धोबिन और बढ़ई के करीब हैं।

हालांकि वे उस वक्त की तहजीब और राजनीति से भौतिक तौर पर जुड़े थे, तब भी उनकी आध्यात्मिक वंशावली, मूल रूप से नाथ योगियों के शैव मत और उनके महागुरु बाबाजी गोरक्षनाथ के साथ अत्यंत गहन स्तर पर स्थित थी। बाबाजी ने उन महान संत और कवि को क्रियायोग विज्ञान के गुह्य रहस्य प्रदान किए, षड्चक्रों का ज्ञान, शब्द योग और ओंकार ध्यान या अनहद नाद जिसका कि उनकी कविताओं में अधिकाधिक उल्लेख मिलता है। कबीर ने बाबाजी का गुणगान कुछ इस प्रकार किया है, "गुरु न तो कुछ खाते हैं न पीते हैं, न उनका जन्म है और न ही कोई मृत्युः न ही उनका कोई रंग रूप रेखा है और न ही कोई देह ही, जिनकी न तो कोई जाति है और न ही कोई वंश या और कुछ भी — मैं किस प्रकार उनकी महिमा का बखान करूँ? न वे साकार हैं और न ही निराकार, वे अनामिक हैं, न उनका कोई रंग है और न ही वे रंगविहीन ही हैं, उनका कोई निवास स्थान नहीं।"

उनके क्रिया अभ्यास की शक्ति का सबूत हमें उनके द्वारा किये गए उपचारों से पता चलता है जब वे साठ वर्ष के थे। उन्हें शहंशाह सिकंदर लोदी के सामने लाया गया और उन पर अलौकिक शक्तियों का दावा करने का आरोप था जो मुस्लिम कानून के मुताबिक एक पापपूर्ण कर्म था। लोदी एक महत्वपूर्ण संस्कृति का अत्यंत सहिष्णु एवं कूटनीतिज्ञ शासक था, अतः उसने कबीर को मृत्युदंड देने के बजाए देश निकाला देने का फैसला किया, यह देखते हुए कि उनका हिन्दू जन्म होने के

बावजूद, पालन पोषण मुस्लिम रीति रिवाजों के अनुरूप हुआ था।

बाबाजी गोरक्षनाथ के मूल से उपजी अपनी आध्यात्मिक वंशावली को सत्य करते हुए उन्होंने अपना देह त्याग मगहर में किया जो उनके गुरु के नगर, गोरखपुर के समीप है। उनकी मृत्यु के पश्चात उनकी देह पर अधिकार को लेकर, हिन्दुओं और मुसलमानों के बीच विवाद पैदा हो गया क्योंकि वे उनका अंतिम संस्कार अपने अपने रीति रिवाजों के अनुरूप करना चाहते थे। हिन्दू अग्निदाह करना चाहते थे और मुसलमान दफ़नाना। जब वे बहस में लगे हुए थे, तभी कबीर उनके समक्ष प्रकट हुए और उनसे कफ़न को हटाने को कहा जिसने उनकी मृत देह को ढँक रखा था। जब कफ़न को हटाया गया, तब यह पता चला कि उन महान सतगुरु ने क्रिया की शक्ति से अपनी मृत देह को गुलाबों की सेज में परिवर्तित कर दिया था, जिसे दो दलों में बराबर वितरित कर दिया गया और इस प्रकार वे अपनी आत्म चेतना का पुनुरुत्थान करते हुए, एक जीवित मनुष्य के रूप में अपने शिष्यों के सामने प्रकट हुए। यह चमत्कार, हिन्दू और मुस्लिम लोगों के बीच सामंजस्य एवं शांति लाने के लिए किया गया था और यही वह उद्देश्य था जिसके लिए कबीर ने अपना पूरा जीवन समर्पित कर दिया था।

कबीर के साहित्य में इस बात का उल्लेख मिलता है कि शिव गोरक्ष बाबाजी ने उन्हें क्रियायोग प्रदान कर, जीवन मुक्ति दिलाई। 'पुराण पुरुष' पुस्तक में भी यह लिखित है कि योगावतार लाहिड़ी महाशय ने यह कहा है कि वे अपने पूर्वजन्म में कबीर थे। अतः इस बात में कोई संशय नहीं रह जाता कि कबीर और लाहिड़ी महाशय एक ही थे और उन दोनों ही के आध्यात्मिक सतगुरु शिव गोरक्ष बाबाजी थे।

मध्ययुगीन संत कबीर ने प्रायः शिव गोरक्ष बाबाजी, गोपीचंद और भर्तृहरि नाथ की स्तुति अपनी रचनाओं में की है। भर्तृहरि नाथ, जिनके विषय में पहले भी यह बता चुका हूँ कि वे कबीर के ही पूर्व अवतरण थे। वे स्वयं को इन सभी लोगों का ऋणी मानते थे क्योंकि इनके द्वारा ही वे कुण्डलिनी क्रियायोग ज्ञान, षड्चक्र, शब्द योग और ओंकार ध्यान में अनुग्रहीत हुए थे। 'अलख निरंजन', शिव गोरक्ष बाबाजी का ही एक आध्यात्मिक नाम है (देखें शिव गोरक्ष रहस्य) जब भी कबीर इस शब्द

का उपयोग अपने गद्य या कविताओं में करते हैं तब वे अलख निरंजन[३] के रूप में गोरक्षनाथ का ही गुणगान करते हैं। यह एक महान संकेत है कि वे शिव गोरक्ष बाबाजी को किस प्रकार उच्च सम्मान और श्रद्धा की नज़र से देखते थे।

अपने एक लोकप्रिय गीत में उन्होंने बाबाजी गोरक्षनाथ के ज्ञान की स्तुति की है और उन्हें गहन रूप से प्रभु राम से सम्बन्धित करते हैं जब वे अपना पसंदीदा गीत गाते हैं, 'रामगुन बेलड़ियां गोरखनाथ ही जाने', यहाँ राम के आध्यात्मिक गुणों को ऊपर चढ़ती हुई बेल के समान माना गया है जिसकी जड़ें खोज कर उनके परम सत्य तक पहुंचा जा सकता है, जो स्वयं गोरक्ष नाथ हैं। दूसरे शब्दों में, यह कहा जाता है कि जो भी श्री राम के तत्व का ज्ञान प्राप्त करना चाहता है, उसे शिवगोरक्ष बाबाजी का अनुसरण और ज्ञान प्राप्त करना होगा क्योंकि वे ही शिव रूप में रघुवंशी आध्यात्मिकता के मूल हैं और उनके इष्ट देवता हैं। उदाहरण के लिए जब प्रभु श्री राम, रावण के साथ युद्ध करने निकले, तब उन्होंने भगवान शिव से अपनी विजय की प्रार्थना की और उन्हें १०८ कमल पुष्प अर्पित किये, जिनमें से अंतिम कमल को माँ पार्वती ने परीक्षा स्वरुप छुपा दिया। बिना झिझके, कमलनेत्रों वाले श्री राम ने अपनी आँखों पर तीर रख दिया ताकि १०८ कमलपुष्पों का अर्पण पूर्ण हो सके। यह दर्शाता है कि भगवान शिव, श्री राम के लिए सर्वोच्च आध्यात्मिक ईश्वर थे जिनके लिए उन्होंने एक क्षण को भी सोचे बिना अपना जीवन अर्पण कर देने का निर्णय किया। यह बात, कबीर पंथियों के गोरक्ष नाथ का महान विरोध करने के परिपेक्ष्य में अत्यंत महत्वपूर्ण हो जाती है। कबीर स्वयं अपने प्रभु श्री राम के परम भक्त थे और फिर भी उन्होंने बाबाजी गोरक्ष नाथ को सर्वोच्च सत्ता के रूप में स्वीकार किया है, न केवल श्री राम को जानते हुए बल्कि श्री राम के तत्व के साथ एक हो कर। अतः यह बात, गोरक्ष को श्री राम के रूप में, कबीर का सतगुरु स्थापित करती है।

---

३ 'प्रकाश विहीन प्रकाश करे प्रकाशित वह प्रकाश जिससे प्रकाशित हो हमारी आत्माओं का प्रकाश', ईश्वर का एक नाम, नाथ योगियों के द्वारा आपस में मिलने पर बोले गए शब्द।

गुरु नानक/जनक (१४७० ई.) को प्रदान किया गया आशीर्वाद एवं अनुग्रह

मध्ययुग में उत्तर भारतीय राज्य पंजाब में हिन्दू माता पिता के घर एक बच्चे ने जन्म लिया। उन दिनों, कालरहित शिवगोरक्ष बाबाजी इस समूचे स्थान का भ्रमण कर रहे थे। उनका नाम उस समय के देवों और उच्चतम अवतारों के साथ स्मरण किया जाता था। कालांतर में गुरु नानक की जपजी प्रार्थना पुस्तक में गोरक्ष का नाम शिव और पार्वती के समान उल्लेखित है जिससे यह पता चलता है कि नानक के समय में उन्हें, ईश्वर समतुल्य कितनी उच्च प्रतिष्ठा से देखा जाता था।

गुरु नानक के माता-पिता भगवान शिव के परम भक्त थे और जैसे-जैसे बालक नानक बड़ा हुआ, ऐसा प्रतीत होता कि एक खोजबीन की गई जिससे उनके माता-पिता को यह विश्वास हुआ कि वे सीता के पिता, महान राजा जनक के अवतरण थे। अतः बहुत सम्भावना है कि उनका नाम नानक के बजाय जनक रहा हो। पंजाब में नानक बहुत प्रचलित नाम नहीं लगता है; यह नाम तभी प्रचलित हुआ जब उनके नाम का गलत उच्चारण किया गया। अतः यह कहना ज़्यादा सही होगा कि उनका नाम जनक था और उनकी बहन का नाम जानकी, जो सीता का नाम था।

जैसे-जैसे जनक बड़े हुए, उन्होंने एक पवित्र जीवन जिया जिससे वे अपने महान गुरु शिवगोरक्ष बाबाजी से मिलने के लिए तैयार हो सकें। उन्होंने एक सुन्दर कन्या सुलक्षणा से विवाह किया। तब महान शिवगोरक्ष बाबाजी, गुरु जनक के समक्ष प्रकट हुए और उन्हें ओमकार क्रिया ध्यान, सुरत नाम योग और शब्द योग के गहनतम रहस्यों की शिक्षा दी। प्राचीन पुस्तकों की सतर्कता के साथ की गई खोज और स्थानीय गुरुद्वारों से पर्याप्त संकेत मिलता है कि नाथ परंपरा का कबीर, गुरु जनक और साथ ही साथ पूरे मध्ययुगीन भारतवर्ष के संतों पर कितना महत्वपूर्ण प्रभाव था।

शिव गोरक्ष से भेंट होने पर गुरु जनक और सुलक्षणा ने उनसे एक आध्यात्मिक संतान का आशीर्वाद देने की प्रार्थना की और महान गुरु

गोरक्ष नाथ ने उन्हें बताया कि वे स्वयं ही उनके परिवार में जन्म लेंगे। उनके जन्म के संकेत ऐसे होंगे कि शिशु के कान की पालियों में बड़े कुण्डल जुड़े हुए होंगे, जैसे स्वयं शिवगोरक्ष के हैं। और जैसा कालरहित शिव गोरक्ष बाबाजी ने कहा था, वैसा ही हुआ भी। गुरु जनक और सुलक्षणा के यहाँ, सूर्य देव की भाँति कानों में कुण्डल लिए एक अत्यंत तेजस्वी शिशु अवतार का जन्म हुआ। ये कुण्डल इस बात का स्पष्ट संकेत थे कि शिव गोरक्ष बाबाजी की एक प्रबल उत्पत्ति योगी श्री चन्द्र के रूप में, गुरु नानक और सुलक्षणा के घर में जन्मी थी, जिन्हें मैं गुरु जनक और सुलक्षणा कहना ज़्यादा उचित समझता हूँ।

जनक के पुत्र, योगी श्री चन्द्र, उदासीन सम्प्रदाय के संस्थापक थे, जिनके नाम तत्कालीन अमृतसर का स्वर्ण मंदिर था। कालांतर में यह सिख गुरुओं को हस्तांतरित कर दिया गया जिन्होंने योगी श्री चन्द्र की आराधना इस जगत के सर्वाधिक महान सतगुरु के रूप में की। आज भी, सभी परंपरागत तौर पर सच्चे उदासीन अखाड़ों और उनके गुरुद्वारों में शिव गोरक्ष बाबाजी के सम्मान में धूनी प्रज्ज्वलित की जाती है। श्री चन्द्र के ऐसे स्थानों में कोई भी सच्ची आरती तब तक पूर्ण नहीं मानी जाती, जब तक कि शिव गोरक्ष की अंतिम आरती न कर ली गई हो। शिव गोरक्ष स्वयं शिव हैं और योगी श्री चन्द्र जो शिव गोरक्ष के अवतार हैं, दोनों में कोई अंतर नहीं है। और सत्य यह है कि इस तथ्य में कोई भी मतभेद नहीं है। सिर्फ मूर्ख ही अपने मन में अलगाव पैदा कर झगड़े की स्थिति बनाते हैं; जिसके परिणाम स्वरुप कई अखाड़ों ने शिव गोरक्ष की आरती को बंद करवा दिया और प्राचीन समय से चली आ रही परंपरा तोड़ दी।

योगावतार लाहिड़ी महाशय (१८२८-१८९५ ई)

योगावतार लाहिड़ी महाशय, उन्नीसवीं सदी के बाबाजी के शिष्य थे जिनके अद्भुत जीवन का वर्णन योगानंद रचित, 'एक योगी की आत्मकथा' में विस्तार से मिलता है। लाहिड़ी महाशय ने यह बताया है कि उन्हें, आधुनिक मानव के लिए ईश्वर प्राप्ति के विज्ञान क्रियायोग को पुनरुज्जीवित करने का कार्य प्रदान किया गया था जो पंथ या जातिगत

भेदभाव से मुक्त है एवं सन्यासी और गृहस्थ दोनों ही तरह के लोगों के लिए है। उनका जन्म ३० सितम्बर १८२८ में बंगाल के नादिया जिले के घुरनी गाँव में एक धर्मनिष्ठ ब्राह्मण परिवार में हुआ था। उनकी माँ जो उनके बचपन में ही चल बसी थीं, भगवान् शिव की परमभक्त थीं। शैशवकाल से ही उन्हें कई बार योगासन में मिटटी के भीतर बैठे हुए देखा जाता था, जहाँ उनका शरीर सिर को छोड़कर पूरा छुपा हुआ होता था। १८४६ में श्यामा चरण लाहिड़ी, जो उनका पूरा नाम है, का विवाह काशिमोनी के साथ हुआ जिनसे उन्हें दो बेटियां और दो बेटे हुए। १८५१ में उन्होंने अंग्रेजी सरकार के सैन्य अभियांत्रिकी विभाग में लेखापाल का पदभार ग्रहण किया।

अपने तैतीसवें साल में लाहिड़ी महाशय, हिमालय में रानीखेत के समीप अपने महान गुरु बाबाजी से मिले। वहां बाबाजी ने लाहिड़ी महाशय के माथे पर हल्की चोट कर एक विद्युत प्रवाह उनके मस्तिष्क में भेजा और उनके प्रेमी सतगुरु के साथ बिताए पिछले जन्म और उस स्थान पर की गई योग साधना की बीज स्मृतियों को मुक्त कर दिया। 'योगी की आत्मकथा' पुस्तक में उनकी भेंट का विवरण कुछ इस प्रकार दिया गया है:

बाबाजी ने उनसे कहा, 'तुम्हारी दृष्टि मुझसे हट गयी, पर मेरी दृष्टि से तुम कभी ओझल नहीं हुए।' उस सूक्ष्म ज्योतिसागर में भी मैं तुम्हारे पीछे था जहाँ तेजस्वी देवता विचरते हैं। अपने बच्चे की रक्षा करने वाले पक्षी की तरह, मैं अन्धकार, तूफान, उथल-पुथल और प्रकाश में सतत तुम्हारे पीछे-पीछे चलता रहा। जब तुम मानव गर्भावस्था में थे और जब शिशुरूप में तुमने जन्म लिया, तब भी मेरी दृष्टि लगातार तुम पर लगी हुई थी। जब तुम घुरनी की नदी में अपने नन्हे शरीर को पद्मासन में स्थिर कर बालू से ढँक लेते थे, तब भी अदृश्य रूप से मैं वहां उपस्थित रहता था। महीनों पर महीने और वर्षों पर वर्ष इसी शुभ दिन की प्रतीक्षा करता हुआ मैं तुम पर दृष्टि रखता आया हूँ। अब तुम मेरे पास आ गए हो!

१८६१ में, जिससे साधारण जनमानस अनभिज्ञ था, काशी बनारस में एक महान आध्यात्मिक युग का प्रारम्भ हो चुका था, जब श्रद्धालु

योगावतार लाहिड़ी महाशय अपने एक पूर्व जन्म में योगी संत कबीर थे और उससे पूर्व के जीवन में वे, बाबाजी गोरक्ष नाथ के शिष्य भर्तृहरि नाथ थे।

जन, पुष्प पर किसी भँवरे की तरह, क्रियायोग के ध्रुव तारे, योगावतार लाहिड़ी महाशय के आध्यात्मिक अमृत का पान करने के लिए आने लगे। योगानंद लिखते हैं, 'पौराणिक कथा में जिस प्रकार गंगा ने स्वर्ग से पृथ्वी पर उतर कर अपने त्रिषातुर भक्त भगीरथ को अपने दिव्य जल से संतुष्ट किया, उसी प्रकार १८६१ में क्रियायोग रुपी दिव्य सरिता हिमालय की गुह्य गुफाओं से मनुष्यों की कोलाहल भरी बस्तियों की ओर बह चली।' बाबाजी के आदेश अनुसार, योगावतार लाहिड़ी महाशय ने क्रियायोग के दिव्य विज्ञान को सन्यासियों और गृहस्थों में समान रूप से प्रदान किया और उन्हें पारिवारिक चुनौतियों और योग ध्यान के बीच संतुलन रखने की चुनौती का समाधान दिलाया।

ज्ञानावतार युक्तेश्वर (१८५५-१९३६ ई)

ज्ञानावतार श्री युक्तेश्वर गिरी का जन्म, सेरामपुर में १० मई, १८५५ में एक संपन्न व्यवसायी के यहाँ हुआ था जिन्होंने अपने बेटे को अपनी गृह हवेली विरासत में दी जो आगे चलकर उनका आश्रम बनी। उनका पारिवारिक नाम प्रियनाथ करार था। जबकि वे अभी बहुत युवा थे, उन्होंने सारे घर की जिम्मेदारी स्वयं पर ले ली, परन्तु उनकी पत्नी एक बेटी को जन्म दे कर चल बसीं, और उनकी पुत्री की भी, विवाह के पश्चात अपनी युवावस्था में ही मृत्यु हो गई। अपने उन्तीसवें वर्ष में उन्होंने योगावतार लाहिड़ी महाशय से क्रियायोग की दीक्षा प्राप्त की। कुछ समय बाद, १९०६ में उन्होंने बोधगया में श्रीमत स्वामी कृष्ण दयाल गिरी के आशीर्वाद स्वरुप सन्यास ले लिया जिन्होंने उन्हें स्वामी के नाम से सम्मानित कर युक्तेश्वर गिरी का आध्यात्मिक नाम प्रदान किया। उन्होंने मार्च १९३६ में महासमाधि ले ली।

अपने जीवन में ज्ञानावतार युक्तेश्वर गिरी ने संगीत, ज्योतिषशास्त्र, शरीर रचना विज्ञान और शरीर क्रिया विज्ञान, प्राकृतिक चिकित्सा पद्धति, होमियोपैथी में निपुणता प्राप्त कर ली थी और गणित के गहन ज्ञान को आत्मसात कर लिया था। सत्य ही वे ज्ञान के अवतार या ज्ञानावतार थे। उन्होंने पाश्चात्य विज्ञान को खारिज नहीं किया। बल्कि इसके विपरीत, उन्होंने सभी में एकत्व को ही पाया:

उन्होंने समझाया, 'समस्त जगत नियमों के अधीन है।' 'उनमें से जो स्वयं को बाह्य जगत में अभिव्यक्त कर देते हैं उन्हें प्राकृतिक नियम कहते हैं, जिनकी खोज वैज्ञानिक किया करते हैं, परन्तु यहाँ उनसे भी अधिक सूक्ष्म नियम हैं जो चेतन जगत के साम्राज्य पर शासन करते हैं, और जिन्हें केवल योग के अभ्यास से ही अनुभूत किया जा सकता है। अतीन्द्रिय जगत के अपने नियम कानून और उनके क्रियान्वयन के लिए सहज सिद्धांत होते हैं। भौतिक वैज्ञानिक नहीं बल्कि पूर्ण आत्मज्ञानी सतगुरु ही पदार्थ की सच्ची प्रकृति को जानते हैं।'

ज्ञानावतार श्री युक्तेश्वर को ज्योतिष में गहरी दिलचस्पी थी। उन्हें इस रहस्य से पर्दा उठाने में अत्यन्त रूचि थी कि किस प्रकार मनुष्य, जगत ब्रह्माण्ड की सर्वोत्तम कृति होते हुए भी, नक्षत्रों और तारों से प्रभावित हो सकता है, जो कुछ नहीं बल्कि पदार्थों के पिंड मात्र हैं। उन्होंने एक प्रणाली निर्मित करने की कोशिश की जो नक्षत्रों के प्रभावों को कम कर सके। जब योगावतार लाहिड़ी महाशय ने उन्हें क्रियायोग की पद्धति प्रदान की तब उन्होंने यह पाया कि क्रियायोग के द्वारा वे स्वयं पर और सम्पूर्ण ब्रह्माण्ड पर नक्षत्रों के प्रभाव पर नियंत्रण कर पाने में समर्थ थे।

उन्हें तीन अवसरों पर महावतार बाबाजी के दर्शनों का आशीर्वाद मिला, प्रथम, प्रयाग के कुम्भ मेले में, जहाँ बाबाजी ने उन्हें प्रियनाथ स्वामी के नाम से बुलाया और उन्हें एक ऐसी पुस्तक को लिखने के लिए निर्देशित किया जिसमे पूर्व और पश्चिम के धार्मिक दर्शनों का मेल हो, आगे चलकर इसी से उनकी प्रसिद्ध पुस्तक 'कैवल्य दर्शन' की रचना हुई जिसे पश्चिम में 'होली साइंस' कहा गया। उन्हें पश्चिम के देशों में क्रियायोग के प्रचार प्रसार का निर्देश भी मिलाः

'मैंने जान लिया था कि तुम्हे पूर्व और पश्चिम में समान रूप से रूचि है।' पूर्व और पश्चिम को कर्म और आध्यात्मिकता से बना सुवर्णमध्य मार्ग स्थापित करना होगा। भौतिक विकास में भारत को पाश्चात्य जगत से बहुत कुछ सीखना है; और बदले में भारत सभी द्वारा अपनाई जा सकने वाली ऐसी विधियों का ज्ञान दे सकता है, जिनसे पाश्चात्य जगत अपने धार्मिक विश्वासों को योग विज्ञान की अटल नींव पर स्थापित कर सकता है।

ज्ञानावतार युक्तेश्वर को तीन अवसरों पर बाबाजी के दर्शनों की कृपा प्राप्त हुई थी

हिन्दू परंपरा के अनुरूप, ज्ञानावतार श्री युक्तेश्वर एक पूर्ण योगी थे; उन्होंने विवाहित जीवन जिया और उसके बाद एक सन्यासी की भाँति जीवन यापन किया।

उनमें वेदों के अनुसार एक योगी के समस्त गुण थे, फिर भी जब वे गलियों से गुज़रते, उनके अत्यन्त सादे रूप के कारण उन्हें कोई भी पहचान नहीं पाता था और उन्होंने अपने उत्कृष्ट ज्ञान और शक्ति का कभी भी ओछा प्रदर्शन नहीं किया। एक छोटी सी छोटी बात में भी वे किसी आम आदमी की खूबियों से मेल खाते थे, उनके बारे में तो यह भी प्रचलित था कि वे अंतिम रूपए तक वस्तु के दाम ठहराते और तभी वह वस्तु खरीदते। अपनी महासमाधि के तीन महीने बाद वे मुंबई में परमहंस योगानंद के समक्ष प्रकट हुए, अपनी एक बिलकुल नवीन देह के साथ, उसी देह से मिलती हुई जिसे परमहंस योगानंद ने स्वयं पुरी की रेत के नीचे समाधिस्थ कर दिया था। इस चमत्कारी अनुभव के दौरान ज्ञानावतार श्री युक्तेश्वर ने अपने शिष्य को सूक्ष्म लोकों का विवरण दिया जहाँ हिरण्यलोक में उन्हें एक नया कार्य मिला था, जहाँ उन्हें अत्यधिक उच्च आत्माओं का और भी अधिक उच्चतर कारणलोक स्वर्ग में उत्थान करवाना था।

परमहंस योगानंद (१८९३-१९५२ ई.)

हालांकि परमहंस योगानंद बाबाजी के द्वारा दीक्षित नहीं थे, फिर भी मैं उनके नाम का उल्लेख इस अध्याय में कर रहा हूँ क्योंकि उन्हें पश्चिम के जिज्ञासुओं को भारत के आध्यात्मिक ज्ञान और क्रियायोग के दिव्य विज्ञान का पहली बार परिचय देने के लिए बाबाजी का आशीर्वाद प्राप्त था। उनकी पुस्तक 'एक योगी की आत्मकथा' ने विश्व के करोड़ों लोगों को जगत शांति के लिए आत्मज्ञान के पथ पर चलने की प्रेरणा दी है।

५ जनवरी १८९३ में अपने जन्म के बाद से ही परमहंस योगानंद को बाबाजी गोरक्षनाथ का मार्गदर्शन उनके आशीर्वाद स्वरुप सदा मिलता रहा। यह महज़ एक संयोग नहीं था कि परमहंस योगानंद का जन्म गोरखपुर में हुआ था और उन्होंने वहां अपने शैशवकाल के आठ वर्ष बिताए।

परमहंस योगानंद समाधि की अवस्था में उन्हें बाबाजी के द्वारा पश्चिम में क्रियायोग के प्रचार प्रसार का आशीष प्राप्त हुआ था।

बाबाजी द्वारा अवतारों की दीक्षा

उन्हें बाबाजी के दिव्य संकेतों का मार्गदर्शन मिलता रहा। इस आध्यात्मिक सत्ता ने उनके जन्म से लेकर उनकी महासमाधि के अद्भुत घटनाक्रम तक उनके सम्पूर्ण जीवन का पथ प्रदर्शित कर अपना आशीर्वाद दिया। उनके माता पिता गोरक्षनाथ के भक्त थे। वे प्रत्येक रविवार को बाबाजी गोरक्षनाथ का आशीर्वाद लेने उनके मंदिर जाया करते थे और यहाँ तक कि उन्होंने अपने एक पुत्र का नाम, दिव्य गोरक्ष नाथ के नाम पर 'गोरा' रखा था। स्वयं परमहंस योगानंद का नाम मुकुंद रखा गया था। कालांतर में जब उनके छोटे भाई उनके साथ ज्ञानावतार श्री युक्तेश्वर से मिलने गए तब उन्होंने बालकों को यह स्पष्ट किया कि उनका नाम, उनके परिवार के इष्टदेवता गोरक्ष नाथ के नाम पर रखा गया था।

छोटी उम्र से ही योगानंद ने न सिर्फ एक परमहंस बल्कि एक सिद्ध के भी आध्यात्मिक गुण दर्शाए। बालक मुकुंद, एक अवसर पर, धार्मिक उत्सव के दौरान, अपने घर से बाहर चला गया। लम्बी खोजबीन के बाद वह, एक किलोमीटर से भी अधिक दूरी पर गोरखनाथ मंदिर में, योगासन में, समाधि की दिव्य अवस्था में लीन पाया गया। लोग उसके चारों ओर खड़े हो गए और धैर्यपूर्वक उस बालक के सामान्य अवस्था में लौट आने की प्रतीक्षा की। इससे अधिक आपको क्या प्रमाण चाहिए कि योगानंद के माता पिता गोरखनाथी थे? उन्होंने बहुत से चमत्कार किये जिनमें चिट्टगोंग में वर्षा का रुकना सम्मिलित है।

अमेरिका की अपनी ऐतिहासिक यात्रा से पहले, योगानंद ने ईश्वरीय सलाह की अनुभूति के लिए गहन प्रार्थना की: '... मैंने प्रार्थना शुरू की, पूरी दृढ़ता के साथ इसे लगातार करता रहा, यहाँ तक कि जीवन भी दांव पर लगा देने की हद तक, जब तक कि मैंने ईश्वर की आवाज़ नहीं सुन ली...' उस एक क्षण उनके दरवाजे पर दस्तक हुई। दरवाजा खोलने पर योगानंद ने बाबाजी गोरक्षनाथ के तेजस्वी स्वरुप के दर्शन किए। उन्होंने योगानंद को आशीर्वाद दिया और उन्हें बहुत सी बातें स्पष्ट कीं। बाबाजी ने उनसे कहा, 'तुम वही हो जिसे मैंने पाश्चात्य जगत में क्रियायोग का प्रसार करने के लिए चुना है। ईश्वर साक्षात्कार की वैज्ञानिक प्रणाली क्रियायोग का अंततः सब देशों में प्रसार हो जाएगा

और मनुष्य को अनन्त परमपिता का व्यक्तिगत इन्द्रियातीत अनुभव कराने के द्वारा यह राष्ट्रों के बीच सौमनस्य-सौहार्द स्थापित करने में सहायक होगा।' बाबाजी ने परमहंस योगानंद के परिवार को आशीष प्रदान किया और महान रहस्य की बात यह है कि वे लोग गोरक्षनाथ के परम भक्त थे और गोरक्षनाथ के मंदिर जाया करते थे। इससे हमें इस बात का स्पष्ट संकेत मिलता है कि 'योगी की आत्मकथा' पुस्तक के बाबाजी और शिव की अभिव्यक्ति, प्रसिद्ध गोरखनाथ, दोनों एक ही हैं।

केवल एक सिद्ध गुरु ही अपनी मृत्यु के समय एवं घटनाक्रम को चुन सकता है। परमहंस योगानंद ने महासमाधि लेने के, योग के इस अद्वितीय सामर्थ्य का प्रदर्शन किया। ७ मार्च, १९५२ को, लॉस एंजेलिस, कैलिफोर्निया के biltmore होटल में, भारतीय राजनायिक, बिनय रंजन सेन के सम्मान में आयोजित भोज के अवसर पर, योगानंद ने अपना भाषण, 'मेरा भारत' नामक अपनी कविता की चंद पंक्तियों के साथ समाप्त किया। इसके ठीक बाद उनकी आँखें भ्रूमध्य में ऊंचा उठ गईं, वे धीमे से अपनी दाईं और मुड़े और उत्तम तरीके से नीचे ज़मीन पर आ गिरे। उनकी महासमाधि का चमत्कार उनकी देहांत के पश्चात भी लगातार होता रहा, जब उन महान सतगुरु ने, अपने योग संकल्प के द्वारा अपने स्थूल शरीर के कोषों की रक्षा की, जिसका विवरण, फारेस्ट लॉन मेमोरियल-पार्क, लॉस एंजेलिस के निर्देशक श्री हैरी टी. रोंवे ने नीचे दिया है:

"परमहंस योगानंद जी के पार्थिव शरीर में किसी भी प्रकार के विकार का लक्षण न दिखाई पड़ना हमारे लिए एक अत्यन्त असाधारण और अपूर्व अनुभव है। ...उनकी मृत्यु के बीस दिन बाद भी उनके शरीर में किसी प्रकार की विक्रिया नहीं दिखाई पड़ी। ...न तो त्वचा के रंग में किसी प्रकार के परिवर्तन के संकेत थे और न ही शरीरतन्तुओं में शुष्कता ही आयी प्रतीत होती थी। शवागार के वृत्ति-इतिहास से हमें जहाँ तक विदित है, पार्थिव शरीर के ऐसे परिपूर्ण संरक्षण की अवस्था अद्वितीय है। ...योगानंद का शव स्वीकार करते समय शवागार के कर्मचारियों को यह आशा थी कि उन्हें शवपेटिका के कांच के आवरण से साधारण वर्धमान शारीरिक क्षय के चिन्ह दीख पड़ेंगे। हमारा विस्मय

बढ़ता गया, जब निरीक्षण के अंतर्गत दिन पर दिन बीतते गए, किन्तु उनकी देह पर परिवर्तन के कोई चिन्ह दृष्टिगत नहीं हुए। प्रत्यक्षतः योगानंद जी की देह निर्विकारता की अद्भुत अवस्था में थी। किसी समय उनके शरीर में तनिक भी विक्रियात्मक दुर्गन्ध नहीं आयी। ...२७ मार्च को शवपेटिका पर कांसे के ढक्कन को बंद करने के पूर्व योगानंद जी का शरीर रूप ठीक वैसा ही था जैसा ७ मार्च को। २७ मार्च को भी उनका शरीर उतना ही ताजा और विकाररहित दिखायी पड़ रहा था जितना मृत्यु की रात्रि को। २७ मार्च को ऐसा कोई लक्षण दिखायी नहीं पड़ा, जिससे यह कहा जा सके कि उनके शरीर में किसी भी प्रकार का तनिक भी विकार आया हो। इन कारणों से हम पुनः अभिव्यक्त करते हैं कि परमहंस योगानंद जी का उदाहरण हमारे अनुभव में अभूतपूर्व है।"

शवागार निदेशक,
फारेस्ट पार्क
लॉस एंजेलिस, CA

अध्याय ११

कल्कि अवतार और बाबाजी महावतार

हर कोई अवतारों और उनके कार्यों के विषय में बातें करता है परन्तु बहुत कम लोग ऐसे हैं जिन्होंने महावतार शिव गोरक्ष बाबाजी के द्वारा किये गए गुह्य और आत्मोत्थान करने वाले कार्यों का चित्रण किया है, जिसमें समूची मानव जाति और राष्ट्रों का उत्थान और भाग्य निहित है। यह महान सत्ता अपनी चेतना में हमारे संसार की कार्य योजना और जगत ब्रह्माण्ड का मूल धारण किये हुए है, जिसे वे अपनी मन की आँखों से संचालित करते हैं। क्योंकि वे सदा वर्तमान में जीते हैं और जहाँ तक उनका सम्बन्ध है, वे जो थे, वो हैं और अभी इसी समय भी हैं। उनके लिए भविष्य पहले से ही प्रकट हो चुका है। वह पूर्णतः वर्तमान में है। उनकी सर्वव्यापी दृष्टि से कुछ भी अप्रकट नहीं रह सकता।

उनका विशेष कार्य और मिशन

दो महान सत्ताएँ – महावतार शिवगोरक्ष बाबाजी और कल्कि अवतार मैत्रेय – अत्यन्त निकट सहयोग एवं समझदारी के साथ कार्य कर रहे हैं। दोनों एक साथ, मनुष्य जाति की मुक्ति हेतु प्रेम और उत्थान के स्पंदन भेज रहे हैं। महावतार बाबाजी मनुष्यता की दिव्य चेतना के आत्मिक स्तर पर कार्य कर रहे हैं। कल्कि अवतार, मनुष्यता के दिव्य मन के बौद्धिक स्तर पर कार्य कर रहे हैं।

इस बात का हमें कुछ भी ज्ञान नहीं है कि नए युग की शुरुआत में किस प्रकार की व्यवस्था या आध्यात्मिक बल मनुष्यता को प्रदान किया जाएगा, परन्तु यह कहा जाता है कि एक अत्यंत महान सत्ता,

स्वयं शिव की अभिव्यक्ति, सहस्राब्दी के अंत में एक या उससे अधिक आत्माओं में अभिव्यक्त होगी और सिंह-कुम्भ राशि चक्र के आमने सामने आने पर मानवता की अंतर्चेतना के क्षेत्रों में वैसा ही महान कार्य करेगी जो कल्कि अवतार बाहरी तौर पर करेगा।

मानव जाति के मन और आत्मा का यह धीमा एवं सावधानी के साथ किया गया क्रमिक उत्थान, बड़े पैमाने पर लोगों को तैयार करने हेतु किया जा रहा है, ताकि जब कल्कि अवतार सिंह-कुम्भ राशि चक्र युग में पृथ्वी पर अवतरित हो तब वे उनके द्वारा दिए गए आशीष एवं रूपांतरण के लिए अधिक अनुकूल हो पाएं। उसके बाद, बाबाजी के द्वारा दिए गए आशीर्वाद और समझ से लोगों की आत्मचेतना आगे चलकर गहन ज्ञान में और अधिक रूपांतरित और विकसित होगी।

हालाँकि ये आशीर्वाद मानवीय ग्रहणशीलता के सूक्ष्मतर स्तर पर प्रदान किये जाएंगे तथापि ज़्यादा लोग इस पूर्ण रूपांतरण के उच्चतर कीमिया के द्वारा विकसित हो कर इसे प्राप्त कर पाएंगे क्योंकि जैसा कि पहले भी बताया गया है, अधिक जनमानस आध्यात्मिक तौर पर तैयार होगा। परन्तु सकारात्मक कार्य करने के अलावा, विश्व की नकारात्मक शक्तियों के खिलाफ युद्ध छेड़ना भी कल्कि अवतार के विविध रूपों में से एक होगा – नकारात्मक मन के आंतरिक स्तर पर शत्रु का विनाश और नकारात्मक शक्तियों एवं अशुभ के बाह्य स्तर पर भी उनका विनाश।

विष्णु के छठवें अवतार परशुराम थे। उन्होंने तप के स्तर पर कार्य किया जिससे अहंकार का विनाश हो सके जो उस काल में मनुष्य जाति के क्षत्रिय वर्ग में समाविष्ट था। उन्होंने तत्कालीन मनोसामाजिक व्यवस्था को संतुलित किया। विष्णु के सातवें अवतार, श्री राम ने प्राणमय कोष पर कार्य किया। विष्णु के आठवें अवतार, भगवान् कृष्ण ने मनोमय कोष या भक्ति पर कार्य किया ताकि संतुलन, प्रेम व सामंजस्य घटित हो। उसके बाद नौवें अवतरण बुद्ध ने अपना कार्य विज्ञानमय कोष या मनुष्यता के मानसिक क्षेत्र पर किया। अब विष्णु के दसवें अवतार, कल्कि मैत्रेय, बौद्धिक या सहज बोध पर कार्य करते हैं और बाबाजी सदा ही आत्मावस्था (अकर्म, अ-मन) में कार्य करते हैं। कल्कि सर्वप्रथम मन और बुद्धि की नकारात्मक शक्तियों पर कार्य करेंगे जो

मानवता के उत्थान में बाधक हैं और कालांतर में आगे चलकर नव जागरण के युग का सूत्रपात करेंगे। बाबाजी पूरे संसार चक्र के चारों ओर अक्षय उपस्थिति के रूप में रहेंगे और वे सदा ही उन संतों और अवतारों का मार्गदर्शन करते रहेंगे जिन्होंने हर युग में मानवता की रक्षा की है। वे मन के परे की सत्ता, आत्मतत्व का प्रतिनिधित्व करते हैं और उनका कोई कार्य नहीं है। वे वह सत्ता हैं जो मनुष्य जाति के उत्थान की योजना को निर्देशित करती है।

भगवान् कृष्ण कहते हैं:

परित्राणाय साधुनाम, विनाशाय च दुष्कृताम
धर्मसंस्थापनार्थाय सम्भावामि युगे युगे

भगवद्गीता (४:८)

कल्कि अवतार के साथ बाबाजी का संबंध बहुत गहरा और बहुत पुरातन है। हम बाह्य स्तर पर इसकी तुलना गुरु और शिष्य के बीच के संबंध से कर सकते हैं। बाबाजी वे गुरु होंगे जो पृष्ठभूमि में रहते हुए कल्कि अवतार के आत्मोत्थान के कार्यों में सहयोग देंगे। किसी की सार्वभौम चेतना के आंतरिक क्षेत्रों में, शिवगोरक्ष बाबाजी, वे क्रिस्टोस हैं जो अपनी आत्मा को क्राइस्ट रुपी कल्कि अवतार की अभिव्यक्ति हेतु प्रतिबिंबित करते हैं। यह हमें इस प्रश्न पर ले कर आता है कि क्या क्राइस्ट का द्वितीय आगमन और कल्कि अवतार का आगमन एक ही घटना है। मैं इस बिंदु पर तुरंत आना चाहूंगा और पुष्टिकारक तौर पर यह कहुंगा कि इन दो आध्यात्मिक सत्ताओं में कोई भी अंतर नहीं है। अपनी अनुभूतियों और अपने दर्शनों में मैंने यह देखा है, और यदि हम कल्कि पुराण और बाइबिल की भविष्यवाणियों का ध्यान से अध्ययन करें तो हम कल्कि के आगमन और क्राइस्ट के द्वितीय आगमन में समानताएं देख पाएंगे।

कल्कि अवतार के विषय में यह कहा गया है कि वे एक श्वेत अश्व पर सवार होकर शोभायमान होंगे जिसका नाम देवदत्त होगा। उन्होंने 'रत्न मारू' नामक ज्ञान की तेजोमय तलवार धारण कर रखी होगी (शिव की वह तलवार जो कल्कि को उनके गुरुदेव परशुराम द्वारा

प्राप्त हुई है) जिससे वे अज्ञान के बंधनों को छिन्न भिन्न कर डालेंगे। बाइबिल की पुस्तक के रहस्योद्‌घाटनों में, द्वितीय आगमन के विवरण में यह बताया गया है कि क्राइस्ट श्वेत अश्व पर सवार हो कर आएंगे और वे देवदूतों से घिरे होंगे, वे धरती पर सत्य और न्याय की स्थापना हेतु ज्वलंत कृपाण को धारण करेंगे।

संसार की आंतरिक शासन प्रणाली

भारतीय देवताओं में, चार अश्वारोही इस प्रकार होंगे: पहले अश्व पर होंगे विक्रमादित्य (एल मौर्य), आदर्श सम्राट; दूसरा अश्व, राजा देवपी (कुठूमि) का होगा, जो आदर्श जगत गुरु हैं, तीसरा अश्व भगवान् वैवस्वत मनु का होगा (जो वर्तमान में हमारे संसार चक्र के आध्यात्मिक सम्राट हैं और जिनके उत्तराधिकारी विक्रमादित्य होंगे, जिन्होंने ज्ञानावतार श्री युक्तेश्वर के रूप में जन्म लिया था और जो अगले मनु सावर्णि के रूप में अवतरित होंगे); और चौथे अश्व पर सवार होंगे अवतार कल्कि मैत्रेय जो अपने कार्य की शुरुआत कर, उसे पूर्ण करके उच्चतर लोकों में चले जाएंगे। उनके उत्तराधिकारी होंगे जगतगुरु देवपी जिन्होंने योगावतार लाहिड़ी महाशय के रूप में जन्म लिया था।

यह जानना बहुत महत्व की बात है कि हमारे वर्तमान जगत सम्राट भगवान् वैवस्वत मनु ने प्रसिद्ध ग्रन्थ, 'मानव धर्म शास्त्र' की रचना एवं उसकी व्याख्या की थी। इसे 'मनु स्मृति' भी कहा जाता है, यही वह रचना है जिस पर हमारी आचार संहिता, आध्यात्मिक उत्थान और उसके दिशा निर्देश आधारित हैं। यह महान सत्ता, हालांकि एक व्यक्तिगत अभिव्यक्ति के रूप में अवतीर्ण हुई है तथापि यह आर्यों की पांचवीं मूल जाति की आत्मा भी है। वे संसार की आंतरिक शासन प्रणाली की आध्यात्मिक वंशावली में ३०० करोड़ वर्षों के लिए अपना कार्यभार सम्हालते हैं।[१]

---

१ वैवस्वत मनु ने पहले ही कारण, मानसिक और भावनात्मक देहों की रचना कर दी है, इसके बाद मनुष्य की आत्मा (अग्निश्वत्थ ऋषियों के रूप में), चन्द्रवंशियों के द्वारा, मानव के रक्त मांस के शरीर में प्रवेश करती है।

उनका कार्यकाल अब समाप्त होने को है जहाँ वे अपने शासन की बागडोर, वर्ष २०१२ से प्रारम्भ करते हुए, अपने उत्तराधिकारी सावर्णि मनु को हस्तांतरित करेंगे।

भविष्यवाणियों में यह कहा गया है कि तीन अश्वारोही होंगे और चौथे, श्वेत अश्व पर कल्कि मैत्रेय सवार होंगे। उन्हें मानवजाति का मसीहा या रक्षक कहा जाता है। अनश्वर ईश्वर स्वरुप बाबाजी इस दिव्य नाटक के साक्षी होंगे और उनकी उपस्थिति मात्र से यह अवतारी कार्य संपन्न हो पाएगा।

भारतीय ऋषि मुनियों के देव समूह में हम यह पाते हैं कि कल्कि अवतार पुरातन ऋषि मैत्रेय से किसी भी रूप में कमतर नहीं हैं। उनके आध्यात्मिक पिता दिव्य ज्योतिषी ऋषि पराशर हैं जिनके पिता ऋषि शक्ति थे और उनके पिता प्राचीन ऋषि वशिष्ठ हैं, जो सप्तऋषियों में अंतिम से एक पहले के ऋषि हैं। ऋषि वशिष्ठ के पिता प्राचीन ऋषि वरुण हैं। ऐसी महान आध्यात्मिक वंशावली है, हमारे होने वाले कल्कि अवतार ऋषि मैत्रेय की। वर्तमान में कल्कि, बोधिसत्व के रूप में तुषिता स्वर्ग[२] में निवास कर रहे हैं और वे शिवगोरक्ष बाबाजी के शिष्य मंजुनाथ/मैत्रेय के नाम से जाने जाते हैं।

भारतीय ऋषि समूह, जो बौद्ध पदानुक्रम का स्रोत है, भारतीय ऋषि मैत्रेय को पंचम गुप्त बुद्ध के रूप में स्वीकार करता है, जिनका आगमन कल्कि अवतार के रूप में होना है। तब, चौथे गुप्त बुद्ध, गौतम, जिनकी आत्मा अभी भी भारतीय उपमहाद्वीप में व्याप्त है, और भी अधिक व्यापक और अचिन्त्य लोकों पर शासन करने के लिए चले जाएंगे। कल्कि वही कार्य करेंगे जो कृष्ण एवं पूर्ववर्ती तीन बुद्ध अवतरणों ने पूर्व संसार चक्रों में किया था।

उनके आगमन का काल, धर्म को संतुलन में लाने हेतु चुना गया है और उन्हें सत्य के मार्ग पर लाने के लिए जो यह सोचते हैं कि अधर्म को पैदा करने से वे गुणों और धर्म में असंतुलन पैदा कर सकते हैं।

२ एक स्वर्ग लोक जहाँ कल्कि अवतार, पृथ्वी पर अपने द्वितीय आगमन हेतु तैयार हो रहा है; अतः यह षाम्भला से भी सम्बंधित हो जात है जहाँ से कल्कि को प्रकट होना है।

कल्कि अवतार और बाबाजी महावतार

जब धर्म के नियमों और प्रकृति की साम्यावस्था पर खतरा दिखाई पड़ने लगे और मनुष्यता को पुनः स्थापित करने की आवश्यकता आन पड़े, तब संसार की आंतरिक शासन प्रणाली इसे अपने ऊपर ले लेती है और उचित समय आने पर इस संतुलन को पुनः वापिस ले आती है। सन २०१२ में हमारे सूर्य, जो ओरियन नक्षत्र की भुजा पर स्थित हैं, वृषभ नक्षत्र में कृत्तिका समूह में स्थित अपने समतुल्य द्विध्रुवीय तारे माघयन्ति के साथ एक रेखा में आये थे। इनके एक रेखा में आने के बाद गुणों के संतुलन एवं पृथ्वी पर सत्य की स्थापना का कार्य प्रारम्भ हो गया है। निश्चित ही सत्कार्यों के अलावा कुछ उथल-पुथल भरी घटनाएं होना भी अवश्यम्भावी है, जैसे पृथ्वी की धुरी का झुकाव, उसकी परतों का सरकना, और गृहयुद्ध जैसी परिस्थितयों का निर्माण।

ये प्राकृतिक और कृत्रिम आपदाएँ समूचे संसार का विनाश नहीं करेंगी बल्कि इन सबसे पृथ्वी के और मनुष्यता के वे अंश ही नष्ट होंगे जो मनुष्य जाति के आध्यात्मिक उत्थान और प्रकृति के संतुलन के महान कार्य में बाधक होंगे। जिन आत्माओं को उपचार की आवश्यकता होगी उनसे समुचित तौर पर निपटा जाएगा और कुछ के लिए, इस काल के दौरान शरीर और मन को नयी दिशा प्रदान की जायेगी। जो शरीर परिवर्तन के लिए तैयार नहीं हैं, उन्हें तत्वों में विलीन कर दिया जाएगा और उनके मनः तत्व को दिव्य ज्ञान की अग्नि में रूपांतरित कर दिया जाएगा।

क़यामत के चार अश्वारोहियों के रूप में यही वो महान सत्ताएँ हैं, जो मनुष्यता और प्रकृति की आत्मा में प्रवेश करेंगे और भविष्य में आने वाली जातियों के शरीरों और चित्तों के भीतर आनुवांशिक परिवर्तन के साथ कार्य करेंगे जिसमें पंचम मूल जाति से अत्यधिक मात्रा में डीएनए पदार्थ निकालना और उसे उच्चतर लोकों में आगे बढ़ा देना शामिल है। ये महान सत्ताएँ, जो उनसे भी अधिक उच्चतर आत्माओं द्वारा निर्देशित की जा रही हैं, भविष्य में समस्त जड़ एवं चेतन तत्वों के उत्थान को जन्म देंगी। वे एक समतावादी समाज और एक आत्मोत्थान को प्राप्त श्रेष्ठ मानव नागरिक को नवीन आध्यात्मिक जन्म देने का कार्य करेंगे। नीचे वर्णित हैं, वे चार आध्यात्मिक सत्ताएँ जिन्हे गुप्त रूप से अश्वों पर

सवारी करते हुए दर्शाया गया है (जो पवित्रता, प्रकाश और सामंजस्य को दर्शाते हैं)

क़यामत के चार अश्वारोही

काले अश्व पर पहला अश्वारोहीः	भविष्य जगत सम्राट, विक्रमादित्य/ज्ञानावतार युक्तेश्वर
पीतवर्ण अश्व पर दूसरा अश्वारोहीः	भविष्य जगतगुरु, भर्तृहरि नाथ/ योगावतार लाहिड़ी महाशय
भूरे अश्व पर तीसरा अश्वारोहीः	वर्तमान जगत सम्राट, वैवस्वत मनु
श्वेत अश्व पर चौथा अश्वारोहीः	जगत गुरु कल्कि मैत्रेय

क़यामत के ये चार अश्वारोही, मानवजाति के उत्थान और उनके सामंजस्य एवं शांतिपूर्ण सहअस्तित्व की ओर उन्नत होने के एक बहुत गहन गुप्त सिद्धांत को दर्शाते हैं। इन महान सत्ताओं द्वारा धारण किया गया हर एक अश्व, अपने रंग के मुताबिक विभिन्न जातियों को नहीं दर्शाता बल्कि यह उस कार्य का वर्णन करता है जो आध्यात्मिक आभा के रंग में सुधार करने से संबंधित है। यहाँ श्वेत अश्व का अर्थ, उन्हें उनकी आत्माओं के अंतर प्रकाश की स्पष्टता दिखाना है, काला अश्व, वह अथाह अधंकार है जिसके परे मोक्ष रुपी ताराद्वार है, इसे समझना आवश्यक है; और भूरा अश्व, आत्माओं के साथ पृथ्वी की स्थिरता और संतुलन को दर्शाता है, और पीतवर्ण अश्व दर्शाता है, भविष्य में विकसित हुईं जातियों का वह सामर्थ्य जिससे वे अपने जन्म से ही अपनी चेतन सत्ता को बनाए रखती हैं और मृत्यु के गलियारों से होती हुई एक बुद्धत्व के आयाम में प्रवेश करती हैं। ये उन चार अश्वारोहियों के आध्यात्मिक कार्य का आंतरिक अर्थ है, जो उन्हें करना है। इससे

अधिक गहरी व्याख्या के लिए, पाठक को गहन ध्यान करना होगा, क्योंकि इन चार दिव्य अश्वारोहियों के कार्य की महिमा बता पाने में शब्द सर्वथा असमर्थ हैं।

जगत सम्राट और जगत गुरु के पूर्व अवतरण

अवतार हर एक जन्म में अपनी चेतना बनाए रखते हैं। ऐसा सामान्य लोगों में नहीं पाया जाता जो जन्म के समय अपने पूर्व जन्म की स्मृति पूरी तरह से भुला देते हैं; हालांकि कुछ लोगों को अपने पूर्व जन्म की आंशिक स्मृति रहती है। महान आत्माएँ, तप और योग की शक्ति से युगों-युगों तक अपनी दिव्य देहों में पूर्णतया चेतन रहती हैं। सामान्य जनों के लिए उनके शरीर आवरण, पूर्व जन्म के कर्मों का परिणाम होते हैं जबकि सतगुरुओं, अवधूतों और बोधिसत्वों के लिए माया का आवरण स्वयमेव लिया जाता है। नए युग के सूत्रपात के समय, आध्यात्मिक नवजागरण के अवतारी स्तर पर, दो महान सत्ताएँ हमें मिलती हैं – एक हैं सम्राट विक्रमादित्य जो इक्ष्वाकु राम के सूर्य वंश से संबंधित हैं और दूसरे हैं, जगत गुरु नागार्जुन, जो यादव कृष्ण के चन्द्र वंश से संबंधित हैं। भगवान् विष्णु की आत्मा अवतारी जगत गुरुओं में ठीक उसी प्रकार अवतरित हुई है जिस प्रकार भगवान् शिव की आत्मा समस्त आध्यात्मिक सम्राटों में अवतरित हुई है। भगवान् शिव के महावतार शिव गोरक्ष बाबाजी हैं जो समूचे अस्तित्व के लिए अपनी भूमिका निभाते हैं।

जगत सम्राट

यहाँ हमारी पृथ्वी के आध्यात्मिक जगत सम्राट मनु महाराज का उल्लेख करना बहुत आवश्यक है। मनु महाराज उच्चतर श्रेणी के आध्यात्मिक दीक्षित हैं, जो शिवगोरक्ष बाबाजी के साथ सीधे तौर पर संबंधित हैं। वे देवों से भी उच्चतर श्रेणी के हैं, जिन्होंने अपार करुणावत हो कर उच्चतम निर्वाण मोक्ष को अस्वीकार कर दिया ताकि स्थूल और सूक्ष्म आत्माओं के उत्थान में सहायता कर सकें। उन्होंने स्वयं के ऊपर, पूरे ३०० करोड़ वर्षों के लिए, मनुष्यता की जातियों को निर्देशित करने

एवं उनकी रक्षा करने का कार्य लिया है। यह बाबाजी ही हैं जो उनके इस महान कार्य के लिए दिशा निर्देश देते हैं और संसार के उत्थान के लिए आवश्यक प्रेरणा प्रदान करते हैं।

ब्रह्मा के एक दिवस (जिसे एक कल्प भी कहा जाता है) में १४ छोटे संसार चक्र होते हैं, जिनमे हर एक चक्र का अधिपति, एक आध्यात्मिक मनु होता है[3]। ऐसे छह संसार चक्र पूर्ण हो चुके हैं और हमारा सप्तम चक्र है जिस पर वैवस्वत मनु, आध्यात्मिक सम्राट के रूप में शासन करते हैं। अतः यह वैवस्वत मन्वन्तर कहलाता है, जिसके ३०० करोड़ वर्ष समाप्ति पर हैं, और उनका शासनकाल लगभग पूर्ण हो चुका है। उनके उत्तराधिकारी अगले मनु होंगे जिनका नाम मनु सावर्णि होगा। सूक्ष्म लोकों में इस परिवर्तन के प्रथम संकेत, वर्ष २०१२ की समाप्ति होने पर प्रकट होंगे।

वर्ष २०१२ में, हमारे सूर्य देव, महान मनु विवस्वत (वैवस्वत मनु के पिता), संसार के उत्थान की एक नवीन धुन छेड़ेंगे। उनकी वीणा के सप्त तारों में से उन्होंने चौथे तार को छुआ है, जो उनके चौथे दौर का प्रतीक है, और समस्त मानवजाति एवं उच्चतर दिव्य आत्माओं के सूक्ष्म चक्रों और कुण्डलिनी ऊर्जा में बहुत सारा कार्य करने की आवश्यकता है। इस परिप्रेक्ष्य में प्रथम मनु (स्वयम्भू), सातवें मनु (वैवस्वत) और आठवें मनु (सावर्णि) को एक महत्वपूर्ण भूमिका निभानी है।

सप्तम मनु, वैवस्वत जो आध्यात्मिक जगत की आंतरिक शासन प्रणाली और आंतरिक वंशावली के सम्राट हैं, अपने साम्राज्य की बागडोर अपने उत्तराधिकारी को सौपेंगे जो ज्ञानावतार श्री युक्तेश्वर के अवतरण होंगे जो अपने पूर्व जीवन में सम्राट विक्रमादित्य थे। वे आंतरिक आध्यात्मिक जगत के भविष्य सम्राट हैं जो मनु सावर्णि के नाम से जाने जाएंगे। इसी प्रकार, संसार की आंतरिक शासन प्रणाली की वंशावली के जगत गुरु, भगवान कल्कि मैत्रेय, अपनी आध्यात्मिक शिक्षाओं को

---

3 हम वर्तमान में श्वेत वराह कल्प के जगत चक्र में हैं, जो ब्रह्मा का एक दिन बनाता है (चार अरब तीन सौ बीस करोड़ वर्ष) हमने एक परार्ध पूरा कर लिया है, जो वर्तमान युग चक्र के ब्रह्मा के आधे दिन के बराबर है।

अपने उत्तराधिकारी योगावतार लाहिड़ी महाशय को हस्तांतरित करेंगे। वे अपने पूर्व जन्म में सम्राट देवपी थे और भविष्य में उनका जगत गुरु का स्थान लेना तय है।

यह अत्यन्त महान ईश्वर तत्व, भगवान वैवस्वत सदा एक हैं और करुणावान हो कर सदैव रक्षा करते हैं ताकि ३०० करोड़ वर्षों के लिए शिशुवत मानवता का उत्थान हो पाये, जो अब समाप्त हो रहे हैं, और इनकी समाप्ति पर ही वे इस महान कार्यभार को अपने उत्तराधिकारी मनु सावर्णि को हस्तांतरित करेंगे।

विक्रमादित्य अपने पूर्व जन्म में, प्राचीन भारतीय सम्राट, एल मौर्य थे, जो सम्राट अशोक के पितामह थे, और भर्तृहरि नाथ, राजा देवपी थे। पुरातन राजपूत राजा, विक्रमादित्य एल मौर्य, मनुष्यता और भविष्य की नई जाति की सेवा, पूर्ण स्थिरता और शक्ति से करने के लिए वचनबद्ध हैं। जिनकी कुंडली में मंगल और सूर्य शक्तिशाली घरों में स्थित होते हैं, वे सामान्यतः वीरता, पराक्रम, युद्ध कौशल और साथ ही साथ राजयोग अभ्यास के गुणों को अभिव्यक्त करते हैं।

सम्राट नाथ विक्रमादित्य का भविष्य की छठवीं मूल जाति के मनु सावर्णि के रूप में उत्थान होगा। भविष्य में उनका हमारे संसार का आध्यात्मिक सम्राट बनना तय है। वर्तमान में वे अपनी स्थूल और दिव्य देहों में कैलिफोर्निया के तट पर और साथ ही साथ समूचे पश्चिम तट पर कार्यरत हैं; यह एक भारत-कैलिफोर्निया संबंध है। वे राजयोग की शिक्षा प्रदान करते हैं और भगवान शिव की शक्ति, वैभव और आध्यात्मिक प्रतिष्ठा से सम्बन्धित हैं।

भविष्य के जगत गुरु

उन्हें भविष्य का महान जगत गुरु होना है और उनका कार्य ज्ञान योग से संबंधित है। उनका वर्तमान जगत गुरु और सर्वोच्च ऋषि पराशर के शिष्य मैत्रेय के उत्तराधिकारी के रूप में स्थान लेना तय है। कल्कि पुराण और विष्णु पुराण में यह भविष्यवाणी की गयी है कि ये दो महान आत्माएँ, सूर्य वंश के विक्रमादित्य एवं चन्द्र वंश के नागार्जुन,

अपने तप और योग साधना की शक्ति से युगों-युगों तक जीवित रहते हैं और वे दोनों एक आध्यात्मिक जगत की स्थापना करेंगे जिसका प्रारम्भ इस सहस्राब्दी की नयी सुबह से होगा। नागार्जुन का कार्य बुध ग्रह और चन्द्रमा के स्पन्दनों से सम्बन्धित है। इन दोनों महान सत्ताओं का दिव्य कार्य अपनी चरम सीमा में होगा जब लगभग सन २४९९ में सिंह और कुम्भ राशियाँ अधिकाधिक सक्रिय हो जाएंगी।

विक्रमादित्य और भर्तृहरि का आंतरिक कार्य

ये दो महान सम्राट, मानवता की चेतना के अन्तर्क्षेत्रों पर अभी भी कार्यरत हैं। चन्द्र वंश के राजा देवपी और सूर्य वंश के एल मौर्य विक्रमादित्य, कल्कि अवतार और महावतार बाबाजी के आदेश पर अमेरिका के पश्चिम तट पर कार्यरत हैं। कैलिफोर्निया की सीमा, इस रूपांतरकारी आध्यात्मिक कार्य के लिए बहुत ग्रहणशील है, जो इन दोनों सतगुरुओं द्वारा बहुत धैर्य एवं सावधानी के साथ किया जा रहा है। संसार की आंतरिक शासन प्रणाली के ये दो अति उच्च दीक्षित, संसार के आंतरिक कार्यों में उच्चतर कार्यभार सम्हालने के लिए स्वयं ही विकसित हो रहे हैं। एल मौर्य, भूतपूर्व सम्राट वैवस्वत मनु का उत्तराधिकार ग्रहण कर अगले सम्राट मनु सावर्णि बनेंगे। देवपी, कल्कि अवतार का उत्तराधिकार ग्रहण कर अगले जगत गुरु, छठवें गुप्त बुद्ध का स्थान लेंगे।[४]

सम्राट मनु सावर्णि, सूर्य वंश की क्षत्रिय जाति की पुनर्स्थापना करने हेतु पृथ्वी पर अवतरित होंगे, जिससे विष्णु के सातवें अवतार, भगवान् श्री राम सम्बन्धित हैं। इसके साथ-साथ जगत गुरु देवपी, चन्द्र वंश की पावन जाति की पुनर्स्थापना हेतु पृथ्वी पर अवतरित होंगे, जिससे विष्णु के आठवें अवतार भगवान् श्री कृष्ण सम्बन्धित हैं।[५]

---

[४] चूँकि कल्कि अवतार मैत्रेय, ऋषि मंजुश्री के तुषिता स्वर्गलोक से हैं, राजा देवपी भी इसके बाद उनके स्रोत पर ही नज़र रखते हैं।

[५] पूरी मानवजाति, सूर्य, चन्द्र और अग्नि के वर्गीकरण में आती है। अग्नि ने अपने कार्यों का समापन कर लिया है क्योंकि उनके मार्गदर्शक, भार्गव वंश के प्रभु परशुराम पहले ही अवतरित हो चुके हैं।

कल्कि अवतार और बाबाजी महावतार

हमारे जगत सम्राट और जगत गुरु के भूतपूर्व अवतरण	
जगत सम्राट मनु महाराज	**जगत आचार्य महागुरु**
भीष्म	**देवपी** (भीष्म के काका)
कर्ण (३१०२ ई. पू.) (रानी से जन्म हुआ, एक निर्धन आदमी के द्वारा सरकंडे में पाये गए)	**बलराम** (३४०० ई. पू.)
मूसा (१२७० ई. पू.) (निर्धनता में जन्म, रानी के द्वारा सरकंडे में पाये गए)	**अब्राहम** (१८०० ई. पू.)
आर्य मौर्य (३४०-२९८ ई. पू. का शासनकाल) (विक्रमादित्य प्रथम)	**आर्य चाणक्य** (३५०-२८८ ई. पू. का) (विष्णु के अंश अवतार)
विक्रमादित्य (५७ ई.पू.)	**भर्तृहरि नाथ** (७० ई. पू)
चौरंगी (पूरन) (९० ई.पू.)	**शालिवाहन** (१८-१०२ ई)
आर्यसंघ (२०० ई) (नागार्जुन के शिष्य)	**नागार्जुन** (१५०-२०० ई) (गोरक्षनाथ के शिष्य)
शम्स तबरेजी (१२४९ ई में मृत्यु)	**कबीर** (१४४०-१५१८ ई)
महाराणा प्रताप (१५४०-१५९७ ई.)	**योगी श्री चन्द्र** (१४९४-१६४४ ई.) (महाराणा ने कहा उनके पूर्व जन्म के भाई)
शिवाजी महाराज (१६६६-१७०९ ई.)	**रामदास महागुरु** (१६२७-१६८० ई)
ज्ञानावतार श्री युक्तेश्वर (१८५५ ई.)	**योगावतार लाहिड़ी महाशय** (१८२८ ई.)
अग्नि सूर्य योगी	**शिव बाल योगी** (१९४० ई.)
मनु सावर्णि के रूप में युक्तेश्वर (मनु वैवस्वत के उत्तराधिकारी)	**योगावतार लाहिड़ी महाशय** (कल्कि मैत्रेय के उत्तराधिकारी)

अध्याय १२

वास्तविक क्रिया योग
इसका रहस्य और अभ्यास की कला

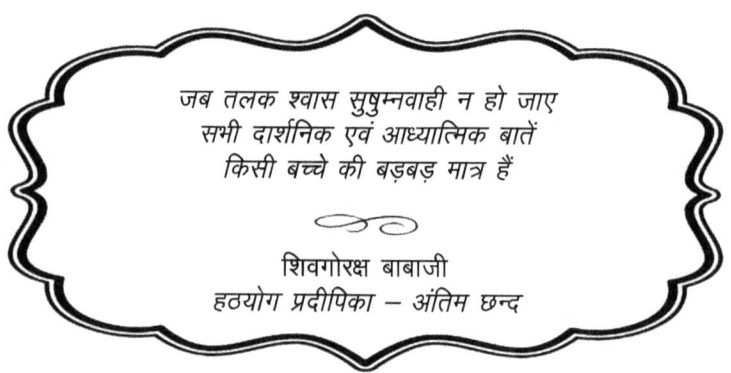

जब तलक श्वास सुषुम्नवाही न हो जाए
सभी दार्शनिक एवं आध्यात्मिक बातें
किसी बच्चे की बड़बड़ मात्र हैं

शिवगोरक्ष बाबाजी
हठयोग प्रदीपिका – अंतिम छन्द

गोरक्ष शतक और क्रिया योग

मानवीय चेतना के उत्थान का यह कालरहित योग, पुरातन से भी प्राचीन – सूर्यवंश के महान ऋषियों एवं राजसी संतों से हम तक नीचे पहुंचा है। यह भव्य विज्ञान, मध्यकालीन युग में अंधकार में चला गया और लगभग विस्मरण की अवस्था में आ गया था। इसकी पुनः खोज की गई, इसे स्पष्ट किया गया और मानवता को प्रदान किया गया, इस समय भी करुणावान शिवगोरक्ष बाबाजी द्वारा ही, जो समस्त राष्ट्रों और संसार चक्रों के भाग्य एवं उत्थान को अनादिकाल से निर्देशित करते आ रहे हैं।

यह योगी के लिए यज्ञ स्वरुप है जहाँ वह प्राणिक श्वास की आहुति, अपान श्वास में देता है और फिर अपान श्वास की आहुति प्राणिक श्वास में देता है, जिससे ये दोनों जीवन प्रवाह सम हो कर, सुषुम्ना (मेरुदण्ड में केंद्रीय नलिका) में प्रवेश करते हैं, और इस प्रकार योगी केवली कुम्भक में प्रवेश करते है, जो व्यापक चैतन्य के परम आनंद की समाधि अवस्था है।

न कभी ऐसा कोई समय था और न कभी होगा जब मनुष्य सत्य की खोज के आकर्षण से मुक्त हो जाएगा। पूर्व और पश्चिम के बुद्धि जीवियों को योग अपनी ओर सदा से ही आकर्षित करता रहा है। मानवीय चेतना के क्रमविकास का यह विज्ञान इतना महत्वपूर्ण है कि इसके बिना मनुष्य की महानतम उपलब्धियों के भी कोई मायने नहीं हैं। इस क्रिया के द्वारा योगी, प्राण और अपान के दो जीवन प्रवाहों को रोक देता है। इससे शरीर की वृद्धि और क्षय रुक जाते हैं। अतिरिक्त श्वास से मिली विशुद्ध प्राण ऊर्जा जो मेरुदण्ड और मस्तिष्क में चलती है, रक्त और शरीर कोषों को पुनः नया बना देती है जिससे देह का वृद्धत्व रुक जाता है। क्रियायोगी शरीर के क्षय को रोक देता है जिससे हृदय और श्वास थम जाते हैं। इससे श्वास लेना और हृदय का रक्त को शुद्ध करने का कार्य अनावश्यक हो जाता है और तब ये दोनों लम्बे अभ्यास के बाद धीरे-धीरे शांत होने लगते हैं।

भगवद्गीता और क्रियायोग

भगवद्गीता में क्रियायोग के विज्ञान का उल्लेख अध्याय ४/२९ में हमें मिलता है। क्रियायोग प्राणायाम जिसे योगी प्राण अपान यज्ञ भी कहते हैं, मनुष्य को श्वास की कड़ी को खोलना सिखाता है, जिसके द्वारा वह इस शरीर रुपी पिंजरे से बंधा हुआ है। आत्मा तब परमात्म तत्व के अतिचेतन आसमान में मुक्त हो कर उड़ती है और फिर अपनी इच्छा से इस छोटे से देह रुपी पिंजरे में लौट आती है। यह कोई कल्पना की उड़ान नहीं बल्कि परमानन्द की सच्ची अनुभूति है।

प्राणायाम का अर्थ प्राणों का आयाम है, अतः यह जीवन बल के नियंत्रण की बात है, श्वास के नियंत्रण की नहीं। वृहद रूप से यह

समूचा संसार प्राण की जीवन बल ऊर्जा से भरा हुआ है। हर एक वस्तु, प्राण के विभिन्न स्तरों की अलग अलग अभिव्यक्तियाँ हैं। अतः सार्वभौम प्राण परा प्रकृति है (विशुद्ध प्रकृति). यह श्रेष्ठ ऊर्जा परमात्मा से आई है और सम्पूर्ण ब्रह्माण्ड को व्याप्त एवं संचालित करती हैं। व्यक्तिगत प्राण एक बौद्धिक बल है परन्तु अनुभव और दिव्यता की दृष्टि से देखें तो इसकी अपनी कोई चेतना नहीं है। आत्मा एक चेतन इकाई है और प्राण उसका आधार है। चेतन तत्व, मन बुद्धि के द्वारा शर्तें रखता है और प्राण उसका पालन करता है। न ही पूरी तरह से स्थूल और न पूरी तरह से आध्यात्मिक यह प्राण, आत्मा से शरीर को सक्रिय करने की शक्ति पाता है।

शरीर के भीतर दो मुख्य जीवन प्रवाह होते हैं। एक प्रवाह प्राण का है जो मूलाधार से भौहों के बीच आज्ञा चक्र तक चलता है। इस जीवन प्रवाह की प्रकृति शांत और सुखदायक है। यह साधक के ध्यान को निद्रा या जाग्रत अवस्था में अन्तर्मुख करता है और ध्यान में तृतीय नेत्र में आत्मा को परमात्मा से मिलाता है। दूसरी मुख्य धारा, अपान की है जो तृतीय नेत्र से मूलाधार तक बहती है। यह नीचे की ओर बहने वाला, बहिर्मुखी प्रवाह, मूलाधार के केंद्र के द्वारा स्वयं को स्नायु तंत्रिकाओं में बिखेर देता है। यह मनुष्य की चेतना को शरीर की भ्रान्ति से बाँध कर रखता है। अपान प्रवाह अशांत है और मनुष्य को इन्द्रिय अनुभवों में डुबोए रखता है।

भगवद्गीता में, भगवान कृष्ण, योगी की प्रशंसा कुछ ऐसे प्रकाशवान सन्दर्भों के साथ करते हैं:

"योगी तपस्वियों से अधिक महान है, ज्ञानियों से भी अधिक, कर्म मार्ग पर चलने वालों से भी अधिक महान है। अतः हे अर्जुन! तू योगी बन!" भगवद्गीता अध्याय (6:46)

क्रियायोग प्राणायाम श्वास के भीतर लेने से शुद्ध हुई जीवन बल ऊर्जा के द्वारा शरीर के क्षय को रोक देता है जो बाहर निकलने वाली श्वास से व्यक्त होने वाली अपान वायु से संबंधित है। यह प्राण साधक को परिवर्तन और मरण की माया से मुक्ति दिलाता है। तब उसे यह

समझ आता है कि उसका शरीर संघनित प्रकाश के उप परमाणुओं से निर्मित है। क्रियायोगी का शरीर श्वास से शुद्ध हुई अतिरिक्त ऊर्जा से रिचार्ज हो जाता है और उसके मेरुदण्ड में उत्पन्न हुई महान ऊर्जा से भर जाता है। शरीर के ऊतकों का क्षय धीमे होने लगता है। यह अंततः हृदय के रक्त शुद्ध करने के काम को गैर ज़रूरी बना देता है। इससे हृदय का यह पंप, अशुद्ध रक्त की पंपिंग न करने के कारण शांत हो जाता है और रेचक और पूरक श्वास बराबर हो जाते हैं।

"ईश्वर ने सर्वप्रथम मनुष्य की आत्मा को एक कारण शरीर से आवृत्त किया। इसके बाद कारण शरीर को अत्यन्त गुह्य प्रकाश के सूक्ष्म शरीर से आवृत्त किया। तीसरा और अंतिम आवरण था विद्युत परमाणिवक स्वप्न शरीर, रक्त मांस का मायिक रूप।"

भगवदगीता, प.३०६, खण्ड एक, परमहंस योगानंद

गीता हमें यह बताती है कि प्राणायाम के अभ्यास से हमें यह ज्ञान होता है कि हम रक्त मांस से नहीं बने बल्कि बने हैं ईश्वर के विचार से घनीभूत हुई जीवन बल ऊर्जा से!

बाबाजी का क्रियायोग और गोरक्ष शतक एक ही हैं

क्रिया के द्वारा योगी श्वास को जीवन बल ऊर्जा में परिवर्तित कर देता है और अपने शरीर को प्रकाश रूप देख पाता है। गोरक्ष शतक के प्रमाणिक सन्दर्भों में (२:१४; जैसा शिवगोरक्ष बाबाजी द्वारा प्रकाशित किया गया है), यह लिखित है, कि १२ उत्तम क्रिया प्राणायाम के द्वारा योगी, प्रत्याहार की आंतरिक अवस्था में पहुँच जाता है। १४४ क्रिया प्राणायाम करने के द्वारा वह धारणा की अवस्था में प्रवेश करता है। १,७२८ ओमकार क्रिया के अभ्यास के फलस्वरूप वह ध्यान की अवस्था में व्यापक चेतना को पाता है। और इसके बाद जब वह २०,७३६ क्रिया प्राणायाम करता है, तब वह व्यापक चेतना के परम आनंद में प्रवेश करता है जिसे समाधि अवस्था कहते हैं। ठीक यही संख्याएँ योगावतार लाहिड़ी महाशय के द्वारा ली गयी हैं, जिसका उल्लेख उन्होंने क्रियायोग अभ्यास के अपने निर्देशों में शब्दशः किया है (देखें उनकी पुस्तक,

भगवद्गीता पर टिप्पणियां, ८:१४) इन्हे वर्तमान जगत को क्रियायोग के अभ्यास में सहायक होने वाली मानक संख्याओं के रूप में प्रदान किया गया है। अतः इसमें अब कोई संशय नहीं रहता कि शिवगोरक्ष बाबाजी न सिर्फ मौलिक क्रियायोग के संस्थापक हैं बल्कि वे योगावतार लाहिड़ी महाशय के प्रत्यक्ष गुरु भी हैं।

हालाँकि यह जानना आवश्यक है कि नए साधक के लिए एक साथ इतनी क्रिया कर पाना संभव नहीं। जब योगी का शरीर और मन इतनी ज़्यादा क्रिया कर पाने के लिए तैयार हो जाता है तब उसका गुरु उसे समाधि अवस्था का अनुभव लेने के लिए कहता है। यदि क्रियाएँ कई बार की जाएँ तो इससे कोई नुकसान नहीं है। बस यह कुछ ज़्यादा वक्त लेगा।

कुण्डलिनी क्रिया योग
गोरक्ष संहिता (१:४७-५१)

कुण्डलिनी वह विद्युत चुम्बकीय प्राण ऊर्जा है जो कुंड रुपी जड़ से उपजी है। यह मेरुदण्ड के नीचे, मूलाधार में साढ़े तीन बार स्वयम्भू लिंग के चारों ओर कुंडली मार के बैठी है। कुण्डलिनी, कोबरा सांप की तरह है जो किसी योगी को पल भर में स्थिर अवस्था से सक्रिय रूप से गतिशील बना सकती है। कुण्डलिनी, घनीभूत आध्यात्मिक प्राण है। यदि प्राण ऊर्जा एटम बम की तरह है तो कुण्डलिनी की विद्युत शक्ति किसी योगी को हाइड्रोजन बम जैसा लाभ दे सकती है। यह जाग्रत कुण्डलिनी किसी भी साधक के लिए सबसे बड़ा प्रोत्साहन है। क्रियायोग प्राणायाम के दौरान यह कुण्डलिनी शक्ति जाग्रत और क्रियाशील होती है, जिसे मैं कुण्डलिनी श्वास कहता हूँ। यह सभी मनुष्यों के स्नायु संस्थान में अव्यक्त रूप से छुपी हुई है। जब सतगुरु के निर्देश से क्रियायोग प्राणायाम का अभ्यास किया जाता है तब आपकी सुषुम्ना में प्राण की जीवन बल ऊर्जा बनती है जिससे महान आध्यात्मिक चुम्बकत्व और विद्युत उत्पन्न होती है। क्रिया श्वास की लगातार गति के द्वारा, योगी के प्राण, श्वास, वीर्य और मन एक हो कर उत्थान करने वाली जीवन बल ऊर्जा का निर्माण करते हैं जिसे कुण्डलिनी कहते हैं।

जहाँ तक किसी के आध्यात्मिक उत्थान का प्रश्न है, कुण्डलिनी ऊर्जा प्रभावी रूप से तभी अभिव्यक्त होती है जब यह मेरुदण्ड की केंद्रीय नलिका में प्रवेश करती है जिसे सुषुम्ना नाड़ी कहते हैं। यह गतिशील प्रक्रिया सर्वोत्तम तौर पर क्रिया योग के अभ्यास के द्वारा प्राप्त की जा सकती है। यह जाग्रत कुण्डलिनी, किसी भी साधक के उत्थान एवं अशरीरी अनुभवों के लिए एक बेहद शक्तिशाली प्रोत्साहनों में से एक है। अशरीरी अनुभव, योगी को अपनी चेतना देह और मन से हटाकर विशुद्ध चैतन्य में स्थित कर लेने में सहायता देते हैं। इस प्रकार के परिवर्तन की सतत अनुभूतियाँ योगी को व्यापक परमानन्द की चेतना के आत्मज्ञान की अवस्था में ले आती हैं।

भारत की नाथ परंपरा के अनुसार, कुण्डलिनी को दिव्य कन्या, स्त्री, परित्यक्ता और विधवा सभी के रूप में पूजा जाता है। वह जगत का पालन और विकास करने वाला जीवन बल है। मूलाधार में सोई हुई सुंदरी के रूप में यह शक्ति, अपने प्रियतम शिव के समाधि रूप चुम्बन के लिए प्रतीक्षारत है जो उसे मुक्त कर सुषुम्ना से ऊपर उठाते हुए सहस्रदल कमल में शिव के साथ एक कर देता है। इस कुण्डलिनी ऊर्जा, इस देवी को जब शिवशक्ति क्रिया की रूपांतरित कर देने वाली अग्नि से जगाया जाता है तब यह सुषुम्ना में प्रकाशित हो कर ऊपर उठते हुए सहस्रार में अविनाशी शिव से युक्त हो जाती है।

राजयोग की प्रक्रिया में कुण्डलिनी जागरण तब घटित होता है जब योगी उन्मनी अवस्था में प्रवेश करता है, जो स्थिर मन प्राण की व्यापक चेतना है। यह इतनी अधिक सामान्य अवस्था है कि मनुष्य का जटिल मन इस अत्यन्त गहन स्थिर अवस्था, सहज समाधि में लीन नहीं हो पाता, जो एक प्राकृतिक अवस्था है। अतः यदि कोई इसका अभ्यास करता है तब उसे अपने मन को पूर्णरूपेण सहज सरल बनाने में १२ वर्षों का समय लगता है। इस अवस्था में होने का अर्थ है ध्यान की अवस्था में डूब जाना, जिसमें कोई कर्म या विचार के निशान नहीं बचते। पतंजलि के योग सूत्र, भगवद्गीता, और गोरक्षनाथ का दर्शन, न सिर्फ योग चिंतन एवं साहित्य की महानतम व्याख्याएँ हैं, बल्कि उनके रचनाकार सत्य प्रदान करने वाले वे महानतम लोग हैं जिनका यह संसार कभी साक्षी रहा था।

खेचरी मुद्रा
गोरक्ष शतक (२:४३,४४,६३,६८)

गगन मंडल में औंधा कुआँ
तहाँ अमृत का बासा
सगुरा जावे झर झर पीवे
निगुरा जावे पिपासा

बाबाजी ने उपरोक्त सूत्र खेचरी मुद्रा के विषय में दिया है, जहाँ वे कहते हैं कि जिन्होंने इस मुद्रा को सिद्ध कर लिया है, वे अपनी जिह्वा को कंठ के खाली भाग से ऊपर की ओर उठाते हुए भौहों के बीच के समीप पहुंचा सकते हैं। इस स्थान के ऊपर मस्तिष्क में तृतीय निलय या गुहा है, जो एक औंधे कुँए की भांति है, जो जिह्वा पर अमृत की बूँदें गिरा रहा है। सभी लोग जो क्रिया योग की उन्नत क्रियाओं में दीक्षित हैं, वे इस अमृत का पान कर सकते हैं और इससे शरीर कोषों की वृद्धत्व की प्रक्रिया को धीमा कर सकते हैं और साथ ही साथ समाधि की अवस्था लाभ भी कर सकते हैं। हमें यह समझना आवश्यक है कि सच्चे क्रियायोग की शिक्षाओं में खेचरी मुद्रा का एक महत्वपूर्ण स्थान है क्योंकि यह इड़ा, पिंगला नाड़ियों को बंद कर सुषुम्ना नाड़ी को खोलने में सहायक होती है, और इस प्रकार प्राणिक श्वास को केंद्रीय नाड़ी के भीतर प्रवेश दिलाती है और क्रियायोग के साधक को आत्मज्ञान प्रदान करती है। यह उन मुद्राओं में से भी एक है जो सच्चे क्रियायोग की शिक्षाओं को योग की उन शिक्षाओं से अलग करती है जो सच्चा क्रियायोग नहीं है। सभी क्रियायोग के अभ्यासों में खेचरी मुद्रा का उपयोग हमेशा शीघ्रातिशीघ्र आध्यात्मिक उन्नति के लिए किया जाता है।

योनि मुद्रा
गोरक्ष शतक (२:१६,७१)

> सिद्धासन में बैठकर, प्राणों को खींच कर
> योगी अपने कर्ण, चक्षु एवं नासिका,
> अंगुष्ठ, तर्जनी एवं मध्यमा अँगुलियों से बंद करे।
> और इसके बाद स्वयं का ध्यान सब ओर से हटाकर
> तृतीय नेत्र में एकाग्र करे।

यह आध्यात्मिक चेतना के उत्थान की एक बहुत महत्वपूर्ण विधि है लेकिन कालांतर में जैसे-जैसे योगी की आध्यात्मिक प्रतिष्ठा का विकास होता जाता है, इस विधि को करने की कोई आवश्यकता नहीं रह जाती और योगी इस विधि को किये बिना ही आत्म चैतन्य के तारे को देख पाने में समर्थ हो जाता है। लोगों को कल्पना नहीं करनी चाहिए जो वो प्रायः किया करते हैं जबकि असलियत में वे केवल सम्मोहन की अवस्था में रहते हैं। तारे का दर्शन अत्युच्च अवस्था की परिणति है। जब आदर्श तृतीय नेत्र बनता है तब यह सभी योगियों और साधकों द्वारा गहरे सुनहरे पीत वर्ण की प्रकाशमान अँगूठी की तरह दिखता है जिसका गहरा नीला केंद्र होता है, और लम्बे वर्षों के अभ्यास के बाद, आप देखेंगे और स्वयं हो जाएंगे चमकता हुआ श्वेत तारा रूप आत्मा।

क्रियायोग में योनि मुद्रा, प्रत्याहार की कला को सिद्ध करने की एक आवश्यक विधि है जिसका तात्पर्य मन और प्राण को पंचेन्द्रियों द्वारा अनुभूत में आने वाली वस्तुओं से हटा लेना है। खेचरी मुद्रा के साथ की गई उन्नत विधि, साधक को धारणा और ध्यान की अवस्थाओं से पार ले जाती है, ताकि योगी तृतीय नेत्र में स्थितताराद्वार को भेद कर समाधि के सर्वव्यापी आनंद में प्रवेश कर पाए। योनि का अर्थ भ्रूण या मूलस्रोत है। इस मुद्रा का एक नाम ज्योति मुद्रा भी है। तीसरा नाम शन्मुखी मुद्रा है, क्योंकि 'शन' का अर्थ छह से है और 'मुखी' का अर्थ छिद्र या मुख से है, और इस विधि में, शरीर के छह छिद्र बंद रहते हैं ताकि अंतरात्मा के तारे का अनुभव किया जा सके, जिससे गुज़र कर,

चेतन दृष्टा, दिव्य चैतन्य का अनुभव करता है। योनि मुद्रा के साथ, आपका मन गहन विश्राम की अवस्था में आ जाता है और जिससे प्रत्याहार घटित होता है। इंद्रियों के पीछे हटने की अवस्था (प्रत्याहार) घटित होती है क्योंकि विशिष्ट नसों और एक्यूप्रेशर बिंदुओं पर अँगुलियों से दबाव डाला जाता है।

योनि मुद्रा के शारीरिक लाभ भी हैं क्योंकि यह कान के टोपों पर अँगुलियों के दबाव के द्वारा वैगस तंत्रिका को उद्दीप्त करती है। इन तंत्रिकाओं के उत्तेजित होने से सम्पूर्ण तंत्रिका तंत्र प्रबल होता है जिसके फलस्वरूप शरीर के परोक्ष कार्यों पर भी नियंत्रण मिलने लगता है। हृदयगति धीमी होती है और हृदय को आराम मिलता है। रक्तचाप शांत अवस्था में आ जाता है और इसके सतत अभ्यास से पाचन संस्थान का व्यायाम होता है और उसमें सुधार आता है। तंत्रिका तंत्र पुनः नवीन हो जाता है और शरीर एवं मन की साम्यावस्था प्राप्त होती है।

शिव शक्ति क्रियायोग
प्रेम का योग विज्ञान

क्योंकि शिवशक्ति क्रियायोग, मानवता के उच्चतम विकास से संबंधित है, इसे समस्त 'विज्ञानों का विज्ञान' कहना सही ही है। तथापि इसकी जड़ें दिव्य प्रेम में निहित हैं जिसके बिना यह फल नहीं दे सकता। हम क्रिया का अभ्यास ध्वनि, ज्योति, और स्पन्दनों द्वारा करते हैं। साधक इसमें इतना लीन हो जाता है कि वह ये दिव्य उत्पत्तियाँ ही बन जाता है। ध्वनि को प्रेम और हर्ष के साथ निकालना चाहिए और स्पन्दनों को दिव्य निःस्वार्थ प्रेम की अभिव्यक्ति बन जाना चाहिए।

मेरुदण्ड में ऊर्ध्वगामी और अधोगामी प्रवाह सुषुम्ना को आध्यात्मिक चुम्बकत्व प्रदान करते हैं, जिससे साधक रूपांतरित हो कर प्रेम और प्रकाश को पाने का सच्चा पात्र बन जाता है। योगी स्वयं योग की प्रक्रिया बन जाता है। योगी ही योग हो जाता है। पथिक, पथ और मंज़िल, तीनों ही एक हो जाते हैं....प्रेम। शिवशक्ति क्रियायोग से इस बात का पता चलता है कि किसी अंधविश्वास से नहीं अपितु सिर्फ

साधना के द्वारा ही कोई इस राजसी पथ पर चलकर आत्मज्ञान की ओर प्रगति कर सकता है। यह मन को शांत कर साधक की दिव्य प्रकृति को बाहर लाती है। दिव्य जागरण के लिए की गयी साधनाओं में शिवशक्ति क्रिया अद्वितीय है।

पतंजलि योग सूत्र और क्रियायोग – अध्याय २

क्रिया योग में तीन मौलिक गुण निहित हैं, तप, स्वाध्याय और ईश्वरप्रणिधान जो साधक की उन्नति की यात्रा में अहम रूप से सहायक हैं।

१. तपः ये स्वयं के द्वारा निर्देशित अनुशासन और तपस्या की साधना है जिससे आध्यात्मिक उन्नति तेज़ होती है।

२. स्वाध्यायः मन और चेतन का स्वयं के निर्देशन में किया गया आत्म अवलोकन। मन के और अधिक परिष्कृत एवं और अधिक विस्तारित स्वरुप के द्वारा मनुष्य की चेतना के उत्थान का नाम योग है जिससे वह अपने स्वयं के 'है पन' में निहित परमात्मतत्व को पाता है। क्रिया योग स्वाध्याय का सर्वोत्तम अभ्यास है।

३. ईश्वर प्रणिधानः स्वयं के अहंभाव को ईश्वर और गुरु को समर्पित कर देना है। निःसन्देह व्यक्तिगत यौगिक प्रयास, ज्ञान की यात्रा के लिए ज़रूरी हैं, परन्तु सतगुरु और ईश्वर के प्रति निस्वार्थ प्रेम, उनके प्रति आपके समर्पण और भक्ति से उनकी कृपा मिलती है और ह्रदय की ग्रन्थियां खुलने से आत्मज्ञान होता है। ईश्वर प्रणिधान, ईश्वर और सतगुरु के प्रति निष्काम भक्ति का नाम है।

वास्तविक क्रियायोग की कसौटी (और कौन सा क्रियायोग वास्तविक नहीं है)

१८६१ की शरद ऋतु में रानीखेत की द्रोणगिरि गुफा में महावतार बाबाजी ने लाहिड़ी महाशय को आधुनिक युग के लिए वास्तविक क्रियायोग प्रदान किया था। यहाँ बहुतेरे लोग हैं जो कई प्रकार के योगों

की शिक्षा दे रहे हैं और उन्हें क्रियायोग कह रहे हैं। बाबाजी-लाहिड़ी महाशय परंपरा के सच्चे क्रियायोग और दूसरे कुछ लोगों द्वारा सिखाये जा रहे योगों के बीच अंतर दर्शाने हेतु मैंने कुछ बिंदुओं पर प्रकाश डाला है। इस वास्तविक या मूल क्रियायोग की नकल या अनुकरण आने में अच्छे खासे ९० वर्षों का समय व्यतीत हो गया। दूसरे कुछ योग जिन्हें बाबाजी का क्रियायोग कहा जा रहा है, से उस वास्तविक क्रियायोग का कोई भी सम्बन्ध नहीं है जिसके विषय में मैं बात कर रहा हूँ। दूसरे योगों से जनसामान्य का परिचय, १९५२ में परमहंस योगानंद की महासमाधि के बाद हुआ। यह कथन केवल लोगों के मन में, लाहिड़ी महाशय द्वारा प्रदत्त क्रियायोग एवं इसके बहुत समय बाद, बहुतेरे लोगों द्वारा बताए गए "बाबाजी का क्रियायोग" नाम से प्रचलित योगों की वास्तविकता स्पष्ट करने के लिए है। जो क्रियायोग दूसरे कुछ लोग सिखा रहे हैं, वे उस क्रियायोग की पुष्टि नहीं करते जो हमें शिवगोरक्ष बाबाजी से, लाहिड़ी महाशय के द्वारा, ज्ञानावतार श्री युक्तेश्वर – परमहंस योगानंद की परंपरा से प्राप्त हुआ है, जो प्रमाणिक क्रियायोग है, और जब हम बाबाजी का क्रियायोग कहते हैं तब हमारा आशय इसी क्रियायोग से होता है।

यह अत्यन्त आवश्यक हो जाता है कि बाबाजी के वास्तविक क्रियायोग, जो स्वयं बाबाजी ने लाहिड़ी महाशय को प्रदान किया था और वह क्रियायोग जो ९० वर्षों पश्चात उन लोगों द्वारा सिखाया गया जो वास्तविक क्रियायोग की तर्ज पर ही अपने क्रियायोग को बाबाजी का क्रियायोग कहते हैं, में किसी प्रकार का भ्रम न रहे और उनके बीच का अंतर स्पष्ट हो पाये। इन दोनों के बीच अंतर को स्पष्ट करना मैं बहुत आवश्यक मानता हूँ जिससे करोड़ों जिज्ञासुओं के मन में १८६१ की शरद ऋतु में, रानीखेत में प्रथमतः योगावतार लाहिड़ी महाशय को सिखाए गए क्रियायोग और १९५२ में परमहंस योगानंद की समाधि के बाद दूसरों के द्वारा प्रतिपादित किये गए क्रियायोग के बीच भ्रम की स्थिति न रहे। इन लोगों के द्वारा ९१ वर्षों बाद तथाकथित क्रियायोग की शिक्षा देना और उसका नाम "बाबाजी का क्रियायोग" ही रखकर लोगों को भ्रमित करना, निश्चित ही एक स्वागतयोग्य कदम नहीं है। इसने सत्यान्वेषियों को भ्रमित कर एक ही नाम के दो आध्यात्मिक रास्तों पर बाँट दिया।

यह स्पष्टीकरण, साधकों को पथभ्रमित हो जोखिम की स्थिति में जाने से बचा लेगा और उनका बहुत सा समय नष्ट होने से बच जाएगा जो महावतार बाबाजी, योगावतार लाहिड़ी महाशय, ज्ञानावतार श्री युक्तेश्वर और परमहंस योगानंद की परंपरा के क्रियायोग तक सीधे सच्चे तौर पर आना चाहते हैं। महान योगावतार लाहिड़ी महाशय ने इस बात की भविष्यवाणी की थी कि उनके द्वारा प्रसारित किया गया क्रियायोग, अनश्वर बाबाजी की कृपा से समूचे संसार में फैल जाएगा, जो भूत, भविष्य और वर्तमान के समस्त देवों, योगियों और सिद्धों के परम गुरु हैं।

शिवगोरक्ष बाबाजी के प्रामाणिक क्रियायोग का दूसरा महत्वपूर्ण बिंदु यह है कि इसमें जीवन ऊर्जा, मेरुदण्ड के मध्य में सुषुम्ना नाड़ी में एकाग्र की जाती है। ४४ सेकंड का क्रिया श्वास का एक चक्र, साधक को एक वर्ष की स्वाभाविक तौर पर होने वाली आध्यात्मिक उन्नति दिलाता है। और यही तथ्य वास्तविक क्रिया योग को एक जाज्वल्यमान पथ कहलाने योग्य बनाता है। तथाकथित "बाबाजी क्रिया योग" सिखाने वाले दक्षिण भारतीय एवं कनाडा के विद्यालयों में मेरुदण्ड के मध्य में सुषुम्ना नाड़ी के भीतर श्वास प्रश्वास का ऐसा कोई विशिष्ट अभ्यास नहीं कराया जाता, अतः वे ४४ सेकंड के एक क्रिया श्वास के चक्र में, एक वर्ष की स्वाभाविक आध्यात्मिक प्रगति नहीं करा सकते। अतः ये बाबाजी और लाहिड़ी महाशय के प्रमाणिक क्रियायोग नहीं हैं। ये योग के प्रकार हो सकते हैं परन्तु वह वास्तविक क्रियायोग कभी भी नहीं हो सकते जो 'योगी की आत्मकथा' पुस्तक एवं बाबाजी की मोक्ष प्रदान करने वाली क्रिया शिक्षाओं में उल्लेखित है।

वास्तविक क्रियायोग की मुख्य विशेषताएँ

हम ओमकार क्रिया के साथ प्रारम्भ करते हैं – जिसमें ओम की आंतरिक ध्वनि को सुनना और फिर उस ध्वनि में लीन हो जाना है। हम इसके बाद 'हम-सा' क्रिया करते हैं जिसमें हम अपनी श्वास और अंतर्मन के साक्षी होते हैं। इसके साथ साथ खेचरी मुद्रा का अभ्यास किया जाता है, जिसकी सिद्धि होने पर कुण्डलिनी शक्ति सुषुम्ना नाड़ी

में ऊपर की ओर उठती है और शिव की कृपा सहस्रार से नीचे की ओर आती है। तत्पश्चात हम इस प्रक्रिया को आगे बढ़ाते हुए, ४४ सेकंड के एक चक्र वाले सामान्य क्रियायोग प्राणायाम का अभ्यास करते है। फिर इसी क्रम में आगे, प्राण और अपान श्वास को सम करने के लिए हम नाभि क्रिया का अभ्यास करते हैं। इस कर्म में अगली क्रिया, वासुदेव मन्त्र के साथ होने वाली ठोकर क्रिया है, जिसके बाद महामुद्रा का अभ्यास किया जाता है, जिसका अर्थ महान मोक्ष दिलाने वाली मुद्रा है। इससे मेरुदण्ड लचीला हो जाता है। इसके बाद हम योनि मुद्रा या ज्योति मुद्रा का अभ्यास करते हैं और ताराद्वार को अपने अंतर्मन में बनाते हैं जिसका भेदन किया जाना है। तभी जा कर निर्विकल्प समाधि का अनुभव मिल सकता है और साधक के लिए मोक्ष के द्वार खुलते हैं। परावस्था वह अंतिम विधि है जिसका अभ्यास किया जाता है। इसे 'क्रिया के बाद की परा शांति' भी कहा जाता है। वास्तविक क्रियायोग में महामुद्रा और क्रियाओं के अभ्यास के दौरान मूलाधार पर समुचित दबाव बना कर रखना अनिवार्य है।

ये सब वास्तविक क्रियायोग की पहचान है जो इसे दूसरी योग क्रियाओं से अलग करती है, जो बाबाजी क्रियायोग के नाम से लोगों में भ्रम फैला रही है। ये दूसरे योग, उन लोगों के मन में अत्यधिक संदेह उत्पन्न करते हैं जो बाबाजी के वास्तविक क्रियायोग की खोज कर रहे हैं, जिसकी एक बानगी मैंने ऊपर दी है। यह बेहद शर्म की बात है कि आजकल क्रियायोग और बाबाजी का क्रियायोग एक बेहद लचीला एवं सामान्य बोलचाल का विषय बन गया है, जिसे वास्तविक क्रियायोग को छोड़कर अन्य सभी प्रकार के क्रियायोगों के लिए उपयोग में लाया जाता है। मेरा एक प्रयोजन, बाबाजी के सच्चे और वास्तविक क्रियायोग को साधारण एवं अवास्तविक क्रियायोग की बनावट से मुक्त कर, उसे हजारों निराश और भ्रमित साधकों के सामने रख देना है जो वर्तमान युग में योग के बाजार की चकाचौंध में गुम हो गए हैं।

क्रिया विधियों का एक क्रम:

१. *ओमकार क्रिया*: प्रकाश, स्पंदन और ध्वनि के दिव्य संवेदनों के

साथ ओमकार की ध्वनि का सुनना।

२. *हम-सा क्रिया*: स्वयं की अंतरात्मा और श्वास का साक्षी होना (वै-उपासना), जिसे गलत तरीके से विपस्सना कहते हैं।

३. *क्रियायोग प्राणायाम*: इसे कुण्डलिनी क्रियायोग भी कहते हैं, यह सुषुम्ना (मेरुदण्ड के मध्य की नलिका) में आध्यात्मिक श्वास लेने की क्रिया है जिससे, ऊर्ध्व और निम्नगत श्वास की रगड़ की सतत प्रक्रिया से, कुण्डलिनी ऊर्जा मेरुदण्ड रुपी चिमनी से ऊपर की ओर दौड़ती है और वहां सहस्रार (सर्वोच्च चक्र में सहस्रदल कमल) में अपने प्रभु से मिलती है।

४. *नाभो क्रिया*: मन को स्थिर करती है और पाचन में सुधार करती है।

५. *प्रथम ठोकर क्रिया*: चक्रों और कुण्डलिनी का जागरण करती है।

६. *द्वितीय ठोकर क्रिया*: चक्रों के द्वारा कुण्डलिनी का भेदन करती है।

७. *महामुद्रा*: महान मोक्ष की मुद्रा है।

८. *ज्योति मुद्रा*: ताराद्वार का भेदन करती है।

९. *परावस्था*: व्यापक चैतन्य का परमानन्द है।

कर्मों का प्रतिफल

जब किसी ऐसी बात की शिक्षा दी जाए, जो वो न हो, तब निश्चित रूप से ऐसे कर्मों के न्यायसंगत प्रतिफल हुआ करते हैं। चाहे जानबूझकर या अनजाने में आपने लोगों को गुमराह किया हो, फिर भी अच्छे या बुरे प्रतिक्रियात्मक नतीजे अवश्य होंगे। अतः जाग जाएँ और इसमें तुरंत सुधार करें। बाबाजी के क्रियायोग की शिक्षा न दें जब वह बाबाजी का क्रियायोग हो ही नहीं। यह कथन किसी व्यक्ति विशेष या किसी योग प्रणाली के विषय में नहीं बोल जा रहा बल्कि यह एक समुचित चेतावनी है उन गलत, अहंकार से प्रेरित शिक्षकों एवं उन लोगों के लिए जो बिना अधिकार के शिक्षा देने का कार्य कर रहे हैं।

आध्यात्मिक नाड़ियों के संबंध में क्रिया योग की कार्य प्रणाली

जब हम क्रियायोग प्राणायाम का अभ्यास करते हैं तब हमारी धारणा गहन होती है और हम सुषुम्ना नाड़ी में प्रवेश करते हैं। वहां योगी अपने प्राण पर कार्य कर ध्यान के सूक्ष्मतर आयाम में पहुंचते हैं जहाँ वे वज्र नाड़ी में प्रवेश करते हैं। जैसे-जैसे योगी, घंटे दर घंटे एवं दिवस दर दिवस अभ्यास करता चला जाता है, उसका ध्यान और गहन होता है और वह स्वयं को चित्र नाड़ी में पाता है। जहाँ वह सविकल्प समाधि के अनुभव में व्याप्त होता है। जैसे-जैसे योगी की वासनाएं क्रिया के द्वारा गिरने लगती हैं, वह स्वयं को ब्रह्म नाड़ी में जान पाता है, जहाँ वह व्यापक चैतन्य के परम आनंद का अनुभव करता है, जिसे निर्विकल्प समाधि कहते है। जब योगी, क्रियायोग के अभ्यास के द्वारा धारणा की सीमारेखा को पार कर ध्यान में प्रवेश करता है, तब उसकी ब्रह्म ग्रंथि, उसके मूलाधार में विलीन हो जाती है। जैसे-जैसे वह उन्नति करता जाता है और ध्यान में गहरा उतरता जाता है, वह अपनी विष्णु ग्रंथि को हृदय केंद्र में विलीन कर देता है। (जहाँ वह ठोकर क्रिया की विधि का अभ्यास करेगा) तत्पश्चात, उसकी चेतना सविकल्प समाधि में जाग्रत होती है, जहाँ उसकी अंतिम रूद्र ग्रंथि, जो दोनों भौहों के बीच में स्थित है, विलीन होना प्रारम्भ हो जाती है। रूद्र ग्रंथि तब तक विलीन नहीं होती, जब तक साधक ब्रह्म नाड़ी में प्रवेश कर निर्विकल्प समाधि के व्यापक चैतन्य का परम आनंद नहीं ले लेता।

समर्पित साधना के लम्बे वर्षों के पश्चात, योगी अपनी सभी तीन ग्रंथियां विलीन कर देता है; केवल तब ही वह सतत निर्विकल्प समाधि के अंतिम परमानन्द का स्वाद ले पाता है जिसे योगीजन निर्बीज समाधि कहते हैं। तब ऐसा कहा जाता है कि योगी, राजयोग के भीतर घुले-मिले उन्नत क्रिया योग के अभ्यास के द्वारा, अपने समस्त कर्मों को नष्ट कर डालता है। यह समस्त कर्म उसके मनः पदार्थ का निर्माण करते हैं, जो बनता है, वृत्तियों, अर्थात विचारों के भंवर, उसके प्रत्यय, जो उसके मन के भाव विचार हैं, और उसके संस्कारों से, जो उसके स्मृति कोषों में संग्रहीत अनुभूतियों की छाप हैं। क्रियायोग के सतत अभ्यास और राजयोग में पूर्ण धैर्य के साथ की गई साधना के फलस्वरूप, योगी

अपनी आत्मचेतना को अपने मायावी मन से अलग कर पाने में सफल हो जाता है। तब वह अपने परमपद के पंख जीत लेता है और जीवन्मुक्त हो जाता है। यह है क्रिया एवं राजयोग के पावन अभ्यास की वह क्रिया प्रणाली जिसके द्वारा कोई योगी साधक मोक्ष का अनुभव करता है।

परावस्था

प्राकृतिक रूप से श्वासोच्छ्वास की स्थिर या संतुलित अवस्था की प्राप्ति के विषय में, मैं यह निश्चयपूर्वक कह सकता हूँ कि जब भी परावस्था का अभ्यास किया जाता है, तब हर बार यह वासनाशील मन और चैतन्य के बीच की कड़ी को तोड़ कर, आत्मचेतना को मुक्त कर, आत्मज्ञान की ओर अत्यन्त शीघ्रता के साथ साधक की प्रगति कराता है। यही कारण है कि योगावतार लाहिड़ी महाशय ने "क्रिया करो और क्रिया की परावस्था में रहो" इस बात पर जोर दिया था, जिसे मैं, शून्य अशून्य की ध्यान चेतना कहता हूँ। यह है परावस्था का महान आकर्षण और सौंदर्य जो योग अभ्यास की दूसरी पद्धतियों में उन्मनी अवस्था का एक रूप कहा जाता है, जिसका अर्थ, अ-मन की जाग्रत चेतना है।

मैंने संयुक्त चेतना सम्मेलनों में, जिनका आयोजन मैं संसार भर में करता हूँ, सभी साधकों और शिष्यों को शिवपात की चेतना प्रदान करने के बहुत से विनम्र प्रयास किये हैं। मेरी चेतना का सभी ग्रहणशील साधकों के अशांत मन में व्याप्त होना शिवपात है, जिससे वे मेरी सार्वभौम आत्मचेतना की विचारहीन अवस्था का अनुभव करते हैं। इसे ही क्रियायोग में परावस्था कहते हैं।

यह है मेरे कार्य की परिकल्पना, प्रथम

यदि कोई मन, सतगुरु की अविभाजित चेतना से युक्त है, तब वह मन, उस अविभाजित चेतना के साथ अपनी लयबद्धता के अनुसार, स्वयं को मनः प्रकाश के अस्तित्व से बाहर गुरुत्वाकर्षित कर सतगुरु की चेतना में जाग्रत कर देता है।

यह है मेरे कार्य की परिकल्पना, द्वितीय

सतगुरु स्वयं की अविभाजित चेतना को साधक के मनः प्रकाश अस्तित्व के भीतर गुरुत्वाकर्षित करते हैं और इस प्रकार सतगुरु के साथ लयबद्धता के अनुसार उसके मन को अपनी चेतना में रूपांतरित कर देते हैं।

अध्याय १३

गोरक्ष शतक

क्रियायोग का एक प्रमाणिक स्रोत

ॐ श्री शिव गोरक्ष शतक

गोरक्ष शतक, बाबाजी का क्रियायोग है

नीचे दिए गए गोरक्ष शतक के १०० छन्द, मूल क्रियायोग से बड़ी सुंदरता के साथ संबद्ध हैं, जो हमें शिवगोरक्ष बाबाजी, योगावतार लाहिड़ी महाशय और ज्ञानावतार श्री युक्तेश्वर ने प्रदान किया है। क्रियायोग के कुछ निर्देश गोरक्ष शतक से शब्दशः लिए गए हैं। इस तथ्य से केवल इस बात की पुष्टि होती है कि 'एक योगी की आत्मकथा' वाले बाबाजी और गोरक्षनाथ, जिन्होंने शतक की रचना की, एक ही हैं।

गोरक्ष शतक रहस्य की परतों से आवृत्त है, सच्चे जिज्ञासु साधकों से इसे दूर कर देने के लिए नहीं बल्कि भ्रष्ट एवं नासमझ लोगों के द्वारा दुरूपयोग होने से रक्षा करने हेतु। सतगुरु कीचड़ से निकाल कर लाये हैं, मानव जीवन का बीज और उसके द्वारा उन्होंने अनश्वरता रुपी कमल को विकसित किया है। ऐसी व्यवाहरिक रसायन विद्या ने पूरे संसार भर के योग और धर्म की संस्कृति को प्रभावित किया है।

गोरक्ष शतक (भाग-१)

ॐ गोरक्ष शतकं वक्ष्ये भवपाश विमुक्तये।
आत्मबोधकरं पुंसां विवेकद्वारकुंज्जिकाम् ।।१।।

अब मैं संसार के बंधन से मुक्ति के लिए गोरक्ष शतक का प्रतिपादन कर रहा हूँ। यह आत्मज्ञान के लिए दिशानिर्देशन करने वाला है तथा विवेकरूपी दरवाजे को खोलने के लिए कुंजी के समान है ।।१।।

श्रीगुरुं परमानन्दं वन्दे स्वानन्दविग्रहम्।
यस्य सानिध्यमात्रेण चिदानन्दायते तनुः।।२।।

परम आनंद के आश्रय परमगुरु श्री परमात्मा को प्रणाम करता हूँ। सद्गुरु के समीप भक्तिपूर्वक रहने से शिष्य का पांचभौतिक शरीर भी आनंदमय हो जाता है, ऐसे सद्गुरु योगेश्वर श्री मीननाथ को दिन रात नमस्कार करता हूँ ।।२।।

नमस्कृत्य गुरुं भक्त्या गोरक्षो ज्ञानमुत्तमम्।
अभीष्टं योगिनां ब्रूते परमानन्दकारकम ।।३।।

योगी गोरक्षनाथ भक्तिपूर्वक गुरु को प्रणाम करके पूर्वजन्म के योगसेवन से इस जन्म में पूर्णयोगमार्ग का बोध देने वाला योगशास्त्र कहते हैं जो योगियों को मनवांछित है तथा परमयोगानन्द है। कर्म और भक्ति से जब चित्त शुद्ध हो तब योगशास्त्र का अधिकारी होता है ।।३।।

गोरक्षसंहितां वक्ति योगिनां हितकाम्यया।
ध्रुवं यस्यावबोधेन जायते परमं पदम्।।४।।

योगीजनों के हित के लिए गोरक्षनाथ गोरक्षसंहिता नामक योगशास्त्र कहते हैं, जिसका बोध होने से योगी को परमपद (जीवनमुक्ति) की प्राप्ति होती है अर्थात जहाँ पहुँच कर पुनरावृत्ति नहीं होती ।।४।।

ऐतद्विमुक्तिसोपान्मेतत्कालस्य वञ्चनम।
यद्व्यावृत्तम् मनो भोगदासक्तं परमात्मनि।।५।।

जब योगाभ्यास से मन विषयभोगों से हटकर परमात्मा में आसक्त हो जाए तब योगी काल तथा मृत्यु को जीतकर जरा (बुढ़ापा), मृत्यु (मरण) को जीतता है, मुक्ति का सोपान यही कर्म है और काल की वंचना भी यही है।।५।।

द्विजसेवित्शाखस्य श्रुतिकल्पतरोः फलम्।
शमनं भवतापस्य योगं भजत सत्तमाः।।६।।

सज्जनों को संबोधित करके गोरक्षनाथ कहते हैं कि हे सत्तम, श्रेष्ठजनों! वेदरूपी कल्पवृक्ष के फल इस योगशास्त्र का सेवन करो जिसकी शाखाएं योगिरूपी द्विज (पक्षी) अथवा मुनिजनों से सेवित हैं और जो संसार के तापों का शमन करता है।।६।।

आसनं प्राणसंरोधः प्रत्याहारशच धारणा।
ध्यानं समाधिरेतानि योगांगानि वदन्ति षट।।७।।

आसान, प्राणायाम, प्रत्याहार, धारणा, ध्यान, समाधि ये योग के छह अंग हैं।।७।।

आसनानि च तावन्तो यावन्तो जीवजन्तवः।
एतेषामखिलान भेदान विजानाति महेश्वरः।।८।।

जितने जीव जंतु इस संसार में हैं उतने ही आसन भी हैं। इनके सम्पूर्ण भेदों को केवल शिवजी ही जानते हैं, उनके अतिरिक्त कोई भी नहीं।।८।।

चतुर्शीतिलक्षाणामेकैकं समुदाहृतम्।
ततः शिवेन पीठानां षोडशोनं शतम कृतम्।।९।।

चौरासी लाख आसनों का भेद मनुष्यों के लिए अचिन्त्य जानकर शिवजी ने सर्वसाधारण के कल्याण हेतु मात्र चौरासी आसान ही योगशास्त्र में प्रकट किये हैं। यही सबके सार हैं।।९।।

आसनेभ्यः समस्तेभ्यो द्व्यमेतादुदाहृतम्।
एकं सिद्धासनं प्रोक्तं द्वितीयं कमलासनम् ।।१०।।

उन समस्त चौरासी आसनों में भी दो ही प्रमुख रूप से कहे गए है। एक को सिद्धासन कहा जाता है तथा दूसरा पद्मासन है ।।१०।।

योनिस्थानकमंघ्रिमूलघटितं कृत्वा दृढं विन्यसेन्मेढ्र
पादमथैकमेव नियतं कृत्वा समम विग्रहम।
स्थाणुः संयमितेंद्रियो अचलदृशा पश्यन्भ्रूवोरन्तरमेत
न्मोक्षकवाटभेदजनकं सिद्धासनं प्रोच्यते ।।११।।

एक (अर्थात बाएं) पाँव की एड़ी को सीवनी स्थान पर अच्छी तरह लगाएं तथा दूसरी एड़ी को त्रिकास्थि (pubic bone) के ऊपर रखें। शरीर को सीधा एवं स्थिर रखते हुए इंद्रियों को नियंत्रण में रखें एवं दृष्टि को भ्रूमध्य में लगाएं। इसे सिद्धासन कहते हैं जो मोक्ष के द्वार को खोलने में सक्षम है ।।११।।

वामोरूपरि दक्षिणं हि चरणं संस्थापय वामं तथा
दक्षोरूपरि पश्चिमेन विधिना धृत्वा कराभ्यां दृढम।
अंगुष्ठौ हृदये निधाय चिबुकं नासाग्रमालोकये –
देतद्व्याधिविकारहारी यमिनां पद्मासनं प्रोच्यते ।।१२।।

बायीं जङ्घामूल के ऊपर दाहिनी एड़ी को अच्छी तरह रखकर उसी प्रकार दाहिनी जंघामूल के ऊपर बाईं एड़ी रख कर हाथों को पीठ की ओर ले जा कर दाहिने अंगूठे को दाहिने हाथ से तथा बाएं अंगूठे को बाएं हाथ से पकड़ें। ठुड्डी को छाती से (कण्ठकूप से) अच्छी तरह लगा कर दृष्टि को नासाग्र पर लगाएं। इसे ही योगीजन पद्मासन कहते हैं जो सभी प्रकार की व्याधियों को नष्ट करने वाला है ।।१२।।

षट्चक्रं षोडशाधारं द्विलक्ष्यं व्योमपञ्चकम्।
स्वदेहे ये न जानन्ति कथं सिध्यन्ति योगिनः ।।१३।।

छह चक्र, सोलह आधार, दो लक्ष्य और पांच आकाश, शरीर में हैं। इन्हे जो योगी नहीं पहचानता उसको योगसिद्धि नहीं होती ।।१३।।

एकस्तम्भं नवद्वारं गृहं पञ्चाधि दैवतम् ।
स्वदेहे ये न जानन्ति कथं सिद्धयन्ति योगिनः ।।१४।।

शरीर स्तम्भरूपी गृह है जिसके नौ द्वार हैं तथा पृथ्वी, जल, तेज़, वायु, आकाश, पञ्चतत्वरूपी अधिदेवता हैं, ऐसे शरीररूपी गृह को जो योगाभ्यासी नहीं जानता वह योगसिद्धि कैसे पा सकता है ।। १४ ।।

चतुर्दलं स्यादाधारं स्वाधिष्ठानं च षट्दलम ।
नाभौ दशदलं पद्मं सूर्यसंख्यादलं हृदि ।।१५।।

प्रथम मूलाधार चक्र – गुदाद्वार में चार दल वाले कमल से सुशोभित है, दूसरा स्वाधिष्ठान चक्र – छह दल वाले कमल से निरुपित है, तीसरा मणिपुर चक्र, नाभिमूल में दस दल के कमल वाला है और चौथा अनाहत चक्र, हृदय में बारह दल वाले कमल से सुशोभित है ।। १५ ।।

कण्ठे स्यात् षोडशदलं भ्रूमध्ये द्विदलं तथा ।
सहस्रदलमाख्यातं ब्रह्मरन्ध्रे महापथे ।।१६।।

पांचवां विशुद्ध चक्र – कंठ स्थान में सोलह कमलदल वाला है तथा छठा आज्ञा चक्र – भ्रूमध्य में दो दलों से शोभित कमल वाला है। इसके ऊपर सहस्रदलकमल ब्रह्मरंध्र का स्थान है जिसके वैभव के समक्ष कोई भी ठहर नहीं सकता ।। १६ ।।

आधार प्रथम चक्र स्वधिष्ठानं द्वितीयकम ।
योनिस्थानं द्योर्मध्ये कामरूपं निगद्यते ।।१७।।

आधार प्रथम चक्र है, स्वाधिष्ठान दूसरा। इसी आधार और स्वाधिष्ठान के बीच में योनिस्थान है जिसे कामरूप कहा जाता है ।। १७ ।।

आधाराख्ये गुदस्थाने पंकजं च चतुर्दलम् ।
तन्मध्ये प्रोच्यते योनिः कामाख्या सिद्धवन्दिता ।।१८।।

आधार पद्म जिसमें चार दल हैं, गुदा में स्थित है। इसी पद्म के केंद्र में योनि है जिसे 'काम' कहते हैं तथा जो सिद्ध योगियों के द्वारा पूज्य है ।। १८ ।।

योनिमध्ये महालिंगम पश्चिमाभिमुखस्थितम् ।
मस्तके मणिवदबिम्बम् यो जानाति स योगवित ।।१९।।

इसी योनि में महालिंग है जिसका मुख सुषुम्ना के द्वार की ओर है (पश्चिमाभिमुखी) और जिसका मस्तक मणि के समान चमकदार है। जो यह जानता है वही योग का सच्चा जानकार है ।। १९ ।।

तप्तचामीकराभासं तडिल्लेखेव विस्फुरत् ।
त्रिकोणं तत्पुरं वहनरधो मेढ्रत्प्रतिष्ठितम ।।२०।।

लिंगमूल के नीचे अग्नि का स्थान है जो चौकोणाकार है जो विद्युत के समान चमक के साथ कौंधती है तथा जो तप्त सोने के समान चमकदार है ।। २० ।।

यत्समाधौ परं ज्योतिरनन्तम् विश्वतोमुखम ।
तिस्मन् दृष्टे महायोगे यातायातान्न विन्दते ।।२१।।

इस समाधि में सम्पूर्ण विश्व में व्याप्त होने वाली परमज्योति प्रकट होती है। जब योगी समाधि में उक्त ज्योति को देखने लगता है तब उसका जन्म मरण नहीं होता अर्थात वह अजर अमर हो जाता है ।। २१ ।।

स्वशब्देन भवेत्प्राणः स्वाधिष्ठानं तदाश्रयः।
स्वाधिष्ठानाश्रयादसमान्मेढ्रमेवावशिष्यते ।।२२।।

'स्व' शब्द प्राण का बोधक है और इसका आश्रय स्वाधिष्ठान है। प्राण का अधिष्ठान होने से ही इसे 'मेढ्र' कहा जाता है ।। २२ ।।

तन्तुना मणिवत्प्रोतो यत्र कन्दः सुषुम्नया।
तन्नाभिमण्डलम् चक्रं प्रोच्यते मणिपूरकं ।।२३।।

जिस प्रकार धागे में मणि पिरोया रहता है, उसी प्रकार नाभिकंद सुषुम्ना नाड़ी में पिरोया हुआ है, इसे नाभिमण्डल में स्थित मणिपुर चक्र कहते हैं ।। २३ ।।

द्वादशारे महाचक्रे पुण्यपापविवर्जते।
तावज्जीवो भ्रमत्येव यावत्तत्वं न विन्दति॥२४॥

हृदय में द्वादशदल का महान अनाहत चक्र है जो पाप और पुण्य से रहित है। उसमें निवास करने वाला जीव तत्वज्ञान से रहित हो कर संसार में ही भ्रमण करता रहता है॥ २४॥

ऊर्ध्वं मेढ्रदधोनाभेः कन्दो योनिः खगाण्डवत।
तत्र नाड्यह समुत्पन्नाः सहस्राणा द्विसप्ततिः॥२५॥

लिंगमूल से ऊपर, नाभि के नीचे, कंद के समान समस्त नाड़ियों का उत्पत्तिस्थान है। यह पक्षी के अंडे के जैसे आकार वाला है, जिससे बहत्तर हजार नाड़ियाँ ऊपर नीचे सब ओर व्याप्त हैं॥ २५॥

तेषु नाडिसहस्रेषु द्विसप्तति रुदाहृता।
प्रधानाः प्राणवाहिन्यो भूयस्तासु दश स्मृताः॥२६॥

उक्त ७२ हजार नाड़ियों में से मुख्य बहत्तर ही हैं और इनमें भी प्राणवाहिनी प्रधान नाड़ियां दस ही हैं॥ २६॥

इड़ा च पिंगला चैव सुषुम्णा च त्रितीयका।
गांधारी हस्तिजिह्वा च पूषा चैव यशस्विनी॥२७॥

इड़ा एक, पिंगला दो, सुषुम्ना तीन, गांधारी चार, हस्तिजिह्वा पांच, पूषा छह, यशस्विनी सात॥ २७॥

अलम्बुषा कुहश्चैव शंखिनी दशमी स्मृता।
एतन्नाडीमयम चक्रं ज्ञातव्यम् योगिभिः सदा॥२८॥

अलम्बुष आठ, कुहू नौ, शंखिनी दस, ये मुख्य नाड़ियों के नाम हैं, यह नाडीचक्र योगी को अवश्य जानने योग्य है॥ २८॥

इड़ा वामे स्थिता भागे पिंगला दक्षिणे स्थिता।
सुषुम्णा मध्यदेशे तु गांधारी वामचक्षुषि।।२९।।

नासिका के बायीं ओर इड़ा, दायीं ओर पिंगला नाड़ी बहती है और इनके मध्य में सुषुम्ना नाड़ी की स्थिति है। इसी प्रकार, गांधारी वामनेत्र में; ।। २९ ।।

दक्षिणे हस्तिजिह्वा च पूषा कर्णे च दक्षिणे।
यशस्विनी वामकर्णेय हि आनने चाप्यलम्बुषा।।३०।।

दक्षिण नेत्र में हस्तिजिह्वा, दक्षिण कर्ण में पूषा, वामकर्ण में यशस्विनी और मुख में अलम्बुषा है।। ३० ।।

कुहुश्च लिंगदेशे तु मूलस्थान च शंखिनी।
एवं द्वारं समाश्रित्य तिष्ठन्ति दस नाडयः ।।३१।।

लिंगदेश में कुहू, मूलस्थान में शंखिनी, ये दो उस नाभि कंद से अधोमुख हो कर नीचे को गयी हैं और ऊर्ध्वमुख हो कर ऊपर को गयी हैं, इस प्रकार ये दस नाड़ियाँ प्राणवायु के एक एक मार्ग में आश्रय करके स्थित हैं।। ३१ ।।

इड़ा पिंगला सुषुम्णाः प्राणमार्गे समाश्रिताः ।
सततं प्राणवाहिन्यः सोमसूर्याग्निदेवताः ।।३२।।

चन्द्रमा, सूर्य और अग्नि हैं देवता जिनके ऐसी इड़ा, पिंगला, सुषुम्ना, ये तीन नाड़ी प्राणवायु के मार्ग हैं।। ३२ ।।

प्राणोअपानः समानश्चो दानव्यानौ च वायवः।
नागः कूर्मो अथ कृकलो देवदत्तो धनञ्जयः ।।३३।।

प्राण, अपान, समान, उदान, व्यान, नाग, कूर्म, कृकल, देवदत्त, धनञ्जय, ये दस वायु शरीर में हैं ।। ३३ ।।

हृदि प्राणो वसेनित्यंपानो गुदमण्डले।
समानो नाभिदेशे तु उदानः कण्ठमध्यतः ॥३४॥

प्राणवायु हृदय में रह कर श्वास बाहर भीतर निकालता है, अपानवायु मूलाधार में गुदास्थान से मल मूत्र बाहर निकलने का काम करता है, समानवायु नाभि में रहता है और शरीर को यथास्थान रखता है, तो उदानवायु कंठ में रह कर शरीर की शुद्धि करता है ॥ ३४ ॥

व्यानो व्यापी शरीरेषु प्रधानाः पञ्च वायवः।
प्राणाद्याः पञ्च विख्याता नागाद्याः पञ्च वायवः ॥३५॥

व्यानवायु सर्वशरीर में लेना छोड़ना आदि अंगधर्म करता है। वायु तो दस हैं परन्तु इनमें प्रधान पांच ही हैं, यथा प्राण, अपान, व्यान, उदान, और समान, इस प्रकार प्राणादि पांच वायु प्रधान हैं। नागादि पांच वायु को आगे कहते हैं ॥ ३५ ॥

उद्गारे नाग आख्यातः कूर्म उन्मीलने स्मृतः।
कृकरः क्षुत्कृज्ज्ञेयो देवदत्तो विजृम्भणे ॥३६॥

उदगार (डकार) निकालना नागवायु का कर्म है। नेत्रों के पलक लगाना खोलना कूर्म वायु का, छींकना कृकर वायु का तथा जम्हाई लेना देवदत्त वायु का कर्म है ॥ ३६ ॥

न जहाति मृतम् चापि सर्वव्यापी धनञ्जयः।
एते सर्वासु नाडीषु भ्रमन्ते जीवरूपिणः ॥३७॥

और धनञ्जय सर्वशरीर में व्याप्त रहता है; मृत शरीर में भी यह बना रहता है और इस प्रकार ये दस वायु, नाड़ियों में जीवरूप हो कर भ्रमण करते हैं ॥ ३७ ॥

आक्षिप्तो भुजदण्डेन यथोच्छलति कन्दुकः।
प्राणापानसमाक्षिप्तस्था जीवो न तिष्ठति ॥३८॥

जैसे कन्दुक (गेंद) को भूमि पर मारने से वह पुनः वापस आता है, उसी प्रकार जीव भी प्राण और अपान के द्वारा (ऊपर और नीचे) भ्रमण करता रहता है ॥३८॥

प्राणापानवशो जीवो हि अधश्चोर्द्ध्वं च धावति।
वामदक्षिणमार्गेन चञ्चलत्वान्न दृश्यते ॥३९॥

प्राण और अपान के वशीभूत यह जीव, ऊपर (नासिका) और नीचे (मूलाधार) के बीच दाहिने और बाएं मार्ग से अतिसूक्ष्म के कारण अदृश्य रूप में भ्रमण करता रहता है ॥३९॥

रज्जुबद्धो यथा श्येनो गतो अपि आकृष्यते पुनः।
गुणबद्धस्तथा जीवः प्राणापानेन कृष्यते ॥४०॥

जैसे एक शिकारी पक्षी को रस्सी से बांधने के उपरान्त दूर उड़ जाने पर भी पुनः वापिस खींचा जा सकता है उसी प्रकार गुणों से बंधा हुआ जीव भी प्राण और अपान के द्वारा खींचा जाता है॥४०॥

अपानः कर्षति प्राणं प्राणो अपानम च कर्षति।
ऊर्ध्वाधः संस्थितावेतौ संयोजयति योगवित् ॥४१॥

प्राण को अपान खींचता है तथा अपान को प्राण। ये ऊपर और नीचे स्थित हैं (प्राण हृदय स्थान में तथा अपान गुदास्थान में) जो यह जानता है, वही योगी है ॥४१॥

हकारेण बहिर्याति सकारेण विशेत्पुनः।
हंस हन्सेत्यमुम मंत्रम जीवो जपती सर्वदा ॥४२॥

प्राणवायु "हा" की ध्वनि के साथ बाहर निकलता है और "सा" की ध्वनि के साथ भीतर आता है। इस प्रकार से "हंस" मन्त्र का जप जीव नित्य करता ही रहता है ॥४२॥

षट शतानि त्वहोरात्रे सहस्राणि एकविंशतिः
एतत संख्यान्वितम मंत्रम जीवो जपती सर्वदा ॥४३॥

सूर्योदय से पुनः सूर्यास्त पर्यन्त इस मन्त्र की जप संख्या २१६०० होती है, इतना जप जीव स्वतः करता है ॥४३॥

अजपा नाम गायत्री योगिनां मोक्षदायिनी।
अस्याः संकल्पमात्रेण सर्वपापैः प्रमुच्यते ॥४४॥

यह योगियों को मोक्ष देने वाली अजपा नाम गायत्री है। इसके संकल्प मात्र से योगी समस्त पापों से छूट जाता है ॥४४॥

अनया सदृशी विद्या अनया सदृशो जपः।
अनया सदृशं ज्ञानं न भूतम न भविष्यति ॥४५॥

इस अजपा मन्त्र के समान न तो कोई विद्या है और न ही कोई जप, इसके जैसा ज्ञानशास्त्र न तो कभी था और न कभी होगा ॥४५॥

कुंडलिन्यां समुद्भाता गायत्री प्राणधारिणी।
प्राणविद्या महाविद्या यस्तां वेत्ति स वेदवित् ॥४६॥

कुण्डलिनी महाशक्ति से उत्पन्न हो रही तथा प्राणवायु को धारण करने वाली यही अजपा गायत्री है। यही प्राणविद्या है और यही महाविद्या कहलाती है, इसे जो योगी जानता है, वही योगाभ्यास के तात्पर्य को जानता है ॥४६॥

कंद ऊर्ध्वे कुंडली शक्तिरष्टधा कुण्डलाकृतिः।
ब्रह्मद्वारमुखं नित्यं मुखेनाच्छाद्य तिष्ठति ॥४७॥

समस्त ७२००० नाड़ियों का उत्पत्तिस्थान पूर्वोक्त कंद है जिसके ऊपर मणिपुर चक्र या नाभि चक्र में आठ वृत्त कर के वेष्टित हो रही कुण्डलिनी शक्ति ब्रह्मरंध्र द्वार के मुख को रोक कर सर्वदा रहती है ॥४७॥

येन द्वारेण गन्तव्यं ब्रह्मद्वारमनामयम् ।
मुखेनाच्छाद्य तदद्वारं प्रसुप्ता परमेश्वरी ।।४८।।

जिस मार्ग (सुषुम्ना) द्वारा जन्म मरण के दुःख हरण करने वाला अखंड ब्रह्मानंद पद मिलता है उस मार्ग को रोक कर यह परमेश्वरी स्वरुप कुण्डलिनी शक्ति सोयी हुई है ।।४८ ।।

प्रबुद्धा बुद्धियोगेन मनसा मरुता सह ।
सूचीव गुणमादाय व्रजत्यूर्ध्वम सुषुम्नया ।।४९।।

जैसे सूची (सुई) अपने में धागा पिरोये होने से वस्त्र के अनेक सूत्रों के मध्य में प्राप्त होती है, उसी प्रकार यह कुण्डलिनी शक्ति प्राणवायु के धौंकने से प्रबुद्ध हो कर मन एवं प्राणवायु सहित सुषुम्ना नाम की मध्य नाड़ी से ऊपर की ओर जाती है ।।४९ ।।

प्रसुप्तभुजगाकारा पद्मतन्तुनिभा शुभा ।
प्रबुद्धा वह्नियोगेन व्रजत्यूर्ध्वम सुषुम्नया ।।५०।।

सोते हुए सर्प के समान यह कुण्डलिनी शक्ति, प्राणायाम की अग्नि के संपर्क से प्रबुद्ध हो कर कमलनाल के तन्तु समान सूक्ष्म ज्योतिर्मयस्वरुप सुषुम्ना मार्ग से ऊपर की ओर जाती है ।।५० ।।

उद्घाटयेत्कपाटम तु तथा कुंचिकया हठात ।
कुंडलिन्या तथा योगी मोक्षद्वारम प्रभेदयेत् ।।५१।।

जैसे कूची (चाबी) से ताला खोल कर कपाट (किवाड़) खुल जाता है वैसे ही कुण्डलिनी द्वारा मोक्षद्वार सुषुम्ना के मुख को योगी अभ्यास द्वारा खोले ।।५१ ।।

कृत्वा सम्पुटितौ करौ दृढतरं बध्वा तु पद्मासनं ।
गाढं वक्षसि सन्निधाय चिबुकं ध्यानं च तत् चेतसि ।।
वारमवारमपानमूर्ध्वमनिलम प्रोच्चारयेत्पूरितम ।
मुञ्चनप्राणमुपैतिबोधमतुलं शक्तिप्रभावादतः ।।५२।।

दोनों हाथ सम्पुटित कर के (अंजलि बांधकर) हृदय में दृढ स्थापन कर पद्मासन करें, चिबुक (ठोड़ी) हृदय में दृढ़तर लगाकर अर्थात जलंधर बंध कर के ज्योतिस्वरूप का ध्यान करें, केवल कुम्भक प्राणायाम अधोद्वार रोक कर करें, प्राणायाम से कुम्भित वायु को अपानवायु से एकत्व कर के यथाशक्ति कुम्भक करें, पुनः रेचक प्राणायाम करें, इस प्रकार से कुण्डलिनी का बोध होता है तथा योगी को अपरिमित ज्ञान मिलता है, कुण्डलिनी का प्रबोध कराने वाली शक्तिचालन मुद्रा यही है परन्तु प्राणायाम के अभ्यास से प्राणापान वायु को वश में कर के बहुत कालपर्यंत इस मुद्रा का अभ्यास करना होता है।।५२।।

अंगानां मर्दनं कृत्वा श्रमसञ्जात वारिणा।
कट् वम्ल लवणत्यागी क्षीरभोजनमाचरेत।।५३।।

प्राणायामादि कर्म से अंगों में जो स्वेद (पसीना) आता है, उससे अंगमर्दन करे। लवण और खट्टा, ये दो रस न खाए केवल दुग्धान्न लिया करें।।५३।।

ब्रह्मचारी मिताहारी त्यागी योगपरायणः।
अब्दादूर्ध्व भवेत्सिद्धो नात्र कार्या विचारणा।।५४।।

भोजन भी संयमित करें, ब्रह्मचर्य रखें, कामक्रोध से रहित रहे, त्यागवान हो और योगाभ्यास मात्र का अभ्यास रखे। इसमें सिद्धि असिद्धि का संदेह कभी भी न करें। अभ्यास से अवश्यमेव सिद्धि होती है।।५४।।

सुस्निग्धो मधुराहारी चतुर्थांश विवर्जितः।
मुञ्चते स्वरसं प्रीत्यै मिताहारी स उच्चते।।५५।।

स्निग्ध मीठा भोजन करें, खट्टा और लवण वर्जित करें, दो भाग अन्न, एक भाग जल खाए और चौथा भाग उदर में खाली छोड़ दे। प्रणाम निवेदित कर दुग्धान्न भोजन करे, इस प्रकार करने वाला योगी मिताहारी कहलाता है।।५५।।

कन्दोर्ध्वे कुण्डलीशक्ति शुभमोक्षप्रदायिनी।
बन्धनाय च मूढानां यस्तां वेत्ति स वेदवित्॥५६॥

कंद के ऊपर मणिपुर चक्र में यह कुण्डलिनी शक्ति स्थित है जो मूर्खजनों को बारम्बार जन्ममरणरूप बंधन देती है और योगाभ्यासी को शुभ मोक्ष प्रदान करने वाली है, जो यह जानता है, वही जानता है॥५६॥

महामुद्रां नभोमुद्रां उड्डीयानम जलन्धरम्।
मूलबन्धञ्च यो वेत्ति स योगी मुक्तिभाजनः॥५७॥

महामुद्रा, खेचरी मुद्रा, उड्डीयान बांध, जलंधर एवं मूलबन्ध, इन्हे जो योगी जानता है वह मुक्तिभाजन अर्थात मुक्ति के योग्य होता है॥५७॥

वक्षोन्यस्तहनुः प्रपीडय सुचिरं योनिं च वामांघ्रिणा।
हस्ताभ्यामनुधारयेत प्रसरितम् पादं तथा दक्षिणं॥५८॥

महामुद्रा की विधि कहते हैं कि हृदय में ठोड़ी लगाकर बाएं पैर की एड़ी से योनिस्थान को अत्यन्त दृढ़ कर के दाहिने पैर को लंबा कर के दोनों हाथों से पादमध्यभाग पकड़ कर रोकें॥५८॥

आपूर्य श्वसनेन कुक्षियुगलं बद्धवा शनैरेचए –
देषाव्याधिविनाशिनि सुमहती मुद्रा नृणां कथ्यते॥५९॥

तब पेट में पूरक विधि से वायु भरे। कुछ समय तक यथाशक्ति कुम्भक कर मंद मंद वायु को रेचन करे, यह योगीजन की समस्त रोगनाशक महामुद्रा कही गयी है॥५९॥

चंद्रांगेन समभ्यस्य सूर्यांगेनाभ्यसेत्पुनः ।
यावत्तुल्या भवत्संख्या ततो मुद्रां विसर्जयेत्॥६०॥

इस महामुद्रा के अभ्यास में प्रथम वाम मार्ग से अभ्यास कर के फिर दाहिने अंग से करना चाहिए, वैसे ही प्राणायाम भी करना चाहिए, जब दोनों ओर के अभ्यास से प्राणायाम की मात्रा बराबर हो जाए तब मुद्रा छोड़नी चाहिए॥६०॥

नहि पथ्यम पथ्यं वा रसाः सर्वे अपि नीरसाः
अपि भुक्तं विषं घोरं पीयूषमिव जीर्यते ॥६१॥

जब महामुद्रा का अभ्यास दृढ़ हो जाए तब पथ्यापथ्य का विचार कुछ नहीं रहता है, मिष्ट, लवण, तिक्त आदियों का स्वाद भी नहीं रहता। यदि घोर विष भी खाये तो अमृत के समान पच जाता है ॥६१॥

क्षयकुष्ठ मुदावर्त गुल्माजीर्ण पुरोगमाः।
रोगास्तस्य क्षयं यान्ति महमुद्रां च यो अभ्यसेत् ॥६२॥

उसके उदावर्त, गुल्म, अजीर्ण, क्षय, कुष्ठ आदि रोग शांत हो जाते हैं, जो भी इस महामुद्रा का अभ्यास करता है ॥६२॥

कथितेयं महामुद्रा महसिद्धकरी नृणाम् ।
गोपनीया प्रयत्नेन न दिया यस्य कस्यचित ॥६३॥

इसके अभ्यासी को महासिद्धि देने वाली यह महामुद्रा कही गयी है, इसे बड़े यत्न से गुप्त रखना, और अनधिकारी को कभी भी प्रदान नहीं करना चाहिए ॥६३॥

कपालकुहरे जिह्वा प्रविष्टा विपरीतगा।
भ्रुवोरन्तर्गता दृष्टिर्मुद्रा भवति खेचरी ॥६४॥

खेचरी मुद्रा की विधि कहते हैं कि जिह्वा को उल्टी फिराकर कण्ठमूल में जो छिद्र है उसमें प्रवेश कराना और तदनन्तर भ्रूमध्य में निश्चल दृष्टि स्थिर करना है, इसे खेचरी मुद्रा कहते हैं॥६४॥

न रोगान्मरणम् तस्य न निद्रा न क्षुधा तृषा।
न मूर्छा तु भवेत्तस्य यो मुद्रां वेत्ति खेचरीम् ॥६५॥

जो योगी इस खेचरी मुद्रा के अभ्यास को सिद्ध कर लेता है उसके रोग, निद्रा, क्षुधा, तृषा, मूर्छा और मरणतुल्य कष्ट दूर होते हैं ॥६५॥

पीडयते न च शोकेन न च लिप्यते कर्मणा।
बाध्यते न स केनापि यो मुद्रां वट्टी खेचरीम् ।।६६।।

जो योगी खेचरी मुद्रा को सिद्ध कर लेता है, वह किसी भी शोक से पीड़ित नहीं होता, कर्मफल के बंधन उसे नहीं बांधते और उसे किसी भी प्रकार की कोई बाधा नहीं होती ।।६६ ।।

चित्तं चलति नो यस्माज्जिह्वा चरती खेचरी ।
तेनेयम खेचरी सिद्धा सर्वसिद्धैर्नमस्कृता ।।६७।।

चित्त एकदम शांत अवस्था में रहता है और जिह्वा खेचरी मुद्रा में ब्रह्मरंध्र के अंतर्गत अमृत का पान करती है, और इसी हेतु से, सिद्ध बनाने वाली यह खेचरी मुद्रा समस्त सिद्धों में अत्यन्त पूज्यनीय है ।। ६७ ।।

बिन्दुमूलं शरीराणां शिरास्तत्र प्रतिष्ठिताः ।
भावयन्ति शरीराणामापादतलमस्तकम् ।।६८।।

शरीर का मूल कारण बिंदु है, यह शरीर की रक्षा करता है, सिर से लेकर पैर तक समस्त नाडीजाल बिंदु से सिंचित है अर्थात समस्त शरीर का आधारभूत यह बिंदु ही है ।। ६८ ।।

खेचर्या मुद्रया येन विवरम लम्बिकोर्ध्वतः ।
न तस्य क्षरते बिंदुः कामिन्यालिंगितस्य च ।।६९।।

जिस योगी ने कंठनाल के छिद्र के ऊपर चन्द्रामृत को रोक लिया, तब उस योगी को यदि स्त्री आलिंगन भी करे तो भी उसका मन चलायमान नहीं होता तथा बिंदु नहीं गिरता है ।। ६९ ।।

यावद्बिन्दुः स्थितो देहे तावन्मृत्योर्भयम् कुतः ।
यावद्बद्धा नभोमुद्रा तावद्बिन्दुर्न गच्छति ।।७०।।

जब तक देह में बिंदु स्थिर है, तब तक मृत्यु का भय नहीं रहता। जब तक खेचरी मुद्रा दृढ़ है तब तक बिंदु नीचे नहीं गिरता और काल का वश नहीं चलता ।।७० ।।

चलितो अपि यदा बिंदुः संप्राप्तश्च हुताशनम् ।
व्रजत्यूर्ध्वं हृते शक्त्या निरुद्धो योनिमुद्रया ।।७१।।

कदाचित एकाग्र न होने से यदि बिंदु नीचे गिर जाए तो योनिमुद्रा द्वारा कुण्डलिनी शक्ति को ऊपर उठकर उसके आघात से उक्त बिंदु पुनः ऊपर लौटकर अपने ही स्थान में पहुंचकर स्थिर रहता है।।७१।।

स पुनर्द्विविधो बिंदुः पाण्डुरो लोहितस्तथा ।
पाण्डुरः शुक्रमित्याहुर्लोहिताख्यो महारजः ।।७२।।

यह बिंदु दो प्रकार का कहा गया है – एक तो विशुद्ध श्वेत और दूसरा रक्त वर्ण, इसे महारज कहते हैं।।७२।।

सिंदूरद्रवसंकाशम नाभिस्थाने स्थितं रजः ।
शशिस्थाने स्थितो बिन्दुस्तयोरैक्यम सुदुर्लभम ।।७३।।

तैल मिलाकर सिन्दूर के द्रव्य के समान रज सूर्यस्थान नाभिमण्डल में रहता है तथा बिंदु (वीर्य) चन्द्रमा के स्थान कण्ठदेश षोडशाधारचक्र में स्थिर रहता है, इन दोनों का ऐक्य अत्यन्त दुर्लभ है।।७३।।

बिंदुः शिवो रजः शक्तिः चंद्रो बिंदु रजो रविः ।
अनयोः संगमादेव प्राप्यते परमं पदम् ।।७४।।

बिंदु शिव है और रज शक्ति है, इनके एक होने से योगसिद्धि और परमपद मिलता है। चन्द्रमा सूर्य का ऐक्य करना, यही हठयोग है।।७४।।

वायुना शक्तिचारेण प्रेरितं तु यदा रजः ।
याति बिंदोः सहैकत्वं भवेद्दिव्यम् वपुस्ततः ।।७५।।

शक्तिचालन विधि से वायु क्रिया कर के जब रज बिंदु के साथ ऐक्य को प्राप्त होता है, तब शरीर दिव्य हो जाता है, अर्थात वह आत्मरूप हो जाता है।।७५।।

शुक्रं चंद्रेण संयुक्तं रजः सूर्येण संयुतम् ।
तयोः समरसैकत्वं यो जानाति स योगवित् ॥७६॥

शुक्र बिन्दु रूप हो चन्द्रमा से मिला और रज रजरूप हो सूर्य से मिला इनके एकत्व भाव को जो योगी जानता है वही योगवित कहलाता है ॥७६॥

उड्डयानम कुरुते यस्माद्विश्रांतं महाखगम ।
उड्डीयानम तदेव स्यान्मृत्युमातंगकेसरी ॥७७॥

जिस कारण उड्डीयान बंध से रुक प्राणवायु कहीं भी विश्राम न करके उड़कर सुषुम्ना में गति करता है, उसी कारण मात्र से वहां मृत्युरूप गज के ऊपर सिंह जैसा यह बंध कहा जाता है ॥७७॥

उदरात्पश्चिमे भागे अधो नाभेनिंगद्यते।
उड्डियानो हि अयं बन्धस्तत्र बंधो निगद्यते॥७८॥

उड्डीयान बंध का स्थान कहते हैं – उदर से पश्चिम और नाभि से नीचे इस बंध का स्थान योगी बताते हैं इसलिए यह बंध उसी स्थान में करना योग्य है॥७८॥

बध्नाति हि शिरोजालं नाधो याति नभोजलम् ।
ततो जालन्धरो बंधो कंठदुःखौघनाशन ॥७९॥

जालंधर बंध कहते हैं – यह बंध कण्ठस्थान में होता है, अनेक रोगों को हराता है, शरीरस्थ नाडीजाल का बंधन करता है, ब्रह्मरंध्र में रहने वाले अमृत को कपाल कुहर से नीचे गिरने नहीं देता इस कारण यह जालंधर बंध कहलाता है॥७९॥

जालन्धरे कृते बंधे कंठसंकोचलक्षणे ।
न पीयूषं पतत्यग्नौ न च वायुः प्रकुप्यति ॥८०॥

कंठ का संकोचन कर के प्राणवायु की गति रोकना जालंधर बंध कहलाता है। इससे चन्द्ररुपी अमृत सूर्यरूपी अग्नि में नहीं गिरता एवं वायु कदाचित विरुद्ध नहीं होता॥८०॥

पार्ष्णि भागेन समपीडय योनिमाकुंचयेदगुदम।
अपानमूर्ध्वमाकृष्य मूलबन्धो विधीयते।।८१।।

अपानवायु ऊपर खींच कर प्राणवायु से योजित करना, पैर की एड़ी से गुदा एवं लिंग के मध्यस्थान पर दृढ़ दबाव दे कर गुदाद्वार को दृढ संकुचित करना जिससे अपानवायु बाहर न निकले, इस प्रकार मूलबन्ध होता है।।८१।।

अपानप्राणयोरैक्यात् क्षयो मूत्रपुरीषयोः।
युवा भवति वृद्धो अपि सततं मूलबंधनात् ।।८२ ।।

अपान और प्राणवायु का ऐक्य कर जो निरन्तर मूलबन्ध का अभ्यास करता है उसके मल-मूत्र क्षय होते हैं और बूढा भी जवान हो जाता है।।८२।।

पद्मासनं समारुह्य समकायशिरोधरः।
नासाग्रदृष्टिरेकान्ते जपेदोङ्गकारमव्ययम् ।।८३ ।।

अब प्रणव के अभ्यास की विधि कहते हैं कि एकांत स्थल में बैठकर दृढ पद्मासन लगा कर शरीर कंठ शिर सम करके नासाग्रदृष्टि निरन्तर रखते हुए प्रणव जप करे।।८३।।

भूर्भुवःस्वरिमे लोकाः सोमसूर्याग्निदेवताः।
यस्य मात्रासु तिष्ठन्ति तत्परं ज्योतिरोमिति।।८४।।

जिस प्रणव के अकार, उकार और मकार, इन तीन वर्ण में भूः, भुवः, स्वः, ये लोक तथा चन्द्रमा, सूर्य और अग्नि देवता रहते हैं, वह प्रणव परमकारणरूप ज्योतिर्मय चैतन्य स्वरुप है।।८४।।

त्रयः कालास्त्रयो वेदास्त्रयो लोकास्त्रयः स्वराः।
त्रयो देवाः स्थिता यत्र तत्परं ज्योतिरोमिति।।८५।।

जिस प्रणव में तीन काल, तीन वेद, तीन लोक, तीन स्वर और तीन देवता रहते हैं, वह प्रणव (ऊँकार) परब्रह्म ज्योतिस्वरूप है।।८५।।

क्रिया इच्छा तथा ज्ञानं ब्राह्मी रौद्री च वैष्णवी।
त्रिधाः शक्ति स्थिता यत्र तत्परं ज्योतिरोमिति।।८६।।

जिस प्रणव ओंकार में अ, उ, म, इन तीन मात्रा में क्रिया, इच्छा, ज्ञान शक्ति भेदों द्वारा ब्रह्माणी, रुद्राणी और वैष्णवी, ये शक्तियां रहती हैं, वह प्रणव ओंकारस्वरूप परब्रह्म ज्योति है।।८६।।

अकारश्च उकारश्च मकारो बिन्दुसंज्ञकः।
त्रिधा मात्रा स्थिता यत्रतत्परं ज्योतिरोमिति।।८७।।

उस ब्रह्मज्योतिस्वरूप प्रणव में अकार, उकार, और बिन्दुस्वरूप मकार तीनो मात्रा स्थित हैं।।८७।।

वचसा तज्जपेदबीजम वपुषा ततसमभ्यसेत।
मनसा तत्स्मरेन्नित्यम तत्परं ज्योतिरोमिति।।८८।।

इस प्रणव का वचन से जप करना, प्रणवार्थ समझ अभ्यास करना, तथा मन से परब्रह्मस्वरूप प्रकाश चैतन्य समझ कर इसका नित्य स्मरण करना है।।८८।।

शुचिर्वाप्यशुचिर्वापि योज्येत्प्रणवं सदा।
न स लिप्यति पापेन पद्मपत्रमिवाम्भसा।।८९।।

जो योगी बाह्याभ्यन्तर शौचयुक्त या बाह्यशौचमात्र जैसे भी होकर प्रणव का अर्थ समझ अभ्यास से जप करता है उसे शारीरिक पाप स्पर्श नहीं करते, जैसे कमलदल जल में रहता है परन्तु जल उसके पात्र को स्पर्श नहीं करता, ऐसे ही प्रणव अभ्यासी भी निर्लेप रहता है।।८९।।

चले वाते चलो बिंदुर्निश्चले निश्चलो भवेत्।
योगी स्थाणु त्वमाप्नोती ततो वायु निरुंधयेत।।९०।।

प्राणवायु के चलने से बिंदु भी चलायमान होता है और जो प्राणवायु स्थिर हो जाए तो बिंदु भी स्थिर हो जाता है, जब प्राणायाम से प्राणवायु स्थिर हो गया तो योगी दीर्घजीवी तथा भगवत्ता को प्राप्त हो जाता है,

अतः योगी का मुख्य कार्य वायुनिरोध करना है है।।९०।।

यावद्वायुः स्थितो देहे तावज्जीवं न मुञ्चति।
मरणं तस्य निष्क्रान्तिस्ततो वायु निरोधयेत् ।।९१।।

जब तक शरीर में प्राणवायु विद्यमान रहता है तब तक जीव शरीर को नहीं छोड़ता और जब प्राणवायु शरीर से निकल जाता है तब उसे ही मरणावस्था कहते हैं, जीवन मरण प्राणवायु के अधीन है, इसलिए प्राणवायु का रोधन अर्थात प्राणायाम अवश्य करना चाहिए है।।९१।।

यावद्बद्धो मरुद्देहे यावचित्तम् निरामयम।
यावद्दृष्टिर्भुवोर्मध्ये तावत्कालभयं कुतः ।।९२।।

जब तक यह प्राणवायु देह में स्थिर है तथा जब तक चित्त में कोई विषय वासना नहीं और जब तक भ्रूमध्य में दृष्टि अचल स्थित है, तब तक काल का भय नहीं होता है।।९२।।

अतः कालभयाद्ब्रह्मा प्रणायामपरायणः ।
योगिनो मुनयश्चैव ततो वायुं निरोधयेत् ।।९३।।

जिस कारण जीवन मरण प्राणवायु के अधीन हैं इसी हेतु योगी एवं मुनिगण प्राणायाम साधन में तत्पर रहते हैं। अन्य योगियों को ही इस अभ्यास से काल का भय नहीं होता, अतः प्राणायाम साधन करने योग्य है।।९३।।

षट्त्रिंशदंगुलो हंसः प्रयाणं कुरुते बहिः ।
वामे दक्षिणमार्गेण ततः प्राणोअभिधीयते।।९४।।

प्राण अपान वायु रूप हंस, इड़ा पिंगला के मार्ग से छत्तीस अंगुल बाहर निकलता है इसी कारण से यह प्राण कहलाता है और प्राणापानवायुरूप हंस है।।९४।।

शुद्धमेति यदा सर्वनाडीचक्रम् महाकुलम।
तदैव जायते योगी प्राणसंग्रहणे क्षमः ॥९५॥

जब शरीर, नाड़ीशोधन प्राणायाम के प्रभाव से शुद्ध एवं निर्मल होता है तब योगाभ्यासी की प्राणवायु थामने की सामर्थ्य होती है अन्यथा नहीं॥९५॥

बद्धपद्मासनो योगी प्राणं चन्द्रेण पूरयेत्।
धारयित्वा यथाशक्ति भूयः सूर्येण रेचयेत्॥९६॥

योगी पद्मासन में स्थिर हो कर चन्द्रनाड़ी इड़ा से धीरे-धीरे पूरक करे एवं यथाशक्ति वायु को कुम्भक में धारण कर रखे और इसके बाद सूर्यनाडी पिंगला से मंद मंद रेचन करे। यह वामांग प्राणायाम है॥९७॥

अमृतदधिसंकाशं गोक्षीरधवलोपमम्।
ध्यात्वा चन्द्रमसो बिम्बं प्राणायामी सुखी भवेत्॥९७॥

इसमें दधि, दुग्ध समान अतिशुक्ल वर्ण अमृतस्वरूप चन्द्रमा का ध्यान करने से आनंद का अनुभव होता है॥९७॥

दक्षिणे श्वासमाकृष्य पूरयेदुत्तरम शनैः।
कुम्भयित्वा विधानेन पुनश्चन्द्रेण रेचयेत्॥९८॥

सूर्यनाडी पिंगला से धीरे-धीरे पूरक करना है, यथाशक्ति कुम्भक करने के बाद चन्द्रनाड़ी इड़ा मार्ग से धीमे धीमे रेचक करना है। यह दक्षिणांग (सूर्यांग) प्राणायाम कहलाता है॥९८॥

प्रज्वलज्ज्वलनज्वालापुञ्जमादित्यमण्डलम्।
ध्यात्वा नाभिस्थितं योगी प्राणायामी सुखी भवेत्॥९९॥

उक्त प्राणायाम में कुम्भक करते समय जाज्वलयमान अग्निमय सूर्यमण्डल को अपने नाभिकमल में ध्यान करके जो योगी प्राणायाम करता है, वह आनंद पाता है॥९९॥

यथेष्टं धारणं वायोरनलस्य प्रदीपनम्।
नादादिव्यक्तिरारोग्यम जायते नाड़ीशोधन ।। १०० ।।

नाड़ीशोधन होने पर प्राणवायु की धारणा की सामर्थ्य आती है, उदराग्नि प्रदीप्त हो कर, स्पष्टतर नाद का श्रवण होता है और नैरुज्यता होती है ।। १०० ।।

इति गोरक्षशास्त्रे प्रथम शतकम् ।।

बाबाजी अकम्पित विराट वज्र

गोरक्ष शतक
क्रियायोग का मूल स्रोत

क्योंकि दोनों एक ही हैं
क्रियायोग भी एक ही होगा

दोनों के बीच की अत्यावश्यक समानताः	
गोरक्ष क्रिया	**बाबाजी क्रिया**
ओंकार क्रिया छन्द ८३ से ८६ तक	*ओंकार क्रिया*
हम्स साधना छन्द ४२ से ४५	*हम्स साधना*
क्रिया योग प्राणायाम (शिव शक्ति) छन्द ४१, ४६, ४९, ९३ से ९६ तक	*क्रिया योग प्राणायाम*
नाभि क्रिया छन्द ९९	*नाभि क्रिया*
महामुद्रा छन्द ५९ से ६३ तक	*महामुद्रा*
योनि मुद्रा छन्द ७१	*योनि मुद्रा*
उन्मनी (परावस्था) छन्द ६७, १००	*परावस्था (उन्मनी)*
तारक राज योग छन्द ९७	*तारक राज योग*
ठोकर क्रिया छन्द ४९ से ५१ तक	*ठोकर क्रिया*
षड्चक्र भेदन छन्द ४९ से ५१ तक	*षड्चक्र भेदन*
खेचरी मुद्रा छन्द ६४ से ६९ तक	*खेचरी मुद्रा (जिव्हा ग्रंथि भेदन)*
सिद्धासन छन्द ११	*सिद्धासन*
पद्मासन छन्द १२	*पद्मासन*

अध्याय १४

दिव्य रसायनविद
और सम्पूर्ण रूपांतरण की उनकी रसविधा

सर्वप्रथम इस जगत को सम्पूर्ण रूपांतरण की रसविद्या का विज्ञान, दिव्य रसायनविद शिवगोरक्ष बाबाजी के द्वारा प्राप्त हुआ था। पहली बार हमें इसका ज्ञान अटलांटिस के युग में हुआ जब भारतवर्ष आर्यावर्त के नाम से जाना जाता था। इसके पश्चात, हम इस विज्ञान को समय के गलियारों से नीचे की ओर आते हुए देखते हैं, जहाँ सभी महान योगी और सिद्धों ने इसका अभ्यास कर अपनी देहों को संजीवन देहों में परिवर्तित कर लिया और इसके बाद सतरंगी प्रकाशमान देहों में रूपांतरित कर दिया। पारसमणि के साथ की गयी रसविद्या के अंश का यह विज्ञान उतना ही पुरातन है जितना योगसाधना द्वारा शरीर का रूपांतरण। अतः जहाँ तक रसविद्या का प्रश्न है, हमारे समक्ष चिंतन एवं अभ्यास के ये दो मत आते हैं:

१. पहला, योग साधना द्वारा नाशवान शरीर का प्रकाश में रूपांतरण है।

२. दूसरा, रसायनविद्या द्वारा विनाशशील देह का प्रकाश में रूपांतरण है।

इस अध्याय में इन दोनों विधियों की कार्यप्रणाली का विवरण है। पारद का स्थूलीकरण, पारसमणि भी कहलाता है। यह रसविद्या, नाशवान देह का सप्तरंगी आभा के अमर उजाले में चमत्कारी रूपांतरण प्रदान करती है, परन्तु शिवगोरक्ष बाबाजी ने हमें, नाथ योगियों के गुप्त योग के अभ्यास द्वारा स्थूल देह का आध्यात्मिक देह में सीधे रूपांतरण का ज्ञान भी प्रदान किया है। आरम्भ में, वर्तमान समय में अभ्यास की प्रक्रियाओं में, हमें यह समझ आता है, कि पारद को संघटित करने वाली

दो प्रक्रियाएं हैं – एक पतंजलि की गर्म संलयन की प्रक्रिया है और दूसरी गोरक्ष की, पारद की ठंडे संलयन की प्रक्रिया।

बाबाजी के मानवता को प्रदान किये गए बहुत से योगदानों में एक बहुत बड़ा योगदान बिंदु रहस्य[१] का है जिसके मायने काम ऊर्जा का आध्यात्मिक प्रकाश में रूपांतरण होना है। अपने गहनतम अर्थों में इस गुप्त सिद्धांत की व्याख्या जनसामान्य के लिए नहीं की गयी और न ही इसके रहस्य को खुल कर बताया ही गया है; यह नाथ योगियों के गुप्त समूहों में संरक्षित है। जब इस गुप्त विद्या का समुचित तरीके से पालन किया जाता है तब यह शरीर, मन और आत्मा की त्वरित उन्नति प्रदान करती है परन्तु यदि किसी का तरीका गलत है तब यह नकारात्मक विस्फोटक परिणाम देती है।

महान सिद्ध भोगार नाथ, चीन गए जहाँ वे बो-यांग के नाम से जाने गए और कालांतर में चीनी सिद्ध लाओ-त्सू के नाम से प्रसिद्द हुए। उन्होंने चीनवासियों को भारतीय पद्धति के यिन-यांग योग की शिक्षा दी। कालांतर में उन्होंने पारद एवं दूसरी धातुओं की रसविद्या और उनके उपयोगों के विषय में कुछ गुप्त ग्रंथों की रचना की थी। तथापि, किसी प्रकार रसविद्या के कुछ मूर्ख एवं नौसिखिए चीनी साधकों ने इस गूढ़ विज्ञान की इधर उधर बिखरी हुई अस्पष्ट जानकारी अपने अधिकार में कर ली और सम्पूर्ण रूपांतरण की इस रसविद्या की अपूर्ण तस्वीर पेश की। इस विज्ञान की गहराई में उतरने से पहले नवीन साधकों को इस बात के प्रति सावधान होना होगा कि यह भारतवर्ष के प्रमाणिक नाथ योगियों द्वारा ही सिखाई गयी हो न कि किसी अपूर्ण चीनी ग्रंथों द्वारा जो जल्दबाजी में की गयी आधे अधूरे ज्ञान की अभिव्यक्ति है।

अब यहाँ मैं विशेष रूप से मनुष्यों में उपस्थित वीर्य ऊर्जा के आध्यात्मिक तत्व, जिसे ओजस[२] कहते हैं, में अंतरिम रूपांतरण का सन्दर्भ दे रहा हूँ, जो अंततः शरीर के संरक्षण और अनश्वरता में सहयोग

---

१ शिव गोरक्ष द्वारा रचित ग्रन्थ जिसमें योग प्रक्रियाओं द्वारा वीर्य ऊर्जा का संरक्षण एवं बाद में इसका दिव्य ऊर्जा में रूपांतरण का विवरण है।

२ जीवन शक्ति, अभ्यास से उत्पन्न सूक्ष्म ऊर्जा जो विषेशतः ब्रह्मचर्य के पालन से मिलती है।

करता है। हमें यह समझना होगा कि वीर्य की एक संघनित बूँद एक अद्भुत घटना है। यदि इसका समुचित ज्ञान के द्वारा रूपांतरण किया जाए तब यह आपको जीवनमुक्ति के द्वार पर ला कर खड़ा कर सकती है। यदि इसका दुरूपयोग किया जाए तब यह आपको जला कर खाक कर सकती है। ऐसी है इस यौन ऊर्जा की शक्ति। बाबाजी गोरक्षनाथ द्वारा प्रदान की गयी विशुद्ध प्रविधियां यथा वज्रोली[३], सहजोली[४], और अमरोली[५], का अभ्यास पूरी सावधानी एवं योग्य मार्गदर्शन में ही किया जाना चाहिए। ये सब योग की उन्नत विधियां हैं, जो वीर्य एवं शरीर के दूसरे रसों के आध्यात्मिक ऊर्जा में रूपांतरित होने से संबंधित हैं।

पारद, उपचार एवं नवीनीकरण का चमत्कारी सूत्र

हिमालय के गढ़वाल क्षेत्र में ऐसे बहुतेरे योगीजन मिल जाएंगे जो अपने योग अभ्यासों एवं ध्यान साधना के लिए कीमीयाई शिवलिंग का निर्माण करते हैं। पारद अपनी तरल अवस्था में मायावी मन का प्रतीक है जिसे वश में करना कठिन है। इसमें गंधक और संखिया के तत्व भी शामिल हैं, जो विषाक्त हैं। जबकि, उसी पारद धातु का जब रसविधा की प्रक्रिया द्वारा स्थूलीकरण किया जाता है, तब वह धीर एवं स्थिर मन का प्रतीक है। स्थूलीकरण की यह प्रक्रिया, इस धातु में उपस्थित समस्त विषों को निष्कासित कर देती है और इसे अमृतमय प्रभाव प्रदान करती है, जो साधक के शरीर एवं मन को प्रकाशित कर उसके शरीर कोषों के वृद्धत्व की प्रक्रिया को रोक देती है।

रसायनशास्त्र की शब्दावली में, पारद धातु का चिन्ह, Hg है और इसे एक बेहद भारी द्रव्य के रूप में समझाया एवं अनुभूत किया जाता है। यह तत्व अविभाज्य है परन्तु इसे ३७० डिग्री सेल्सियस पर शुद्ध किया जा सकता है। यह एक धीमा वाष्पशील द्रव्य है जो सूर्य की ऊष्मा में धीरे-धीरे उड़ जाता है। प्राचीन काल में इसे सफलतापूर्वक

---

३ पुरुषों की काम ऊर्जा को आध्यात्मिक ऊर्जा में परिवर्तित करने के लिए एक तांत्रिक विधि।

४ स्त्रियों की काम ऊर्जा को आध्यात्मिक ऊर्जा में परिवर्तित करने के लिए एक तांत्रिक विधि।

५ स्वचालित मूत्र चिकित्सा की एक तांत्रिक विधि।

एवं असफलतापूर्वक दोनों ही रूप में चिकित्सा क्षेत्र में उपयोग में लाया जाता था, परन्तु इसकी विषाक्तता के खतरों के कारण इसे अनुपयोगी ठहरा दिया गया। यह उस ज्ञान की कमी के चलते हुआ था जो इस धातु के रसविधा द्वारा स्थूलीकरण से संबंधित था, जिसके बाद इसमें निहित विषाक्त प्रभाव इसके अमृतमय प्रभावों में रूपांतरित हो जाते हैं। तथापि, इस द्रव्य पदार्थ से विषैले गंधक और संखिया को निकालने एवं इसे एक अमृतमयी स्थूल पारद गोली में रूपांतरित करने की कला का ज्ञान भारतीय रसविदों को पुरातनकाल से रहा है। इस धातु की शानदार और अद्वितीय क्षमता को ग्रहण करने के लिए पारद को उसके रसायनविधा के पहलू में समझना आवश्यक है।

रसायनशास्त्र और रसविधा में यह अंतर है कि रसायनशास्त्र ब्रह्माण्ड के प्रारम्भ के पीछे की दिव्य लीला या चैतन्य का होना स्वीकार नहीं करता है और यह दुखद है कि वह चेतना को पदार्थ का गौण उत्पाद मानता है। वहीं दूसरी ओर रसविधा के लिए पदार्थ की आध्यात्मिकता सर्वोपरि चिंतन का विषय है और वह पदार्थ को सार्वभौम चेतना से उद्भूत समझने की कोशिश करती है। अतः रसायनशास्त्र एवं रसविधा की विचारधाराओं को तत्काल रूप से एक करने की आशा दूर की बात लगती है क्योंकि रसायनशास्त्र केवल उसे ही अपनी दृष्टि में लाता है जो आँखों से दिखाई देता है और जो इंद्रियों से ग्रहण करने योग्य है। परन्तु रसविधा दिव्य है और मनुज एवं पदार्थों के लिए, ब्रह्माण्ड की ऊर्जा को ही हमारे इस जगत की अभिव्यक्ति का एकमात्र स्रोत जानती है।

अग्रणी योगी-रसविद ने मनुष्य को आत्मा से निर्मित अनुभूत किया, जो क्रमिक परिवर्तन एवं सुन्दर संयोजनों द्वारा आत्मा बना और फिर मन, फिर भाव और इसके बाद शरीर हुआ। दूसरी ओर रसायनविद ने मनुष्य के भौतिक पहलू की ओर देखा और कार्य को ही कारण समझने की भूल कर बैठा और अपनी इस गलत पहचान के चलते उसने शरीर को ही आत्मा और चेतना को शरीर से उद्भूत मान लिया।

नाथ योगियों के पवित्र संकलनों में, खनिजों और उनसे निकली हुई धातुओं को हमारे सौरमंडल के सात ग्रहों का एक अंश और उनसे

सम्बन्धित माना जाता है। स्वर्ण धातु से शुरुआत करें तो यह सूर्य से सम्बन्धित है, चांदी चन्द्रमा से सम्बन्धित है, पारद धातु बुध ग्रह से, ताम्बा शुक्र के साथ, लौह धातु मंगल ग्रह से, टिन धातु बृहस्पति के साथ, और सीसा धातु शनि ग्रह से सम्बन्धित है। निश्चित ही हम रसविधा की बात कर रहे हैं, रत्नविज्ञान की नहीं, लेकिन पृथ्वी के बहुमूल्य रत्न भी ग्रहों और उनकी धातुओं के साथ सम्बन्धित हैं, उदहारण के लिए, माणिक स्वर्ण और सूर्य के साथ, मोती चांदी और चन्द्रमा के साथ, पन्ना पारद और बुध ग्रह से, हीरा ताम्बे और शुक्र के साथ, मूंगा लौह धातु और मंगल ग्रह के साथ, पीला नीलम टिन धातु एवं बृहस्पति के साथ, और नीला नीलम सीसा धातु और शनि ग्रह से सम्बन्धित है।

त्रिमूर्ति के रूप में पारद की रसविधा

रसविधा द्वारा एक धातु की व्याख्या और उसके भीतरी स्वरुप को उघाड़ने का अपना एक रहस्य है। गोरक्षनाथ के गुप्त ग्रंथों में यह कहा गया है, कि जब धातुओं को अलग अलग किया जाता है, तब वे एक पारद स्वरुप आत्मा, गंधक स्वरुप जीव, और एक नमक युक्त देह मुक्त करते हैं। यह कहा जाता है कि ये तीनों रसायन – शिव रुपी पारद, विष्णु रुपी गंधक और ब्रह्मा रुपी नमक – त्रिमूर्ति का निर्माण करते हैं। (त्रिमूर्ति स्वरुप पारद) यहाँ तक कि पेड़ पौधे भी, देह, जीव और आत्मा के तीन सिद्धांतों को बाहर निकालते हैं। जब हम किसी पौधे को विभाजित कर खोल कर रखते हैं, सर्वप्रथम वह पारदीय आत्मा को व्यक्त करता है जो पौधों के मद्य के भीतर निहित है। इसके बाद पौधा एक तैलीय गंधक रुपी जीव को बाहर निकालता है जिसे महसूस किया जा सकता है और जो पौधे का आवश्यक तेल होता है। यह उस बिंदु के समान है जो पौधे के लिए एक उपजाऊ बीज का काम करता है। और अंतिम में पौधा अपने मूल नमक को बाहर छोड़ता है। यह वो नमक है जो जीव और आत्मा के दो आध्यात्मिक परिवर्तनशील सिद्धांतों को एक करता है और जो इसे एक पौधे का वह रूप देता है जैसा हम सभी उसे देखते एवं जानते हैं। पौधों के विभिन्न रस और अन्य पदार्थ उपरोक्त व्याख्या में अन्तर्निहित हैं।

रसविधा के महान सतगुरुओं यथा पराशर, हर्मिस, नागार्जुन, और नित्यनाथ ने इस बात की पुष्टि की है, कि जब आप किसी धातु को उसकी विशुद्धि के पश्चात, रसविधा के लिए खोल कर रखते हैं या उद्घाटित करते हैं, तब यह धातु के आत्मतत्व को मुक्त करता है, और फिर उसके मन तत्व को, और अंत में उसके उपजाऊ नमक तत्व को सामने ले आता है। महान रसविदों और वे लोग जिनके साथ मैं कार्य करता रहा हूँ, उनका कहना है कि सभी विभिन्न धातुएं पारद धातु में अव्यक्त रूप से स्थित होती हैं ठीक वैसे ही जैसे बीज में एक विशाल वृक्ष निहित रहता है। जड़ी बूटियों, गरम एवं ठन्डे संलयन और मन्त्रों के साथ की गयी प्रक्रियाओं द्वारा समस्त धातुओं को पारद में अवशोषित किया जा सकता है और उसी प्रकार तरल पारद को दूसरी धातुओं में भी अवशोषित किया जा सकता है। यही एक कारण है कि पारद रसविधा की सभी परम्पराओं में प्रसिद्ध है, क्योंकि पारद मूल धातुओं को स्वर्ण धातु में परिवर्तित कर सकता है।

पृथ्वी की आंत के जलते कड़ाहों में, सभी धातुएँ पृथ्वी की परत में जमा हैं। ये सभी विखंडन और संलयन की अवस्था में भी रहते हैं, जहाँ ये सतत रूप से पृथ्वी की केंद्रीय अग्नि के द्वारा आंदोलित रहते हैं और पृथ्वी के खनिज पदार्थ में मिश्रित नमक से बँधे रहते हैं। जैसे यह आगे चलकर स्थूल से ऊपर उठता है, यह गंधक रुपी सूक्ष्म जीव की ओर जाता है, जो पृथ्वी के खनिजों की आत्मा का एक आंशिक रूप से उग्र तत्व है। तत्पश्चात, यह बुदबुदाते हुए सर्वाधिक वाष्पशील धातु तक ऊपर उठता है जिसे हम पारद के रूप में जानते हैं, जो सभी धातुओं की आत्मा है। हमें इस बात का ध्यान रखना होगा कि पारद का रसविधा के द्वारा स्थूलीकरण करने के लिए हमें महज़ कोई भी उपलब्ध कच्चे माल का उपयोग नहीं करना चाहिए; पारदीय अयस्क, सिंगरिफ और प्राकृतिक अयस्क में पाया जाने वाला विशुद्ध पारद अत्यन्त शुद्ध अवस्था में होता है, और यह वही पारद है जिसका स्थूलीकरण की प्रक्रिया में उपयोग किया जाता है, भले ही इसके भीतर निहित गंधक और संखिया को निकालने में अत्यधिक परिश्रम क्यों न करना पड़े। यह बाजार में पाये जाने वाली मूल पारद धातु से पूरी तरह से अलग है क्योंकि यहाँ नवजात पारद अभी जीवित है।

नवजात पारे को जमाने की और स्थूल बनाने की प्रक्रिया अधिक सरल है क्योंकि यह अपने भीतर ज़्यादा गंधक और धातुओं के गुण निहित रखता है जो इसे जमाने में सहायता करते हैं। खदानों में पाये जाने वाले विशुद्ध पारद का या तो सूर्य (स्वर्ण) की ओर या फिर चन्द्र (चांदी) की ओर झुकाव रहता है, या यह स्वर्ण और चांदी के दो घटकों की संतुलित अवस्था में पाया जाता है। यह स्थूल पारद के पावन शिवलिंग के निर्माण हेतु सर्वाधिक वांछनीय है। यह संतुलित पारद अर्धनारीश्वर धातु कहलाता है।

पारद का जादू कुछ ऐसा है कि यह ठंडे संलयन द्रव्य में एक धातु है। तापमान बहुत कम है जो इसे धातुओं की रसविधा के लिए एक बेहतरीन घटक बना देता है। कमरे के तापमान में पारद अपनी द्रव्य की अवस्था में रहता है क्योंकि उसमें अन्तर्निहित गंधक कम अनुपात में रहता है और उसकी पारदीय आत्मा प्रभावी होती है। पारद में चार तत्व होते हैं: पृथ्वी तत्व घनत्व का रूप है, जल तत्व उसकी तरलता में है, गंधक उसकी अग्नि को दिखाता है, और वायु उसकी वाष्पशीलता का द्योतक है। इन चार अद्भुत गुणों में, सामान्यत: केवल दो ही अनुभूत किये जा सकते हैं, उसका घनत्व और उसकी तरलता। अग्नि और वायु उसकी वो गुप्त विशेषताएं हैं जिनका उपयोग योगी आध्यात्मिक रूप से सबल पारद शिवलिंग के निर्माण में करते हैं।

स्थूल होने पर पारद के आध्यात्मिक प्रभाव, साधक और ध्यान अभ्यास करने वालों को अपनी आभा से प्रभावित करते है। इसमें मन को नकारात्मक विचारों से शुद्ध करने की शक्ति होती है, और चेतना को प्रशांत कर देने की ताकत होती है। यह सब शिवलिंग का निर्माण एवं देखरेख करने वाले उस योगी की शक्ति पर निर्भर करता है। पारद की कुण्डलिनी गुणवत्ता कुछ ऐसी है कि यह एक ऊपर चलने वाली क्रिया है और जब यह स्थूल, भावनात्मक एवं मनोमय शरीरों से हो कर गुज़रती है तब यह और अधिक उन्नत होती चली जाती है। दिव्य रसविद गोरक्षनाथ के कार्यों में यह स्पष्ट रूप से लिखित है कि विशुद्ध पारद विशिष्ट गुणों से भरपूर है और उन्होंने इसे १८ मूल संस्कारों और आगे चलकर २२ मूल संस्कारों को पचाने की शक्ति रखने में वर्गीकृत किया है।

पारद के स्थूलीकरण का जादू

स्थूल पारद शिवलिंग बनाने की ओर कदम बढ़ाने से पहले हमें इसे शुद्ध करना आवश्यक है और इसके विष यथा गंधक और संखिया को बाहर निकालना ज़रूरी है। जब किंचित लवण को पारद की शुद्धि हेतु उपयोग में लाया जाता है, तब यह एक चूर्ण जैसा पदार्थ बन जाता है। जब इसे पानी में फेंक दिया जाता है तब यह एक चाँदी के आवरण की भाँति दीख पड़ता है, जैसे पानी की सतह पर तैरती हुई चांदी की दूधिया परत। जब यही प्रक्रिया तीन या उससे अधिक बार की जाती है तब वे इसे शिथिल पारद कहते हैं। इसके बाद चिकनी काली कालिख के रूप में, जलते हुए आर्सेनिक सल्फर के निकलने की प्रक्रिया होती है। तत्पश्चात पारद को स्थूल बनाने के लिए इसे गाढ़े आयुर्वेदीय जड़ी बूटियों के सत और खनिज राखों के साथ तैयार किया जाता है, जो ठंडी प्रकृति के पौधों से मिलते हैं। अगली प्रक्रिया पारद का मरण है जिससे साधक को जीवन की प्राप्ति होती है। यह मृत्यु के द्वारा स्वयमेव एक महान रूप ले लेता है। फिर यह पुनर्स्र्ज्जीवन की एक प्रक्रिया से हो कर गुज़रता है (मानवों में योगावतार लाहिड़ी महाशय, ईसा मसीह, और ज्ञानावतार श्री युक्तेश्वर के सदृश) हर एक प्रक्रिया के घटित होने के दौरान कुछ मन्त्रों का उच्चारण किया जाता है, और जड़ी बूटियों को मिलाया जाता है जिससे योगी की उत्थानस्वरूप शक्ति को जगाने की ताकत रखने वाले सच्चे आध्यात्मिक उत्पाद के उचित संस्कार एवं प्रभावों को सामने लाया जा सके।

एक बार जब पारद पूर्ण रूप से अपने आर्सेनिक सल्फर धातु से मुक्त हो शुद्ध हो जाता है, इसमें असाधारण विशेषताएं आ जाती हैं। क्योंकि नकारात्मकता एवं विषों के निकल जाने से एक शून्य स्थान पारद की आत्मा में रह जाता है जहाँ उसकी स्मृति निवास कर सकती है। या यूँ कहें कि, पारद का यह शून्य आकाश उसकी स्मृति बन जाता है। यह आकाश संस्कारों, भावनाओं और यहाँ तक कि चलने और बोलने की प्रेरणा – जो अत्यन्त दुर्लभ मामले हैं – की प्राप्ति के लिए खुला है। यह स्मृति अपने भीतर उस योगी की शक्ति और आध्यात्मिक ऊर्जा को सम्हाले हुए है जिसने पारद शिवलिंग में प्राण प्रतिष्ठा की है,

और जिस शिवलिंग से कालांतर में वह मनुष्यों के कल्याण के लिए 'स्वशान्ति से जगत शांति' के बल का प्रसार करता है। छोटे रूप में कहा जाए तो वह इसका उपयोग, योग के समस्त साधकों की उनकी ध्यान साधना में सहायता के लिए करता है या साधना पथ में आने वाली बाधाओं को दूर करने के लिए करता है।

पारद के रहस्यमय प्रभाव

कीमीयाई शिवलिंग का निर्माण, अनश्वर बाबाजी की मुख्य विशेषताओं एवं हमें प्रदान की गयी उनकी विरासतों में से एक है। इसके मूल उद्देश्य निम्नलिखित हैं:

१. यौन ऊर्जा का आध्यात्मिक ऊर्जा में रूपांतरण
२. सूक्ष्म शरीर को स्थूल शरीर से पृथक करना
३. कुण्डलिनी जागरण
४. योग विद्या में उपयोगित हो कर यह शरीर कोषों को पुनर्नवीन कर देता है
५. यह बुद्धि को बढ़ाता है क्योंकि इसका ग्रह बुध है
६. योग विद्या में यह चेतना का विस्तार करता है

पारद को भगवान शिव के वीर्य की संज्ञा दी जाती है और तदनुसार स्थूल और सूक्ष्म शरीरों पर इसके अत्यन्त शक्तिशाली प्रभाव हैं, जैसे यौन ऊर्जा का आध्यात्मिक ऊर्जा में रूपांतरण। सिलिकॉन को एक स्त्रैण तत्व माना जाता है और पारद की सिलिकॉन के साथ एकता, एक नवीन जन्म का कारण बन सकती है, एक संजीवनी, जो मृत कोषों को जीवित करने की शक्ति है, शरीर कोषों को पुनर्नवीन बनाने के लिए और इस प्रकार अनश्वरता को सामने ला सकती है। इससे अधिक खुलासा इस पुस्तक में करना उचित नहीं है जो सामान्य पाठकों के लिए लिखी गई है। पारद के द्वारा अनश्वरता के विज्ञान के अन्तर्निहित विवरणों को समझने के लिए विद्यार्थी को सर्वप्रथम आयुर्वेदिक विद्यालयों में शिक्षित होना होगा। एक बार ऐसा कर लेने के बाद उसे किसी

यथोचित योग गुरु से इस अत्यन्त उन्नत कीमीयाई विज्ञान को सीखना चाहिए।

योग, सम्पूर्ण रूपांतरण की कीमिया

मैं यहाँ किसी साधक के शरीर और मन के उसकी प्रकाश, प्रेम और चेतना की परम उच्च अवस्था में योग रूपांतरण की बात कर रहा हूँ। चेतना के आध्यात्मिक उत्थान, योग ने अपने गर्भ में सम्पूर्ण रूपांतरण की कीमिया को समन्वित कर के रखा हुआ है। यह हमारे शरीर और उसके रसायनों को परिवर्तित कर उन्हें नयी दिशा प्रदान करता है। प्राचीन नाथ योगी अपनी विरासत को हम तक नीचे ले कर आये हैं कि किस प्रकार वायु (प्राण), अग्नि (तेजस) और जल (ओजस) की हमारी देह ऊर्जाओं का सृजन और मिश्रण सही तरीके से किया जाए और अंततः हमें उज्ज्वल प्रकाश में परिणत किया जा सकता है, हमारी कुण्डलिनी को जाग्रत कर हमें जीवन्मुक्त किया जा सकता है।

योगी और ऋषि सर्वाधिक प्राचीन चिकित्सक भी थे। उन्होंने आयुर्वेद के विज्ञान की खोज की (जिसे पंचम वेद भी कहा जाता है), जो अपने उपचार की पद्धति को तीन जैविक दोषों, यथा कफ, पित्त और वात पर आधारित रखता है। ये जल, अग्नि और वायु के तीन तत्वों के जैविक समकक्ष हैं। योग रूपांतरण के विज्ञान में गहरा उतरने पर हम यह पाएंगे कि हमारे शरीर के वीर्यतत्व क्रमशः ओजस में परिणत हो जाते हैं, जो जीवन का अमृत है, पित्त और उसकी ऊष्मा तेजस में परिणत होती है, जो कुण्डलिनी की अग्नि है, और वायु जो वात है, प्राण में परिणत होती है, जो जीवन के पीछे का जीवन है। जब इन्हें ऊपर उन्नत कर इन पर कार्य किया जाता है, तब ये तीन महत्वपूर्ण तत्व, साधक का शीघ्रता से उत्थान करते हैं। परन्तु हमारे आत्मतत्व को पूर्णतः यथार्थ रूप में समझने के लिए योगी अपनी आत्मा के सातों तत्वों, यथा पृथ्वी, जल, अग्नि, वायु, व्योम, मन और ओमकार[६] पर कार्य

६ मैं ओमकार को सृजन के जन्म का प्रथम 'हम' कहता हूँ, ओमकार अणु के बीजकेंद्र से भी छोटा था, जिसके भीतर ब्रह्माण्ड का मन और पदार्थ निहित थे। काल के आरम्भ में ओमकार एक अचिन्त्य प्रकाश एवं ध्वनि के साथ विस्फोटित हुआ और सापेक्ष जगत का जन्म हुआ।

करते हैं। वह तत्वों के सोपानों पर उन्नति करता जाता है, अपनी ध्यान साधना में अंतर्विस्फोटों और स्थूल को सूक्ष्म में रूपांतरित करता हुआ वह अंतिम निर्वाण मोक्ष में लीन हो जाता है जो उसके जागरण की सहज स्थिति है।

सच्चे अहम (आत्मा) की अनभिज्ञता को मिटाने का
आभासी अहम के ऊपर किया गया उपचार
समस्त उपचारों का मूल स्रोत है

योगीराज सिद्धनाथ

सर्वोच्च उपचार ईश्वर प्राप्ति है
सर्वोच्च चमत्कार ईश्वर ज्ञान है
सर्वोच्च योग, ईश्वर हो जाना है

योगीराज सिद्धनाथ

शिवगोरक्ष बाबाजी के सम्मान में कीमीयाई पारद शिवलिंग

महाशिवरात्रि के पावन दिवस पर आयोजित एक दीक्षांत समारोह में हंसयोग संघ ने, ८ मार्च २००८ में, पुणे के नज़दीक सिद्धनाथ वन आश्रम में जगतशांति मंदिर का उद्घाटन किया। धरती के समस्त लोगों के बीच एकता और स्थायी शांति लाने हेतु जगतशांति मंदिर की स्थापना की गयी है। हम किसी धर्म की शिक्षा नहीं देते। सभी तरह के देशों और जाति एवं धर्मों के लोगों का खुले दिल से स्वागत किया जाता है। यह बड़े ध्यान से संरक्षित किया हुआ एक गुप्त भँवर है।

मंदिर में संसार का सबसे बड़ा अखंड पारद शिवलिंग है। जब पारे को शुद्ध कर के ठोस अवस्था में लाया जाता है, तब उसे 'पारस मणि' कहा जाता है। इस शिवलिंग के प्रकाश में ध्यान करने से ध्यानी पुनर्नवीन और रूपांतरित हो जाता है। अतिप्राचीन काल से इसके अमृतमय प्रभावों को ध्यानस्थ नाथ योगियों ने अनुभूत किया है और

इसका उपयोग कायाकल्प एवं संजीवनी विद्या के लिए किया है।

इस प्रकार के कीमियाई पारद शिवलिंग का निर्माण भारतीय आध्यात्मिक संस्कृति का एक बड़े ध्यान से संरक्षित किया हुआ रहस्य है, जिसका आशीर्वाद शिव गोरक्ष बाबाजी ने दिया है। इस असाधारण शिवलिंग का अब हम लाभ ले सकते हैं और स्वशान्ति से जगतशांति के लिए इसका उपयोग कर सकते हैं।

पिछले तीस वर्षों से भी अधिक मैंने अपनी पत्नी शिवांगिनी के साथ मिलकर सीता माई की इस घाटी में बड़े ही प्रेमपूर्ण तरीके से आध्यात्मिक जिज्ञासुओं के लिए यह शक्तिशाली केंद्र बनाया है। समूचे भारत और विश्व से शिष्यगण और उन्नत लोग बाबाजी की कुण्डलिनी क्रियायोग की उन्नत करने वाली विधियां सीखने आते हैं।

बाबाजी अकम्पित विराट वज्र

कथाओं में वर्णित पारसमणि, कीमीयाई परद शिवलिंग, पुणे आश्रम, भारत में। हर ओर और कहीं भी नहीं, इस रूप में भगवान् शिव का एक प्रतीक जिनकी शिव गोरक्ष बाबाजी एक स्वयम्भू अभिव्यक्ति हैं।

परिशिष्ट

जगतशांति के लिए मनुष्य के अधिकारों की घोषणा

यदि जगतशांति से नए युग की सुबह का सूत्रपात होना है तब "आत्मा की पुकार" है :

मानवता हमारा एकमात्र धर्म
श्वास हमारी एकमात्र प्रार्थना
आत्मचेतना हमारा एकमात्र ईश्वर

पूर्णिमा के दिनों में जगतशांति ध्यान साधना के द्वारा **मानवता की सेवा अपने आत्मरूप में करना है** जिसमें पूरे चाँद की शान्तिप्रद किरणें, स्वयं के भीतर लेना है और फिर बाहर संसार में उन्हें व्याप्त कर देना है।

जो सबमें समान रूप से बहती है उस **शांतिमय श्वास का, जगतशांति की प्राप्ति के लिए उपयोग करना है** और इस प्रकार व्यक्तिगत और वैश्विक मतभेदों को मिटाना है।

जगतशान्ति के लिए **मानवीय चेतना के उत्थान को आगे बढ़ाना** हर एक मनुष्य का परम अधिकार है, एक दूसरे के जीवन को इस ग्रह पर एक उत्सव बना देने के लिए आपको अपने सत्कार्यों का संकल्प लेना है।

संसार के नागरिक होने के नाते यह हर किसी का जन्मसिद्ध अधिकार है कि वह **सहज जागरण की चेतना को प्राप्त करे** और इस ज्ञान तक पहुंचे कि आपकी व्यापक चेतना और मानवता की चेतना एक हैं।

जैसे-जैसे हमारा आत्म विकास होता है वैसे-वैसे हम अपने शरीर में कम से कम और अपनी चेतना में अधिक से अधिक रहना शुरू कर देते हैं। अतः आपकी सकारात्मक जागरूकता और प्रकृति के मेल से एक सुधरी हुई एवं संतुलित पर्यावरण प्रणाली का विकास होता है। आप अपनी प्रकृति के साथ प्रकृति को उन्नत करें, क्योंकि प्रकृति ही मनुष्य की प्रकृति है!

आत्मा की भव्यता को ढँकने वाले **नकारात्मक मन को विदा कर**, स्वयं को उपचार करने एवं उपचारित होने के लिए आगे लाएँ।

परिशिष्ट

संसार को भारत का उपहार

"भारत धर्म और कल्पनाशील साहित्य में चीन का गुरु था और दर्शन में विश्व का गुरु है... भारतीय धर्म की आत्मा, धीरे-धीरे चीन तक पहुँच गयी और उसने समूचे पूर्वी एशिया को आप्लावित कर दिया।"

लिन यूटांग, विस्डम आफ इंडिया के लेखक

बिना कोई ढिंढोरा पीटे, परन्तु सुबह की ताज़ी ओस की तरह मौन और शांत, आध्यात्मिक ज्ञान का भारत का यह उपहार, संसार के हृदय में बह रहा है। वही लोग जिन्होंने युद्ध के द्वारा भारत को जीता स्वयं भारत के शांति और प्रेम के दर्शन से जीत लिए गए। एक के बाद एक विदेशी हमलों के बाद भी बने रहने की हमारे लोगों की मानसिकता और साहस और इन सबके बावजूद उन बाहरी लोगों को अपनी संस्कृति में स्थान देना, समस्त संसार में अद्वितीय है। मानो यह भी कम था कि भारत संसार को शांति का अंतरिम पाठ पढ़ाने के लिए आगे बढ़ा। ब्रिटिश शासन की गुलामी से मुक्त हो कर उसने १९४७ में अपनी राजनीतिक स्वतन्त्रता हासिल की। यह पूर्णतया शांतिमय तरीके से सत्याग्रह के द्वारा किया गया जो अन्याय के खिलाफ एक अहिंसक प्रतिक्रिया है, जिसमें नफरत के बदले प्रेम लौटाया जाता है। इस अनोखे राजनीतिक आंदोलन के मुखिया थे भारतीय महात्मा और संत मोहनदास करमचंद गांधी।

आध्यात्मिक चेतना के उत्थान में भारत की विशेषज्ञता अद्वितीय है। इसकी गहरी यौगिक अंतर्दृष्टि और गहन दार्शनिकता ने योरप, एशिया और यहाँ तक कि पश्चिमी विचारधारा को भी प्रभावित किया है। चीन और तिब्बत के दर्शन और संस्कृति पर बीस शताब्दियों तक भारत का वर्चस्व रहा है। आजकल की समकालीन विधियां, जैसे प्राणिक उपचार, सुदर्शन क्रिया, ताई-ची, ची-गुंग और रैकी इत्यादि, प्राचीन भारतीय योग और आध्यात्म की महान नदी में उठने वाले छोटे छोटे भँवर जैसे हैं।

५०० ई.पू. काशी के अविनाशी काल-अग्नि नाथ ने भोग नाथ को कुण्डलिनी क्रिया योग में दीक्षित किया। वे योगियों की नव-नाथ परंपरा

से सम्बन्धित थे। फिर भोग नाथ ने नाथ योग एवं उपचार के ज्ञान को चीन तक पहुँचाया जहाँ वे बो-यांग कहलाये और कालांतर में प्रसिद्ध लाओ-त्जु के रूप में जाने गए, उन्होंने चीन में ताओवाद की स्थापना की और वहां के लोगों को पवित्र कुण्डलिनी योग का उपहार दिया जो वहां यिन-यांग योग कहलाया। यिन का तात्पर्य शक्ति से है और यांग का शिव से। उन्होंने लोगों को प्राणायाम का संतुलन सिखाया जिसे ताई-ची कहते हैं, जिसमें श्वास के द्वारा पुरुष-स्त्री सिद्धांतों का मस्तक के ऊपर मेल कराया जाता है और समाधि की स्वर्णिम योग अवस्था में प्रवेश किया जाता है। भोग नाथ ने हजारों चीनी शिष्यों को तंत्र योग की शिक्षा दी जो काम ऊर्जा के आध्यात्मिक ऊर्जा में रूपांतरण का योग है।

कालांतर में ३०० ई. में, एक दूसरे भारतीय योगी, बौद्ध कुलपति, बोधिधर्म ने चीन में शाओलिन टेम्पल की स्थापना की। उन्होंने चीन और जापानी बौद्धवाद के ध्यान (जेन) विद्यालयों की स्थापना की। उन्होंने मुष्टि प्रहार के मार्शल आर्ट्स की शिक्षा दी जो मर्मस्थानों पर प्रहार करने की एक विधि है जिसमे अस्थायी रूप से दुश्मन को अपंग कर दिया जाता है, परन्तु उन्होंने अपने शिष्यों को यह चेतावनी दी कि वे इसका उपयोग कभी भी आक्रामक तौर पर नहीं करेंगे बल्कि केवल आत्मरक्षा के लिए ही करेंगे। यही सब कालांतर में शाओलिन कुंगफू, ताईची चुआन और जापानी कराटे बना।

न जाने कब से भारत, समूचे संसार के लिए पवित्र ज्ञान और आध्यात्मिक उपचार की जानकारी का स्रोत रहा है। जीवनमुक्त योगियों की इस निस्वार्थ सेवा को उन्ही लोगों के द्वारा एक बड़े स्तर पर मिटाया और भुला दिया गया जो इससे आध्यात्मिक, शारीरिक और सांस्कृतिक रूप से सबसे ज़्यादा लाभान्वित हुए थे। हालांकि ऐतिहासिक काल के दौरान कुछ अभिलेख बच गए हैं जो इन निस्वार्थ योगियों के आध्यात्मिक प्रभाव की कहानी कहते हैं।

वर्तमान समय में एक पूर्व – पश्चिम आदान प्रदान चल रहा है, क्योंकि पश्चिम उस चीज़ की कदर नहीं करता जो मुफ्त में मिल रही हो, अतः करुणामय शिवगोरक्ष बाबाजी ने यह फैसला सुनाया है कि भारतीय आध्यात्मिक धन के बदले में पश्चिमी भौतिक धन का विनिमय

किया जाना चाहिए। सारे संसार की यात्रा में, मैंने यह अनुभव किया है कि अपनी समस्त कमियों के बावजूद आज भी भारत संसार की आध्यात्मिक शक्ति का केंद्र है। जैसे-जैसे समय गुज़रता जाएगा यह मानवता को ज्ञान के रास्ते पर लाता चला जाएगा।

संसार को भारत के द्वारा दिए गए अद्भुत उपहारों में से एक है मृत्यु का योग दर्शन। शरीर एक स्वप्निल विनाशशील 'मैं' है और आत्मा, अविनाशी तत्व। जब शरीर बूढा हो जाता है, तब इसे किसी फटे हुए वस्त्र की तरह अलग कर दिया जाता है। आत्मा जीवंत हो कर नए शरीर और उस परिवार में बस जाती है जो उसके शेष कर्मों को पूरा करने में उसकी मदद करते हैं। पहचान के संकट का समाधान करने वाले इस दर्शन ने संसार की अनगिनत पीढ़ियों के लोगों के हृदय से मृत्यु के भय को निकाला है। इसने उन्हें साहस और आत्मविश्वास के साथ जीने और मरने का उद्देश्य दिया क्योंकि उन्होंने जाना कि:

इस सत्य में जोगी शांत रहो कि,
तुम इस देह प्रवासी हो
तुम देह नहीं नश्वर नासी,
तुम अलख निरंजन अविनासी
देह चित्त नहीं नश्वर नासी,
तुम अलख निरंजन अविनासी

शाम्भला में ऋषि संघ
बता रहा हूँ कि दिव्य नगरी, शाम्भला में क्या होता है

हम परदेसी बा देस भए, अरे हम परदेसी बा देस भए
जहाँ जन्म मरण न होत, बार मास अमीरस पान पियें
हम जाग अहम न होत, अरे भाई होत अहम की मौत,

    हम परदेसी बा देस भए, अरे हम परदेसी बा देस भए
    जहाँ हर दिन बसंत बहार, जै बगिया सप्त कमल खिलवन
    गोरक्ष चरण श्रृंगार, अरे भाई रक्ष चरण श्रृंगार,

हम परदेसी बा देस भए, अरे हम परदेसी बा देस भए
जहाँ हर दिन होरी होत, वहां सप्तरंग पिचकार फुहार
मन निर्गुण रंगी होत, अरे भाई निर्गुण अंगी होत

    हम परदेसी बा देस भए, अरे हम परदेसी बा देस भए
    जहाँ बजत छत्तीसों राग, दसरा नौबत नाद करे
    औ राग करे ओमकार, अरे भाई राग करे ओमकार

हम परदेसी बा देस भए, अरे हम परदेसी बा देस भए
जिसे कहते हैं परमधाम, सिद्धनाथ हमारो नाम है
गाँव अमृतघट विश्राम, अरे भाई अमृतघट विश्राम

    हम परदेसी बा देस भए, अरे हम परदेसी बा देस भए
    जहाँ गोरक्ष आत्माराम, वही सोऽहं हंस का खेल करत
    और हम बैठत आराम, अरे भाई हम बैठत विश्राम

हम परदेसी बा देस भए, अरे हम परदेसी बा देस भए

अतः यह है वो मेरा, प्रिय श्वेतद्वीप का नगर, जहाँ मैंने अपनी इस देह के भीतर और शाम्भला एवं श्वेतद्वीप के स्थानों में अपना चरम लक्ष्य प्राप्त कर लिया है। मैंने अपनी आत्मज्ञान की अवस्था पा ली है और स्वयं को दिव्य सहचर या आत्मरूप जान लिया है; और अब परमात्म ज्ञान की ओर बढ़ चला हूँ।

यह शाम्भला द्वीप और श्वेतद्वीप की एक व्याख्या है, जो और भी उच्चतर, यहाँ तक कि शाम्भला से भी परे, लोकों तक जा सकती है। यह स्थान लौकिक जगत से परे है, यहाँ तक कि दिव्य जगत से भी परे है, जो अवर्णनीय सत्ता तक ले जाने का मार्ग है।

शब्द संग्रह

अ

अचलचम्बु नाथ: आदिशेष के रूप में काल का प्रतीक, अक्षय अनन्त सर्प।

अगस्त्य: पुरातन ऋषि, मित्र ऋषि के पुत्र।

अनामिक: जिनका कोई नाम नहीं।

अग्निश्वत्थ ऋषि: इन्होंने हमारे कल्प के आरम्भ में जन्म लिया। ये ऋषि स्वयंभू हैं जो अग्नि की ज्वाला से अभिव्यक्त हुए हैं और हमारी मनुष्य जाति के महान रहस्यदर्शी एवं सतगुरु हैं। वे हमारे इस संसार और मनुष्यजाति के उत्थान को वर्तमान समय तक ले आने के लिए उत्तरदायी हैं। यदि उनके कुछ नाम लिए जाएँ तो वे हैं, मनु स्वयंभू और सनत कुमार, हमारे जगत के ईश्वर।

अग्नि योगी: वह जो अग्नि योग का साधक है, जिसे क्रियायोग भी कहते हैं और जो योगी के लिए पावन यज्ञ कर्म है।

अजपा जप: इसे अजपा गायत्री भी कहते हैं, इसका उच्चारण नहीं किया जाता बल्कि हँस-सोऽहं के मौन मन्त्र के साथ अवलोकन किया जाता है।

अलख: प्रकाश रहित प्रकाश, ईश्वर का एक नाम।

अलख निरंजन: 'प्रकाशरहित प्रकाश करे प्रकाशित वह प्रकाश जिससे प्रकाशित हो हमारा आत्मप्रकाश', ईश्वर का एक नाम और नाथ योगियों के एक दूसरे के साथ भेंट होने पर बोले गए शब्द।

अलकनंदा: हिमालय से उद्भूत हो कर बहने वाली नदी का नाम जो दूसरी नदियों से मिलकर पवित्र गंगा बनती है।

अलम्बुष: शरीर में स्थित उप-नाड़ियों में से एक।

शब्द संग्रह

अलकापुरी: उत्तर-पूर्वी हिमालय में स्थित एक प्रसिद्ध नगर।

अमरोली: स्वचालित- मूत्र चिकित्सा की एक तांत्रिक विधि।

अनाहत चक्र: 'अनहद नाद का चक्र', हृदय का बारह कमल दल वाला चक्र। पुरातन काल से हृदय को वासुदेव का गुप्त स्थान समझा जाता रहा है और एक ऐसा स्थल कहा जाता रहा है जहाँ ॐ की अनश्वर ध्वनि को सुना जा सकता है। इसका बीज मन्त्र यम् है जो वायु तत्व का द्योतक है।

अनाहत नाद: ऐसी ध्वनि जिसे तोड़ा न जा सके, सामान्यत: हृदय/अनाहत चक्र में सुनाई देने वाला।

अंगिरस: सप्तऋषियों में से एक जो सप्तऋषि नक्षत्रों में से एक ग्रह का कार्यभार ग्रहण करते हैं।

अन्नमय कोष: आत्मा को आवृत्त किए हुए पांच आवरणों में से सबसे निम्नतर आवरण, अन्न से निर्मित देह का आवरण।

अनुपादक: अक्षय और अनन्त।

अवधूत: 'त्याग देना', वह जिसने सब कुछ छोड़ दिया हो, एक नाथ योगी जो अपने व्यक्तिगत प्रयासों और ईश्वरीय कृपा के फलस्वरूप, दीक्षा के छठवें स्तर को पार कर अवतारी चेतना को प्राप्त करता है।

अवलोकितेश्वर: यह महान योगी मत्स्येंद्रनाथ के लिए प्रयुक्त किया गया एक बौद्ध नाम है। महाराष्ट्र में उन्हें विठोबा के नाम से जाना जाता है।

अश्वत्थामा: ऋषि द्रोणाचार्य के पुत्र, अष्ट चिरन्जीवियों में से एक (जिनमें कृपा, हनुमान, व्यास, विभीषण, परशुराम, महाबाली, मार्कण्डेय भी शामिल हैं); उन्होंने लगभग ३१०२ ई.पू. हुए महाभारत के युद्ध में भाग लिया था।

अरुंधती: महान ऋषि वशिष्ठ की पत्नी, वशिष्ठ सप्तऋषियों के अंतिम ऋषि से एक पहले के ऋषि हैं।

अग्नि अभिमानिन: पुरातन अग्नि के ईश्वर का नाम जिनका विवाह स्वाहा के साथ हुआ जिससे तीन अग्नियों यथा पावक, पवमान और शुचि का जन्म हुआ।

अग्नि वमशा: पुरातन ऋषि, मित्र के पुत्र।

असम्प्रज्ञात समाधि: योग में सर्वव्यापी चैतन्य की एक परमानन्द अवस्था जो निर्विकल्प समाधि के वेदांत के आनंद के समकक्ष है।

अद्वैत वेदांत: अद्वैतवाद या एकत्ववाद में वेदों की परिणति।

अद्वैत: दो का न होना, विशेषतः उपनिषदों में वर्णित यह सत्य और शिक्षा कि केवल एक सत्य, आत्मा या ब्रह्म है, दूसरा कोई सत्य नहीं है।

अहंकार: 'मैं' का निर्माणकर्ता, व्यक्तिगत सिद्धांत, देखें अस्मिता, बुद्धि, मनस।

अकर्म: 'कर्म रहित कर्म', निष्काम कर्म।

अखाड़ा: नाथ योग की परंपरा में अनुशासन का विद्यालय।

अखण्ड: अविभाज्य।

अनुसंधान: अपने इष्ट के साथ आतंरिक सम्बन्ध।

अपान: मेरुदण्ड में नीचे की ओर बहने वाला जीवन बल ऊर्जा का बहाव।

अर्धनारीश्वर: आधे शिव और आधी शक्ति, कालांतर में होने वाले यूनानी देवता के समान, उभयलिंगी, आधा पुरुष, आधी स्त्री।

अर्जुन: महाभारत युद्ध में भाग लेने वाले, पांच पांडव राजकुमारों में से एक, अवतार कृष्ण के शिष्य, जिनकी शिक्षाएं भगवद्गीता में वर्णित हैं।

अशोक: सम्राट, जिन्हें महान अशोक भी कहा जाता है, २६९-२३२ ई.पू. में प्राचीन भारत पर शासन किया था।

अष्टांग योग: योग के आठ अंग। यम, नियम, आसन, प्राणायाम, प्रत्याहार, धारणा, ध्यान और समाधि।

अस्तित्वविहीन परमअस्तित्व: योगिराज सिद्धनाथ के द्वारा दिया गया मुहावरा, यह शब्द एक विरोधाभास का प्रतीक है क्योंकि जहाँ तक हमारे अस्तित्व का प्रश्न है, परब्रह्म, नश्वर विचार के इस कदर परे है कि वह कुछ भी नहीं है; और फिर भी वह हमारे आत्मतत्व और सकल ब्रह्माण्ड का अत्यावश्यक अंग है।

आ

आधार: षड चक्र (छह चक्र) आधार।

आकाश: व्योम, भौतिक जगत ब्रह्माण्ड का सृजन करने वाले पांच तत्वों में सबसे पहला तत्व, आतंरिक शून्य को बताने के लिए भी प्रयुक्त किया जाता है, जैसे चिदाकाश।

आदि नाथ: प्रथम नाथ, नाथ योगियों के संस्थापक, स्वयम्भू शिव।

आदि शक्ति: प्रथम स्त्रैण ऊर्जा।

शब्द संग्रह

आदित्य: अदिति से उत्पन्न हुए, सूर्य के विभिन्न नामों में से एक।

आदिशेष: अक्षय अनन्त सर्प, अनन्तता के सप्त युग चक्रों में से एक।

आदि शंकर: शैव परंपरा के आचार्यों में प्रथम आध्यात्मिक अध्यक्ष।

आज्ञा चक्र: 'आज्ञा केंद्र', तृतीय नेत्र के लिए प्रयुक्त किया गया नाम या यौगिक पदवी; भौहों के बीच में स्थित दिव्य चेतना का केंद्र।

आनन्दमयी माँ: आनन्द प्रसारिणी माँ; बीसवीं सदी की एक संत/अवतार।

आलम प्रभु: एक संत जो बाबाजी गोरक्ष नाथ से १५० वर्ष उपरान्त अस्तित्व में आए जिन्हें गोरक्ष नाथ ने दर्शन दे कर कृतार्थ किया था। इन दोनों सतगुरुओं की स्थूल शरीर में भेंट का कोई भी ऐतिहासिक तथ्य उपलब्ध नहीं है।

आर्यभट: एक प्रसिद्ध भारतीय ज्योतिषी और गणितज्ञ जिन्होंने शून्य के अंक की खोज की। उन्होंने आर्य सिद्धांत नामक पुस्तक की रचना की।

आर्य मूल जाति: आर्यावर्त्त की एक आदर्श जाति जिसे वर्तमान में भारत कहा जाता है।

आर्यसंघ: मध्ययुगीन महान रसविद और दार्शनिक जिन्होंने मैत्रेय-कृष्ण के तारक राजयोग की हिमायत की।

आयाम: विराम, समाप्त होना (उदाहरण: प्राणायाम)।

आर्यावर्त्त: भारत भूमि का एक प्राचीन नाम।

आसन: पतंजलि के अष्टांग योग में तीसरा अंग। मूलतः इसे केवल ध्यान में बैठने की मुद्रा माना जाता रहा है, लेकिन बाद में, हठ योग में, योग मार्ग के इस पहलू का और भी अधिक विकास हुआ; ध्यान साधना के दौरान योगी जिस पर बैठता है।

इ

इड़ा नाड़ी: सुषुम्ना नाड़ी के बाईं ओर से ऊपर की तरफ बहने वाला प्राण का प्रवाह जो तंत्रिका तंत्र से सम्बन्धित है और जिसके सक्रिय होने पर मन शान्ति और शीतलता प्राप्त करता है; देखें पिंगला नाड़ी।

इंदु: चन्द्रमा की स्त्रैण ऊर्जा।

इलोहिम: हिब्रू संस्कृति में भगवान् का नाम, हिब्रू परंपरा में ईश्वर के दूतों के लिए प्रयुक्त किया गया एक नाम।

ई

ईश्वर प्रणिधानः परमात्मा के प्रति पूर्ण समर्पण; पतंजलि के अष्टांग योग के अंतर्गत आने वाले अभ्यासों में से एक।

ईशा नाथः जीसस का एक और नाम, अनुग्रहीत।

उ

उदय नाथः पार्वती

उदानः एक चयापचय प्राण, जो लसीका एवं चयापचय प्रणाली से सम्बन्धित है; पांच प्रमुख प्राण प्रवाहों यथा प्राण, अपान, समान, उदान और व्यान में से एक।

उदासीन सम्प्रदायः हिन्दू साधु सम्प्रदाय जो सिख धर्म की कुछ शिक्षाओं को मानता है परन्तु यह मूलतः अपने संस्थापक, गुरु नानक देव के पुत्र योगी श्री चन्द्र की शिक्षाओं पर केंद्रित है।

उमा नाथः माताजी

उन्मनी अवस्थाः विचारहीन जागरण में अ-मन के आनंद की अवस्था।

ए

एक योगी की आत्मकथाः बीसवीं शताब्दी में परमहंस योगानंद द्वारा लिखित एक उत्कृष्ट आध्यात्मिक कृति।

एल मौर्यः ४०० ई.पू. (भारत के प्रथम सम्राट, जिन्होंने ५७ ई.पू. के प्रसिद्ध सम्राट विक्रमादित्य के रूप में भी जन्म लिया। तत्पश्चात ६०० ई. के राजा आर्थर और इसके बाद न्यायप्रिय राजा शिवाजी, फिर ज्ञानावतार श्री युक्तेश्वर के रूप में इस पृथ्वी पर आए। यही वह सत्ता है जिनका भविष्य में होने वाली हमारी छठवीं मूल जाति के मनु सावर्णि के रूप में आना निश्चित है।

ओ

ओजसः जीवन शक्ति, अभ्यास और विशेषकर ब्रह्मचर्य से मिली सूक्ष्म ऊर्जा।

ॐ: प्रथम ध्वनि और सृजन के जन्म का प्रथम 'हम' है जिसे योगी ध्यान में सुनते और उन्नत करते हैं ताकि उनका विशुद्ध चेतना के स्तरों में उत्थान हो सके। ब्रह्माण्ड के आरम्भ से पहले **ॐ** परमाणु से भी छोटा था जिसके भीतर ब्रह्माण्ड का असीम मनः पदार्थ अनंतगुना संकुचित अवस्था में था।

शब्द संग्रह

ओम्कार: काल के आरम्भ में, ब्रह्माण्ड का सृजन प्रकाश और ध्वनि के विस्फोट के रूप में हुआ, जो अनंतता तक अस्तित्व की 'हम' ध्वनि के रूप में कम्पित हो रहा है। ब्रह्माण्ड का यह मूल कम्पन अपने भीतर सत्व, रजस और तम के गुणों को रखे हुए है, इसमें ब्रह्माण्ड के मनः पदार्थ का सारभूत तत्व निहित है।

ओम्कार क्रिया: यह क्रिया योग की एक विशिष्ट विधि है जिससे सभी क्रिया ध्यान अभ्यासों की शुरुआत होती है। इस क्रिया में सृजन के प्रकाश ध्वनि के तीन दिव्य गुणों को सुनना और उनका अनुभव लेना शामिल है।

क

काबा: इस्लाम में प्रार्थना करने का पवित्र स्थान।

कबीर: भारत के एक मध्ययुगीन संत जिन्हें बाबाजी से आध्यात्मिक क्रिया योग की प्राप्ति हुई। उन्हें अपने गुरु रामानन्द से 'राम' मन्त्र की प्राप्ति हुई।

कदली-वन: वह वन जहाँ मत्स्येन्द्र नाथ गए थे।

कैलाश: पवित्र पर्वत जहाँ कहते हैं कि भगवान शिव की आत्मा निवास करती है।

कालाग्नि नाथ: बाबाजी के अवतरणों में से एक, इन्हे कालीनाथ, कलंगी नाथ या कालानोस के नाम से भी जाना जाता है।

कल्कि पुराण: कल्कि अवतार/मैत्रेय के आगमन के बारे में बताने वाला एक ग्रन्थ, कल्कि पृथ्वी पर धर्म की पुनर्स्थापना करेंगे और सूर्य वंश को पुनः स्थापित करेंगे।

कल्प: हमारी ग्रहीय प्रणाली को प्रदान की गयी जीवन अवधि।

कल्पनाथ: उत्तराखंड, भारत में भगवान् शिव का तीर्थस्थल।

कलाड़ी: केरल का एक गाँव, अदि शंकराचार्य का जन्मस्थान।

कामरूप: देवी सती का एक तांत्रिक तीर्थस्थल।

कपिल: अग्निश्वत्थ ऋषियों में से एक। देखें 'अग्निश्वत्थ ऋषि'।

कंठद नाथ: गणेश, ब्रह्माण्ड का बाहर की ओर जाने वाला केन्द्रापसारी बल।

करार आश्रम: श्री युक्तेश्वर द्वारा स्थापित समुद्र के किनारे स्थित आश्रम।

काशीमोनि: लाहिड़ी महाशय की पत्नी।

कौल ज्ञान: इसे कौल मार्ग भी कहते हैं, कौल तंत्र जिसके प्रणेता मत्स्येन्द्र नाथ थे और जैसा कि कौल ज्ञान निर्णय में उद्घाटित किया गया है। इसमें अनश्वर अमृत के प्रवाह को उत्तेजित करने के द्वारा शरीर की दिव्यता का पाना सम्मिलित है।

करुर सिद्धः तमिल के शैवमत के एक संत एवं रहस्यदर्शी, अट्ठारह सिद्धों में से एक।

किंवदंतीः उपाख्यान, छोटी सी कहानी।

कीमियाः रसविद्या से किसी भी धातु को स्वर्ण में परिवर्तित करने की कला। योग के सन्दर्भ में, यह साधक के शरीर और मन का प्रकाश, प्रेम और चेतना में रूपांतरण है।

कोरख नाथः वास्तविक गोरक्ष नाथ का दक्षिण भारतीय गलत उच्चारण।

कूटस्थ चैतन्यः आज्ञा चक्र में आत्मा का जीवंत प्रकाश।

कुठूमिः 'वह जो मैं हूँ'।

कुहुशः एक उप-प्राण, शरीर में स्थित एक उप-नाड़ी।

कुलः वंशय एक परिवार वंशावली जिससे कोई भी सम्बंधित होता है।

कुल कुंडलिनीः कुंडलिनी शक्ति जो कई युगों तक मानवीय अस्तित्व के द्वारा बनी रहती है, कई पीढ़ियों और कई राजवंशों तक।

कुम्भकः 'घड़े के जैसा', योग विज्ञान में बंधों का रोका जाना और संकुचन किया जाता है जिससे मेरुदंड (सुषुम्ना नाड़ी) में जीवन बल ऊर्जा (प्राण) को प्रवेश दिला कर कुंडलिनी जागरण किया जा सके; पूरक और रेचक भी देखें।

कुंडलिनीः 'अग्नि कुंड में कुंडली मारे बैठी सर्पिणी', मेरुदण्ड में केंद्रित विद्युत चुम्बकीय प्राण ऊर्जा, शिव शक्ति प्राणायाम के द्वारा यह कुंडलिनी शक्ति, ज्वलंत और जाग्रत हो कर मेरुदंड की चिमनी से शीर्ष चक्र तक उठती चली जाती है और वहां अनश्वर शिव से मिलान कर योगी को मोक्ष प्रदान करती है।

कुंडलिनी क्रिया योगः क्रिया योगय जब क्रिया योग प्राणायाम किया जाता है, तब साधक के मेरुदंड (सुषुम्ना) में एक महान विद्युत चुम्बकत्व पैदा होता है। शिव शक्ति क्रिया की सतत गति से, प्राण, श्वास, वीर्य और मन एक हो कर उत्थान करने वाली जीवन बल ऊर्जा कुंडलिनी का निर्माण करते हैं।

क्राइस्टः सातवें स्तर के दीक्षित, जगत गुरु; एक अवतार जैसे कल्कि अवतार, मैत्रेय, मत्स्येन्द्र नाथ, अवलोकितेश्वर, विठोबा (मनुष्य जो आकाश में सूली पर चढ़ाया गया)।

क्रिस्टोसः दिव्य उच्चतर आत्मा जिसे प्रधान देवदूत माइकल, नारायण, 'परम अलख के परमेश्वर', और अमिताभ कहा जाता है। क्रिस्टोस ने महान दीक्षाओं के आठवें स्तर को भी पार कर लिया है। इनके ऊपर केवल एक सत्ता है, 'सर्वदा वर्तमान', शिव गोरक्ष बाबाजी।

काउंट संत जर्मेनः हंगरी के एक उन्नत सतगुरु जिन्होंने तंत्र और चन्द्र की लाभकारी किरणों को वश में किया।

शब्द संग्रह

कैवल्य: 'वही', बंधनवत् अस्तित्व से पूर्ण मुक्ति की अवस्था, जैसा कि अष्टांग योग में बताया गया है; भारत की अद्वैत परंपरा में इसे ही मोक्ष या मुक्ति कहते हैं, अविद्या के चंगुल से छूटना।

कैवल्य दर्शन: पुस्तक का वास्तविक नाम, 'दि होली साइंस' है जिसके रचयिता ज्ञानावतार श्री युक्तेश्वर हैं।

ख

खेचरी: आकाश गमन मुद्रा, खेचरी मुद्रा के द्वारा सूक्ष्म शरीर से आवागमन संभव है। यह प्राण को शरीर में थामने वाली मुद्रा या अभ्यास है जिसमें जिह्वा को मुख के भीतर ले लिया जाता हैय इस अभ्यास में अनुग्रहीत होने के लिए एक प्रामाणिक गुरु की आवश्यकता होती है। जिह्वा के द्वारा ऊर्ध्वमुखी हो यह मुद्रा बंध, पीयूष ग्रंथि को उत्तेजित कर अमृत का पान कराती है।

ग

गहनी नाथ: गोरक्ष नाथ के शिष्य और निवृत्ति नाथ के गुरु।

गांधारी: शरीर में स्थित उप नाड़ियों में से एक।

गढ़वाल: एक समय राजाओं का स्थान, वर्तमान में भारत के राज्य उत्तराखंड का एक क्षेत्र।

गौतम: इस पुस्तक में दो गौतमों का उल्लेख आता है, १. बुद्धवाद के प्रतिष्ठापक और २. सनत कुमार के शिष्य।

ग्वालियर: भारत का एक शहर, जिससे योगीराज सिद्धनाथ सम्बन्धित हैं।

गायत्री: एक वैदिक मन्त्र जिसका पाठ बुद्धि को जाग्रत करने और मोक्ष की प्राप्ति के लिए किया जाता है। इस मन्त्र का जप सूर्योदय और सूर्यास्त के संधिकाल (मिलन) में किया जाता है।

गोरा: योगानंद जी के छोटे भाई का नाम।

गोरक्षनाथ: भगवान गोरक्ष, बाबाजीय जिन्हें शिव गोरक्ष बाबाजी भी कहा जाता है, भारतीय संस्कृति के एक सुप्रसिद्ध अवतार जो मनुष्यता की आध्यात्मिक उन्नति में तेजी लाने के लिए प्रतिबद्ध हैं। भगवान शिव के व्यक्तिगत पहलू। देखिये महावतार।

गोरक्ष शतक: शिव गोरक्ष बाबाजी द्वारा रचित गोरक्ष पद्धति का पहला भाग।

ग्रंथि: कुंडलिनी शक्ति के केंद्रीय मार्ग में आने वाली तीन सामान्य रुकावटों में से कोई भी एक जिससे सर्पिणी रूप कुंडलिनी शक्ति पूर्णरूप से जाग्रत नहीं हो पाती हैय ये तीन ग्रंथियां हैं, ब्रह्म ग्रंथि (मूलाधार चक्र में), विष्णु ग्रंथि (हृदय में), और रुद्र ग्रंथि (तृतीय नेत्र में)।

ग्रंथियाँ: प्राण के मार्ग में नकारात्मक रुकावटें।

गुगा नाथ चौहान: गोरक्ष नाथ के आशीर्वाद द्वारा जन्मे, अपने भक्तों को सांप के काटने से रक्षा करने के लिए जाने जाते हैं।

गुरु दरबार: आध्यात्मिक सतगुरुओं का सम्मलेन।

गुरु: 'जिसके पास गुरुत्व हो', वह जो शिष्य के आध्यात्मिक ज्ञान का विकास करता है।

गुरु ग्रन्थ साहिब: सिखों की पवित्र पुस्तक जिसमें राम, कृष्ण, गुरु की पूजा और सच्चे जीवन की झांकी है।

च

चैतन्य प्राण: आत्मस्वरूप जीवन बल।

चक्र: सूक्ष्म शरीर के मनो ऊर्जामय केंद्र। मूलरूप से ऐसे सात केंद्र कहे गए हैं: सीवन पर मूलाधार चक्र, मेरुदण्ड के सबसे नीचे स्वाधिष्ठान चक्र, नाभिकेन्द्र में मणिपुर चक्र, हृदय में अनाहत चक्र, कंठ में विशुद्धि, भृकुटि (दोनों भौहों के बीच) में आज्ञा चक्र और सहस्रार चक्र सिर के शीर्ष पर।

चालन: खेचरी मुद्रा के अभ्यास के दौरान जिह्वा का एक व्यायाम।

चाणक्य: विष्णु के अंश अवतार, ३५० ई.पू., जिन्हें कौटिल्य कहा जाता है, उन्होंने नीति दर्पण की रचना की। उन्होंने चंद्रगुप्त मौर्य को भारत का प्रथम सम्राट बनने में सहायता की।

चन्द्र नाड़ी: बाईं नासिका से प्रवाहित होने वाला जीवन बल ऊर्जा का प्रवाह।

चन्द्रगुप्त मौर्य: देखें मौर्य।

चंद्रावत: प्राचीन चन्द्र साम्राज्य का एक वंश।

चेतन नाथ: मध्ययुगीन नाथ योगी जिन्होंने, ऐसा कहा जाता है कि यीशु मसीह को योग विज्ञान की शिक्षा दी थी।

चिरंजीव: किसी एक संसार चक्र में आठ अनश्वर सत्ताएं होती हैं। वे हैं, हनुमान, अश्वत्थामा, परशुराम, महाबाली, ऋषि व्यास, कृपाचार्य, विभीषण और मार्कण्डेय।

इन मूल अष्ट चिरन्जीवियों से पहले और बाद में बहुत से योगी हैं जो अमरत्व को प्राप्त हुए। ये वह आत्माएं हैं जो एक संसार चक्र में सतत रूप से जीवित बनी रहती हैं।

चित: 'चेतना', अतिचेतन परम सत्य (देखें आत्मा, ब्राह्मण, चैतन्य)।

चित्र नाड़ी: चार मानसिक तंत्रिकाओं में तीसरी।

चित्त: मन की जागरूकता।

चित्त शुद्धि: मन की शुद्धि (ध्यान, मन्त्र और भजन के द्वारा)।

चिट्टागोंग: प्राचीन भारत का एक नगर, वर्तमान में बांग्लादेश का एक भागय गोरक्ष नाथ ने वहां पर बरसात रोकने का एक चमत्कार किया था।

चोला: योगी का भौतिक, आभासी शरीर जिसे वह अपनी सहज इच्छाशक्ति के जरिये बदल सकता है, जब उसका पुराना शरीर आवरण जरा जीर्ण हो जाए।

चौरंगी नाथ: शिव गोरक्ष के एक शिष्य, शालिवाहन राजा के सबसे बड़े पुत्र, १० ई.पू. से ७० ई. तक (चन्द्र के अमृत को धारण करने वाला।

चिति: शक्ति, गतिज ऊर्जाय देखें कुंडलिनी।

छ

छान्दोग्य उपनिषद: २०० ई.पू. लिखित सबसे प्राचीनतम ग्रंथों में से एक, इसमें ओमकार और प्राण की प्रकृति का विशद वर्णन है।

ज

जगेश्वर: कुमाऊं क्षेत्र में अर्धनारीश्वर का एक पावन तीर्थस्थल।

जपजी गुटका: सिक्ख धर्म के संस्थापक गुरु नानक द्वारा रचित स्रोत जपजी, जो एक छोटी सी पुस्तक में लिखित हैं।

ज्योति मुद्रा: तांत्रिक शब्दावली में इसे योनि मुद्रा या शन्मुखी मुद्रा भी कहते हैं, शिव गोरक्ष बाबाजी द्वारा प्रदत्त योग अभ्यास की विधियों में से एक।

ज्योतिर्मठ: जोशीमठ, हिमालय में बसा एक नगर।

जीवनमुक्त: एक सिद्ध जो अपने जीवनकाल में ही संसार से मोक्ष की प्राप्ति कर लेता है।

झ

झिलमिली गुफा: सुदूर हिमालय में स्थित बाबाजी की गुफाओं में से एक।

ठ

ठोकर क्रिया: क्रिया योग की एक उन्नत विधि जिससे चक्रों और कुंडलिनी को जाग्रत किया जाता है।

त

तंत्रालोक: अभिनव गुप्ता की प्रसिद्ध रचना जो कश्मीरी शैववाद की नजर से तंत्र के अभ्यासों और तांत्रिक तत्व की गहन मीमांसा करती है।

तारक राज योग: योग की एक प्रणाली, देखें आर्यसंघ।

तुंगनाथ: संसार का सबसे ऊंचा शिव मंदिर।

तुषिता स्वर्ग: एक स्वर्ग लोक जहाँ से कल्कि अवतार अपने द्वितीय आगमन की तैयारी कर रहे हैं, अतः यह स्थान शाम्भला से सम्बंधित हो जाता है जहाँ से कल्कि अवतार को प्रकट होना है।

तारणहार: वह जो शिष्य को आत्म तारा द्वार से पार ले जाए।

तिरुमूलार: तमिल शैववादी संत, अट्ठारह सिद्धों में से एक।

थ

थिरू-मन्दिरम: तिरुमूलार द्वारा रचित एक योग ग्रन्थ।

द

दृष्टांत: एक आध्यात्मिक दर्शन।

द्रोणाचार्य: महाभारत काल में हुए एक देवऋषि, पांडवों और कौरवों के गुरु, अश्वथामा के पिता।

द्रोणगिरि: हिमालय की कुमाऊं श्रृंखलाओं में स्थित एक पवित्र पर्वत।

दुर्गा: श्वेत उत्थानमय ऊर्जा, देवी माँ का नाम।

द्वारिका: महाभारत काल का एक नगर जो समुद्र में डूब गया था।

दबिस्थान: कश्मीरी विद्वान मोशन फानी द्वारा रहस्यवाद पर लिखी गई एक प्राचीन पुस्तक।

दक्षिणमूर्ति: शिव के एक अवतरण, ज्ञान के परमेश्वर, वे सभी प्रकार के ज्ञान के गुरु के रूप में शिव के एक स्वरुप हैं और ज्ञान प्रदाता हैं। शिव का यह स्वरुप, परम सत्य और परम ज्ञान या परम चेतना का अवतरण है।

दत्त: दत्तात्रेय का छोटा रूप।

देवकी: भगवान कृष्ण की माता।

देवपी: महाभारत के एक पात्र जिनके पास महान आध्यात्मिक शक्तियाँ थीं।

ध

धनञ्जय: धन या भौतिकता पर जय प्राप्त करने वाला, पाँच उप-प्राणों में से एक।

धारणा: धारण करना, एकाग्रता, पतंजलि के अष्टांग योग का छठवां अंग।

धर्ममेघ समाधि: परमोच्च चेतना के स्तरों में से एक।

धूना: पवित्र अग्नि के कुंड।

धूनी: नाथ योगियों द्वारा प्रज्वलित की गई पवित्र अग्नि जिससे उनके ध्यान के शक्ति केंद्रों की सीमा निर्धारित होती है।

ध्यान: पतंजलि के अष्टांग योग का सातवां अंग, सही एकाग्रता द्वारा स्वयमेव ही सहज रूप से घटित होता है, चीनियों द्वारा चान, और कालांतर में जापानियों के द्वारा जेन कहा गया।

न

नव नाथ: दिव्य चैतन्य और उससे भी परे के सातवें स्तर के पहले नौ नाथ।

नाभो क्रिया: नाभि या मणिपुर चक्र में प्राण अपान को सम करने वाली योग की एक विधि, जिससे मन की स्थिरता प्राप्त होती है।

नाद ब्रह्म: ओमकार क्रिया के दौरान ओमकार की अनहद ध्वनि।

नाद योग: अंतर ध्वनि का योगय एकाग्रता और परम आनंद की प्राप्ति के लिए अंतर्ध्वनि का जागरण और उसमें लय होने की यौगिक विधि।

नाड़ी: ७२००० सूक्ष्म नलिकाएं, जिनसे हो कर प्राण (जीवन बल) सम्पूर्ण शरीर में व्याप्त होता है, तीन सबसे प्रमुख हैं इड़ा नाड़ी, पिंगला नाड़ी और सुषुम्ना नाड़ी।

नाड़ी शोधन: शरीर में स्थित तंत्रिकाओं की शुद्धि का अभ्यास जिससे योग की उच्चतर अवस्थाओं की प्राप्ति होती है, विशेषकर प्राणायाम से।

नाड़ी शुद्धि: मानसिक तंत्रिकाओं की शुद्धि।

नागार्जुन: बाबाजी के शिष्य और रसविद्या के गुरु।

नाथ मंडल: नाथ योगियों का विद्युत चुम्बकीय आध्यात्मिक घेरा।

नाथ: 'भगवान', योग के गुरुओं को प्रदान किया गया एक पद, योग के समस्त रूपों के ईश्वर; गोरक्ष नाथ द्वारा स्थापित कनफटा सिद्ध योगियों का सम्प्रदाय।

नारायण: विष्णु के अवतार।

निरंजन: चेतना के उच्चतम स्तर के लिए नाथ योगियों द्वारा प्रयुक्त किया गया शब्द।

निरंजन निर्वाण: अंतिम मोक्ष, भगवत प्राप्ति की अवस्था।

निर्वाण: समस्त इच्छाओं एवं वासनाओं का अंत, जीवनमुक्ति या मोक्ष का पर्यायवाची, देखें कैवल्य।

निर्वाण मोक्ष: देखें ब्रह्म निर्वाण।

नित्य नाथ: एक महान योगी, रसविद्या के गुरु, गोरक्ष नाथ के शिष्य।

निवृत्ति नाथ: ज्ञान नाथ के भाई।

नियम: पतंजलि के अष्टांग योग का दूसरा अंग, जिसमें शौच, संतोष, तप, स्वाध्याय और ईश्वर प्रणिधान (ईश्वर के प्रति समर्पण) शामिल हैं।

प

पद्म मात्रिका: ब्रह्माण्ड स्वरुप गर्भय सर्वव्यापी पद्म रूप माँ, जिसमें ब्रह्माण्ड का असीम मनः पदार्थ रहता है।

पंचकाशी: काशी वाराणसी, थेनकाशी, सिवाकाशी, उत्तरकाशी, और गुप्तकाशी।

पञ्च केदार: पांच तीर्थ – केदारनाथ, तुंगनाथ, रुद्रनाथ, कल्पनाथ, मध् महेश्वर।

पञ्च प्रयाग: पांच नदियों का संगम।

पञ्च क्लेश: अविद्या, अस्मिता (स्वयं को आत्मस्वरूप न समझ कर यह देह मान लेना), राग, द्वेष और अभिनिवेश (शारीरिक अस्तित्व और उसकी वासनाओं से मुक्त न हो पाना)

शब्द संग्रह

पंचशिका: सर्वोच्च स्तर के रुद्र कुमारों में से एक, अग्निश्वत्थ ऋषि।

परा प्रकृति: उच्चतर सूक्ष्म प्रकृति।

परमहंस: किसी योगी की चौथे स्तर की दीक्षाय रामकृष्ण और योगानंद जैसे महान सिद्धों को दी गयी एक सम्माननीय उपाधि।

परमहंस योगानंद: श्री युक्तेश्वर के शिष्य, उन्होंने पश्चिमी जगत को क्रिया योग के अभ्यास से परिचित कराया।

परमार्थ: सत स्वरुप के अध्ययन का विज्ञान (आत्मविद्या)।

पारस मणि: संघटित पारद।

पराशर: महर्षि, प्रथम पुराण के रचयिता, रसविद्या के गुरु, वशिष्ठ ऋषि के पोते, ऋषि व्यास के पिता।

परशुराम: विष्णु के पुनर्जन्म।

परावस्था: क्रिया योग की अंतिम विधि, व्याप्त चेतना का परम आनंद।

परकाया प्रवेश: किसी दूसरे जीवित या मृत शरीर में योगी का प्रवेश।

परमार: एक राजपूत वंश जो अग्निवंश की एक शाखा है।

पतंजलि: योग के गुरु जिन्होंने योग सूत्रों की रचना की।

पतंजलि योगसूत्र: योग के सिद्धान्तों पर लिखित एक ग्रन्थ।

पिंगला नाड़ी: केंद्रीय नाड़ी (सुषुम्ना नाड़ी) के दाईं ओर बहने वाला प्राण का प्रवाह, यह तंत्रिका तंत्र से सम्बन्धित है और इसके सक्रिय होने पर मन ऊर्जावान हो जाता है। इड़ा नाड़ी भी देखें।

पिंगलास्थान: पिंगला का स्थान।

प्रदक्षिणा: किसी पवित्र स्थान की परिक्रमा।

प्राण अपान अनुसन्धान: क्रिया योग का एक नाम, आती और जाती श्वास या जीवनबल के मेल की क्रिया।

प्राण प्रतिष्ठा: किसी मूर्ति या शिवलिंग में जीवन बल ऊर्जा डालना।

प्राणपात: योगिराज सिद्धनाथ द्वारा दिया गया शब्द जो गुरु की कृपा को बतलाता है जब वह अपने शिष्य की श्वास के द्वारा श्वास लेते हैंय शक्तिपात, शिवपात भी देखें।

प्राणायामः जीवन श्वास की व्यापकता, श्वास का नियंत्रण और उसकी वृद्धि, पतंजलि के अष्टांग योग का चौथा अंग, इसमें श्वास का लेना (पूरक), रोक कर रखना (कुम्भक) और श्वास का छोड़ना (रेचक) शामिल हैय उन्नत अवस्थाओं में स्वयमेव ही श्वास लंबी अवधियों के लिए थम जाती है।

प्रसादः दिव्य कृपा, मनः शुद्धि, गुरु या देवों द्वारा शुद्ध किया गया आहार।

प्रसवः जन्म देना।

प्रतिप्रसवः सृजित ब्रह्माण्ड या अस्तित्व का उसके ही गर्भ में लौट जाना।

प्रत्याहारः इन्द्रियों को उनके इन्द्रिय विषयों से हटा कर अन्तर्मुख करना, पतंजलि के अष्टांग योग का पांचवां अंग।

प्रयागः दो नदियों का संगम।

प्रिय नाथ करारः युक्तेश्वर गिरी का पारिवारिक नाम।

पूरन भगतः चौरंगीनाथ का एक और नाम।

पुराणः भारत का प्राचीन आध्यात्मिक साहित्य जिसमें राजसी वंशावली, ज्योतिष शास्त्र, दर्शन और कर्मकांड दिए गए हैं (इस प्रकृति के अट्ठारह मुख्य और कई लघु कार्य हैं।

पूर्ण अवतारः आठवें स्तर का जागरण।

पुषः शरीर में स्थित एक उप-नाड़ी।

ब

बाबाजीः 'पूज्य पिता', नाथ परंपरा में शिव गोरक्ष बाबाजी का नामय 'सोलह ग्रीष्म ऋतुओं के यौवन', 'सदा यौवन से परिपूर्ण अनश्वर योगी'; योगानंद की पुस्तक, एक योगी की आत्मकथा में भी उल्लेखित।

बद्रीनाथः उत्तराखंड, भारत में स्थित एक धार्मिक नगर।

बालक नाथः बाबाजी गोरक्ष नाथ के शिष्य, एक नाथ योगी जो मध्ययुग के दौरान अस्तित्ववान थे।

बालीः अष्ट चिरन्जीवियों में से एक।

बलरामः कृष्ण के बड़े भाई।

बंधः योग के बंध (मूलबन्ध, उड्डीयानबन्ध, और जलंधर बंध)।

बिंदु: किसी का भी सृजनात्मक बल जहाँ समस्त ऊर्जाएं एकीकृत होती हैं। माथे पर लगाई गयी लाल बिंदी तृतीय नेत्र का प्रतीक है। बिंदु का अर्थ ब्रह्माण्ड की ऊर्जा का एक अणु – बिंदु मात्र में संकुचन है, जो नाद के रूप में विस्फोटित होता है, जो ओमकार की सर्वव्यापी ध्वनि है जो ब्रह्माण्ड को जन्म देने वाले 'हम' की ध्वनि है।

बिंदु रहस्य: वीर्य ऊर्जा के संरक्षण और बाद में योग की विधि के द्वारा इसके दिव्य ऊर्जा में रूपांतरण के विषय में, शिव गोरक्ष द्वारा लिखित रचना।

बो-यांग: उनका वास्तविक नाम भोग नाथ था जो लोगों को यिन-यांग योग (शिव-शक्ति योग) के विज्ञान की शिक्षा देने बनारस से चीन गए थे। कालांतर में यही प्रसिद्ध लाओ-त्जू के नाम से जाने गए जिन्होंने ताओ-ते-चिंग की रचना की।

बोधगया: धार्मिक तीर्थ स्थल जहाँ बुद्ध ने निर्वाण प्राप्त किया था।

बोधिसत्व: 'जीवन्मुक्त' अमर चिरंजीवी और अवधूत जिनकी करुणा का स्तर इस कदर उच्च हो गया है कि वे मनुष्यता की सेवा के लिए निर्वाण (मोक्ष) का भी त्याग कर देते हैं।

ब्रह्मा: वह जो व्याप्त हो कर बढ़ता जाए, इस ब्रह्माण्ड का सृजनकर्ता, परमसत्य से उद्भूत प्रथम तत्व, जिसे विधाता भी कहते हैं, सभी राष्ट्रों और मनुष्यताओं के भाग्य का ईश्वर।

ब्रह्म अस्त्र: एक घातक शस्त्र जिसमें मन्त्र के स्पंदन मिले हुए हैं जो एक प्रक्षेपास्त्र के भीतर सन्निहित कर शत्रुओं के खिलाफ उपयोग में लाया जाता है। उदाहरणार्थः वरुण अस्त्र और अग्नि अस्त्र।

ब्रह्म द्वार: सिर के शीर्ष पर खुलने वाला द्वार, सहस्रार चक्र।

ब्रह्म ग्रंथि: मेरुदण्ड के मूल में स्थित एक मनोवैज्ञानिक-सामान्य जाल।

ब्रह्म नाड़ी: सूक्ष्मतम मानसिक तंत्रिका। जैसेः सुषुम्ना, वज्र, चित्र और ब्रह्म नाड़ियाँ।

ब्रह्म निर्वाण: ब्रह्माण्ड के परे दिव्यता के मूल के साथ एकत्व को प्राप्त होना और एक ही समय में "सब कहीं" और "कहीं भी नहीं" होना। मोक्ष की सर्वोच्च अवस्था।

ब्रह्मचर्य: शुद्धता की प्राप्ति के लिए स्वयं पर किया गया अनुशासन जिसमें शिव-शक्ति क्रिया योग एवं महामुद्रा के अभ्यास द्वारा जीवन बल ऊर्जा (प्राण) के प्रवाह का केंद्रीकरण और ओजस एवं तेजस में रूपांतरण होता है।

ब्राह्मण: 'वह जो व्यापक हो कर बढ़ता जाए' आत्मतत्व का सर्वोच्च सत्य, पुरुष।

बुद्ध: 'जाग्रत', बोध (मोक्ष) को प्राप्त व्यक्ति के लिए प्रयुक्त किया गया शब्द, बुद्धवाद के जनक, ई.पू. छठवीं शताब्दी में हुए गौतम को दिया गया एक नाम।

बुद्धि: 'वह जो चेतन है, जाग्रत', उच्चतर मन जो ज्ञान का स्तर है।

बौद्धिक: बुद्धि से सम्बन्धित, देखें बुद्धि।

बुद्धवाद: बुद्ध के द्वारा बताया गया दर्शन, एक हिन्दू राजकुमार जिन्होंने निर्वाण मोक्ष की प्राप्ति की, उनके अनुयायी बौद्ध कहलाए। गौतम बुद्ध, बौद्ध नहीं थे परन्तु उन्होंने पारम्परिक हिन्दू जीवनशैली अपनाई।

भ

भगवद्गीता: भगवान का गीत, योग विज्ञान की सर्वाधिक प्रसिद्ध पुस्तक, महाभारत ग्रन्थ में अंतःस्थापित और जिसमें कर्म योग, ज्ञान योग, भक्ति योग और राज योग की शिक्षाएं हैं जो अवतार कृष्ण ने राजकुमार अर्जुन को कुरुक्षेत्र के युद्धस्थल में प्रदान की थीं।

भजन: 'भज्' धातु से निकला शब्द, 'भाग देना', भावपूर्ण संगीत जहाँ भक्त भगवान से अलग है और भगवान के साथ एक नहीं होता है जिस प्रकार योगी समाधि में भी पृथक बना रहता है।

भक्ति सूत्र: भक्ति योग के सूत्र या सूक्तियां जिनकी रचना देव ऋषि नारद ने की थी।

भारत: वह भूमि जहाँ के वासी एक दूसरे के साथ आत्मा की आभा से जुड़े हैं।

भर्तृहरि नाथ: ७० ई.पू. में हुए नाथ योगियों में से एक, विक्रमादित्य के बड़े भाई।

भास्कर: सूर्य भगवान के भव्य नामों में से एक।

भीम: पांडव भाइयों में दूसरे।

भीष्म: महाभारत ग्रन्थ की अत्यधिक सम्माननीय विभूतियों में से एकय अपने यौवन काल में ही ब्रह्मचर्य का व्रत लिया जिससे उनके पिता एक ऐसी स्त्री के साथ विवाह कर पाएं जो अपनी संतानों को राजसिंहासन पर बैठना चाहती थी। महान युद्ध के दौरान, वे एक अत्यन्त भव्य वृद्ध पुरुष थे जिनका सम्मान कौरव और पांडव दोनों ही किया करते थे। वे एक प्रसिद्ध योद्धा थे जिन्होंने युद्ध क्षेत्र में अपने जीवन का बलिदान कर दिया।

भीष्म पितामह: देखें भीष्म।

भोग नाथ: नव नाथ परंपरा में कालाग्नि नाथ के शिष्यय वे काशी विश्वनाथ की पावन नगरी से आये थे।

भृगु: सप्तऋषियों में से एक, भार्गव जाति के पूर्वज और शुक्र के पिता जो शुक्र ग्रह की सूचना देने वाली आत्मा है।

भृकुटिः तृतीय नेत्र जिसे कूटस्थ चैतन्य कहते हैं।

भूरः यह स्थूल या पार्थिव लोक का एक आयाम है, भुवः सूक्ष्म लोक है और **स्व**ः स्वर्ग लोक है।

म

मध् महेश्वरः शिव के पांच पावन तीर्थस्थानों में से एक, जो उनके नाभिस्थान को दर्शाता है।

मगधः प्राचीन भारत का एक साम्राज्य, वर्तमान का बिहार।

मगहरः गोरखपुर के समीप एक स्थान जहाँ संत कबीर ने अपना देह त्याग किया था।

महायोगः निर्वाण मोक्ष।

महायुगः सभी चार युगों का एक सम्पूर्ण चक्र यथा, सत्य, द्वापर, त्रेता और कलि।

महाभिनिष्करणः 'महान बलिदान', लेखक यहाँ पर शिवगोरक्ष बाबाजी का सन्दर्भ दे रहे हैं, दिव्यता का उच्चतम 'है-पन', जो मनुष्यता और जगत को दिव्यता में उन्नत कर देने के लिए स्वयं को विस्फोटित कर सभी चर अचर प्राणियों के अणुओं में प्रवेश करते हैं। जैसे जैसे यह कभी न थमने वाला त्याग जारी रहता है, यह दिव्यता अपना सम्पूर्ण देकर भी पूर्ण बनी रहती है। यह दिव्य पहेली न तो मनुष्यों और न ही देवों द्वारा कभी भी सुलझाई या समझी जा सकेगी।

महामुद्राः महान मोक्ष की एक मुद्रा।

महामुनिः महान संत, महावतार बाबाजी का एक नाम।

महाकालः 'काल से परे'; भगवान् शिव को दी गयी एक उपाधि जिनकी उपस्थिति से आकाश, काल, कार्य और कारण अकम्पित और अधीन स्थित रहते हैं और यह सापेक्षता का अंत और परम चैतन्य का आरम्भ होता है।

महाराणा प्रतापः योद्धा राजा और पहले के भारत में मेवाड़ के शासक।

महारानी पिंगलाः राजा भर्तृहरि नाथ की पत्नी।

महावतारः महान अवतार, महावतार हर युग में नहीं होते बल्कि एक पूरे महाकल्प तक चर अचर प्राणियों की मुक्ति होने तक अस्तित्ववान रहते हैं, अवतार भी देखें।

महाशिव बाबाः बाबाजी का एक और नाम।

मैत्रेयः भगवान बुद्ध का अगला अवतरण।

मानव धर्म शास्त्र: मनुस्मृति का दूसरा नाम।

मन्दाकिनी: हमारे सबसे समीप की आकाशगंगा, एन्ड्रोमीडा आकाशगंगा।

मंडन मिश्र: वाराणसी के एक विद्वान संत जिनके साथ आदि शंकर का प्रसिद्ध वाद विवाद हुआ था।

मणिपुर चक्र: नाभि के पीछे स्थित चक्र जिसमें दस कमल दल होते हैं।

मंजुनाथ: मैंगलोर नगर में गोरक्षनाथ को दिया गया एक नाम।

मन्त्र योग: योग का वह पथ जिसमें मोक्ष प्राप्ति के लिए मूल रूप से मन्त्रों का उपयोग किया जाता है।

मनु: मानवजाति के प्रथम पिता।

मनु सावर्णि: एल मौर्य विक्रमादित्य जिन्हें आध्यात्मिक सम्राट वैवस्वत मनु का उत्तराधिकारी होना है।

मनु स्मृति: भगवान वैवस्वत मनु के संस्मरण।

मनु वैवस्वत: हमारी पांचवीं मूल जाति के पिता।

मनु विवस्वत: पराक्रमशाली सूर्य।

माताजी: बाबाजी की बहिन के रूप में मातृशक्ति का एक नाम।

माघयन्ति: कृत्तिका नक्षत्र में स्थित सात तारा रूप बहिनों में से एक।

मत्स्येन्द्रनाथ: नवनाथों में से एक और महासिद्ध, जिन्होंने तंत्र के योगिनी कौल मार्ग की स्थापना की, जिन्होंने भगवान शिव से उन्हें स्वयं से भी अधिक उन्नत शिष्य प्रदान करने की प्रार्थना की, लौकिक स्तर पर गोरक्षनाथ के गुरु और दिव्य रूप में उनके शिष्य।

माया: 'माप' संसार की भ्रामक शक्ति जो मनुष्य को मरणत्व से बाँध कर रखती है, जिसके कारण संसार ईश्वर से पृथक जान पड़ता है (अविद्याय विशेषतः द्वैत के रूप में।

मीन नाथ: मत्स्येन्द्र नाथ का एक और नाम।

मौर्य: चंद्रगुप्त मौर्य/एल मौर्यय भारत के प्रथम सम्राट जिनका संसार की आतंरिक शासन प्रणाली में भविष्य का जगत सम्राट बनना तय है। छठवीं मूल जाति के मनु सावर्णि।

मुक्ता बाई: संत ज्ञानेश्वर की बहिन, महारानी पिंगला का पुनर्जन्म।

शब्द संग्रह

मुकुंद: बचपन में योगानंद का नाम।

मूलाधार चक्र: मेरुदंड के सबसे नीचे गुदादल के ऊपर सीवन पर स्थित चक्र।

य

यम: पतंजलि के अष्टांग योग का पहला अंग।

यशस्विनी: शरीर में स्थित उप प्राणों में से एक।

योग थिरू-मन्दिरम: राजा सुन्दर नाथ द्वारा लिखित योग ग्रन्थ जब वे तिरुमूलार के शरीर में प्रवेश कर गए थे।

योगी श्री चंद्र: गुरु नानक के तपस्वी पुत्र।

योनि मुद्रा: इसे ज्योति मुद्रा भी और शन्मुखी मुद्रा भी कहते है, साधक अपने कान, आँख और नासिका के छिद्रों को अपनी उँगलियों से बंद कर देता है और तब अनाहत नाद की अंतर्ध्वनि सुनता है, और आत्मा तृतीय नेत्र में एक प्रकाश बिंदु की भाँति दीख पड़ती है।

र

रसविधा: पारद के अन्य धातुओं को अवशोषित करने की एवं पारद के स्थूलीकरण की विद्या।

रसविद: रसविधा का जानकारय अनश्वर रसविद श्बाबाजीश

राजा सुन्दर नाथ: एक प्रसिद्ध योगी, गोरखपुर में गोरक्षनाथ मंदिर के पूर्व महंत, ये वही योगी हैं जिन्होंने एक दक्षिण भारतीय ग्वाले के शरीर में प्रवेश किया और सिद्ध तिरुमूलार बने जिन्होंने थिरू-मन्दिरम नामक प्रसिद्ध योग ग्रन्थ की रचना की।

राज योग: श्राजसी योग, पतंजलि के अष्टांग योग का एक पुराना मध्ययुगीन नाम, इसे पुरातन योग के नाम से भी जाना जाता है।

रामकृष्ण: १९ वीं शताब्दी में बंगाल के एक संत, माँ काली के भक्त और स्वामी विवेकानंद के गुरु।

रामानंद: भक्ति आंदोलन के अगुआ और कबीर के गुरु।

रामलिंग स्वामी: १९ वीं शताब्दी के तमिल संत और कवि।

रानीखेत: निचले हिमालय में स्थित एक नगर जहाँ लाहिड़ी महाशय बाबाजी से मिले थे।

रत्न मारू: गुरुदेव परशुराम द्वारा कल्कि को प्रदान की गई भगवान शिव की तलवार।

रेणुका: दिव्य माँ का एक रूप।

रिबु: अग्निश्वत्थ ऋषियों में से एक।

रुद्र ग्रंथि: तृतीय नेत्र में प्राण का तंतुजाल।

रुद्र कुमार: अग्निश्वत्थ ऋषियों का एक नाम।

रुद्राक्ष: एक वृक्ष का बीज, शिव के लिए अत्यंत पवित्र।

रुद्रनाथ: उत्तराखंड, भारत में भगवान शिव का तीर्थस्थल।

रुद्रप्रयाग: उत्तराखंड का एक नगर जहाँ गंगा नदी की दो सहायक नदियों, अलकनन्दा और मन्दाकिनी का संगम है।

रुद्रि: विलीन होने वाली तीन ग्रंथियों में से एक।

रानी अर्चना: राजा शालिवाहन की पत्नी और चौरंगी की माँ।

रानी बच्छल: राजा जेवार की पत्नी और गुगा नाथ की माँ।

रानी लूनान: राजा शालिवाहन की छोटी रानी।

रानी तिलोत्तमा: कदली वन की रानी और देवी लक्ष्मी की अवतार।

ल

लाहिड़ी महाशय: १९ वी शताब्दी के संत जिन्होंने बाबाजी के आशीर्वाद से क्रिया योग को पुनर्जीवित किया।

लय योग: कुंडलिनी जागरण के लिए गोरखनाथ द्वारा प्रदत्त योग का एक रूपय कुंडलिनी योग।

लिंग पुराण: भगवान शिव से सम्बन्धित कथाओं की प्राचीन रचनाओं में से एक। लिंग एक अंडाकार पिंड है जो शिव को दर्शाता है। यह उनके एक ही समय में सब ओर और कहीं भी नहीं होने के सिद्धांत को दर्शाता है। शिव वे हैं जिनका केंद्र सब ओर और परिधि कहीं भी नहीं है। तांत्रिक पहलू में यह उत्थान और प्रसव का प्रतीक है।

लोकेश्वर: मत्स्येन्द्रनाथ का एक और नामय देखें अवलोकितेश्वर

व

वाक्: दिव्य वचन, अभिव्यक्ति की शक्ति, चार प्रकार की वाक् हैं, वैखरी (उच्च स्वर से उत्पन्न), मध्यमा (धीमी ध्वनि), पश्यन्ति (मानसिक ध्वनि) और परा (ध्यान में सुनाई देने वाला अनसुनी ध्वनि), सरस्वती का एक नाम (वाक सरस्वती)।

वैराग्य शतक: संन्यास योग पर राजा भर्तृहरि नाथ द्वारा लिखित एक ग्रन्थ।

वैष्णवी: विलीन होने वाली तीन ग्रंथियों में से एक।

वज्रः आकाश से गिरने वाली बिजली, आकाशीय विद्युत।

वज्र नाड़ीः मानसिक तंत्रिकाओं में दूसरी। पहले है सुषुम्ना, दूसरी है वज्र, तीसरी है चित्र नाड़ी और चौथी है ब्रह्म नाड़ी।

वज्रयान: प्रकाशमान पथ जिसमें शिव शक्ति क्रिया योग सर्वाधिक महत्त्व रखता है।

वज्रोली: यौन ऊर्जा का आध्यात्मिक ऊर्जा में रूपांतरण करने वाली एक तांत्रिक विधि।

वानप्रस्थ: आश्रम धर्म के चार वर्णों में तीसरी। ब्रह्मचर्य, गृहस्थ, वानप्रस्थ और संन्यास।

वराह मिहिर: महानतम ज्योतिषी और गणितज्ञों में से एक जिन्हें उनसे भी महान ऋषि पराशर का प्रत्यक्ष अवतरण माना जाता है।

वशिष्ठ: सप्त ऋषियों में से एक।

विभूति: हवन से मिली पवित्र राख।

विक्रमादित्य: पहली शताब्दी ई.पू., उज्जैन के सम्राट।

विपस्सना: देखें हँस क्रिया।

विष्णु ग्रंथि: हृदय के स्नायु जाल में एक चक्र जहाँ यह स्थित है, जिसका ब्रह्मा और रुद्र ग्रंथियों की तरह ही भेदन और शिथिलीकरण किया जाना है।

विशुद्धि: कंठ के पीछे मेरुदंड में स्थित एक कमल दल रूप चक्र।

विठोबा: विष्णु के अवतार, महाराष्ट्र में विट्ठल के नाम से पूजित।

विवरण: आदि शंकराचार्य द्वारा लिखित योग सूत्रों पर भाष्य।

व्यान: श्वास से चालित प्राण, पञ्च प्राणों में से एक।

व्यास: बहुत से महान संतों का नाम, परंतु मूलतः ऋषि वेद व्यास को दी गयी उपाधि, जिन्होंने वैदिक छंदों को उनके वर्तमान रूप में व्यवस्थित किया और जो पुराण, महाभारत और दूसरे अन्य कार्यों के संकलन के लिए भी जिम्मेदार हैं जिनमें पतंजलि के योग सूत्रों पर भाष्य भी शामिल है, जिसे योग भाष्य कहते हैं।

श

शब्द योग: मन्त्र योग।

शक्ति चालन: पेट में एक खाली स्थान बना कर उसे बाहर भीतर करना।

शालिवाहन: प्राचीन उत्तर भारत के सियालकोट शहर के एक प्राचीन परमार राजा। चौरंगी नाथ के पिता।

शाम्भवी मुद्रा: अंतर्मन के दिव्य चैतन्य में रूपांतरण के साथ अपलक बाह्य दृष्टि।

शम्भू चैतन्य: परम अलख की चेतना या चैतन्य।

शम्ज तबरेजी: एक महान सूफी संत और संत रूमी के आध्यात्मिक गुरु।

शंकर दिग्विजय: माधव विद्यारण्य द्वारा लिखित पुस्तक जिसमें आदि शंकराचार्य और उनके गुरुओं मत्स्येन्द्रनाथ और गोरक्ष नाथ के विषय में जानकारी मिलती है।

शन्मुखी मुद्रा: देखें योनि मुद्रा।

शांतनु: भीष्म के पिता।

शैल नाथ: विष्णु

शिव गोरक्ष बाबाजी: योगिराज सिद्धनाथ द्वारा गोरक्षनाथ को दिया गया नाम। योगिराज ने दोनों को एक ही सत्ता के दो पहलू बताया है।

शून्य अशून्य का 'है-पन': योगिराज सिद्धनाथ के द्वारा परिभाषित शब्दावली। शून्य प्रतीक है ब्रह्माण्ड की शून्यता का। शून्य अशून्य, ब्रह्माण्ड के सब कुछ का प्रतीक है और 'है-पन' उनमें व्याप्त है और इन दोनों अवस्थाओं से परे स्थित है।

शिवपात: 'शिव की कृपा', सतगुरु, चेतन के रूप में स्वयं को शिष्य के मन में जाग्रत कर देते हैं, और शिष्य की ग्रहणशीलता के अनुसार उसके मन को स्वयं की चेतना में रूपांतरित कर देते हैं। प्राणपात और शक्तिपात भी देखें।

श्रृंगार शतक: भर्तृहरि नाथ द्वारा लिखित ग्रन्थ जिसमें राजसी जीवन, वैवाहिक तौर तरीके, सौंदर्य की श्रृंगारमयी जीवन शैली और माया की बातें हैं।

श्वेतद्वीप: देखें संबलपुर।

श्वेत वराह कल्प: हमारा वर्तमान संसार चक्र।

श्रृंगेरी: आदि शंकराचार्य द्वारा स्थापित प्रथम मठ।

श्री युक्तेश्वर: लाहिड़ी महाशय के शिष्य और योगानंद के गुरु, क्रिया योग के विज्ञान के व्याख्याता।

ष

षड-चक्र भेदन: छह कमल दल रूपी चक्रों को भेदन करने की विधि।

स

सहज समाधि: सहज जीवनमुक्त स्थिति, यह तथ्य कि दिव्य परम सत्य और मन बुद्धि की सीमा से अनुभव में आये सत्य में कोई भेद नहीं है बल्कि वे एक साथ इस अस्तित्व में रहते हैं, या अनुभवजन्य सत्य, दिव्य सत्य का एक पहलू या भ्रम है, ज्यादातर इसे स्वतः स्फूर्त कहते हैं, सहज स्थिति एक प्राकृतिक अवस्था है, यही मोक्ष या आत्मज्ञान की अवस्था है।

समाधि: जब ध्यानी ही ध्यान हो जाए, पतंजलि के अष्टांग योग का आठवाँ और अंतिम अंगय समाधि के बहुत से प्रकार हैं, सर्वाधिक महत्वपूर्ण अंतर सम्प्रज्ञात और असम्प्रज्ञात समाधि के बीच देखने को मिलता है; केवल असम्प्रज्ञात समाधि में ही मन की गहराई में छुपे समस्त कर्म विलीन होते हैं, उससे पहले नहीं, इन दोनों परम आनंद की स्थितियों के परे मोक्ष है, जिसे कभी कभी सहज समाधि भी कहा जाता है या सहज अथवा स्वाभाविक आनंद की स्थिति, जहाँ जाग्रति, सुषुप्ति और स्वप्न की अवस्थाओं में परम चैतन्य की सततता बनी रहती है।

समान: हरे वर्ण का एक प्राण जो पाचन क्रिया से सम्बंधित है।

सर्वस्वरूपेण: सभी चर अचर जिनके स्वरुप हैं।

संबलपुर: गलत उच्चारण में इसे शाँग्री-ला या शाम्भला कहते हैं। यह एक पौराणिक स्थान है जहाँ से कल्कि अवतार का आना तय है।

सम्बन्धार: एक महान दक्षिण भारतीय अवतार और भगवान शिव के भक्त।

संहिनी: शरीर में स्थित उप नाड़ियों में से एक।

संखिनी: शरीर में स्थित उप नाड़ियों में से एक।

सांख्य: संख्या, योग के मुख्यतम दर्शनों में से एक जो अस्तित्व के तत्वों के वर्गीकरण से सम्बन्धित है और इसमें उन तत्वों के समुचित भेदानिभेद की शिक्षा है जिससे पुरुष और प्रकृति के विभिन्न पहलुओं में अंतर किया जा सकता है। यह प्रेरणादायक प्रणाली, बौद्ध दर्शन के पहले आये, प्राचीन सांख्य योग की परंपरा से उपजी है और जिसे, ३५०० ई.पू., ईश्वर कृष्ण की सांख्य कारिका में संहिताबद्ध किया गया है।

सांख्य कारिका: इस पुस्तक के रचियता स्वयं भगवान कृष्ण हैं।

सनक: अग्निश्वत्थ ऋषियों में से एक।

सनन्दन: अग्निश्वत्थ ऋषियों में से ही एक और ऋषि।

सनत कुमार: अग्निश्वत्थ ऋषियों के प्रमुख।

सनत-सुजाता: दूसरे अग्निश्वत्थ ऋषियों में से एक।

संजीवनी विद्या: पुनः जीवित कर देने की योग की विधि, भौतिक शरीर को किसी विशेष कार्य हेतु पुनः जीवित कर देना।

संजीवन समाधि: समाधि की कभी न खत्म होने वाली अवस्था।

सप्त-सप्ती: भविष्य में होने वाले कल्कि अवतार के बहुत से गुप्त नामों में से एक नाम।

सत्य नाथ: ब्रह्मा, ब्रह्माण्ड के मन की रचना करने वाले।

सविकल्प समाधि: मानवीय स्वभावगत गुणों के साथ मिली आनंद की एक अवस्था।

सेरामपुर: नदी किनारे का नगर, श्री युक्तेश्वर की जन्मस्थली।

सिकंदर लोदी: दिल्ली का सुलतान, १४८९-१५१७ ई.

सिंहगढ़: महाराष्ट्र में एक किला।

सुमित्रा: कल्कि अवतार की माँ।

सुंदर नाथ: नाथ योगी जो कि कहा जाता है आज भी हिमालय में जीवित हैं।

सुरत नाम योग: गोरख नाथ द्वारा प्रदत्त एक विधि।

सूर्य कश्यप: हमारे सूर्य का एक और नाम।

सूर्य नाड़ी: दायीं नासिक से बहने वाला जीवन बल प्रवाह।

सूर्य पुत्र: भगवान् वैवस्वत मनु जो सूर्य भगवान विवस्वत मनु के पुत्र हैं।

सुषुम्ना नाड़ी: केंद्रीय प्राण प्रवाह जिससे हो कर कुंडलिनी शक्ति सभी चक्रों को भेद शीर्ष चक्र सहस्रार तक जाती है और साधक को मोक्ष प्रदान करती है।

सित्तरगिरी: दक्षिण भारत का एक स्थान जिसे सिद्धों का गिर या पर्वत भी कहा जाता है।

सित्तर: सही उच्चारण सिद्ध है, पांचवें स्तर के दीक्षितों में आने वाले सिद्ध।

स्वरुप समाधि: इसे संजीवन समाधि या रूप सहित समाधि भी कहते हैं।

स्वाधिष्ठान: जननांग चक्र, मेरुदंड के सबसे नीचे स्थित।

स्वाध्याय: स्वयं का अध्ययन, योग के पथ में महत्वपूर्ण, पतंजलि के अष्टांग योग में नियम के अभ्यासों में लिखित, मंत्रोच्चार; जप भी देखें।

स्वामी राम: बीसवीं शताब्दी के संत, पश्चिमी वैज्ञानिकों द्वारा परीक्षण किये जाने वाले पहले योगी। योग के हिमालय संस्थान के प्रतिष्ठापक।

स्वयंभू: महान अजा पुरुष, स्वयमेव अभिव्यक्त होने वाले और भगवान शिव के रूप। दिव्य सत्ता बाबाजी गोरक्ष नाथ, हर युग में अवतरित नहीं होते बल्कि वे एक संसार चक्र (महाकल्प) तक सतत रूप से अस्तित्ववान रहते हैं।

स्वयंभू लिंग: स्वयमेव अस्तित्व में आया लिंग।

ह

हँसा: 'हँस', आत्मा, व्यक्तिगत आत्मा (जीव); जीवन श्वास (प्राण), जिस प्रकार यह शरीर में रहता हैय मानवीय मस्तिष्क में होने वाले पार्श्व निलय, जिनका आकार एक उड़ते हुए हँस के समान है, जिसमें उसके पंख माथे की ओर बलपूर्वक बढ़ रहे हैं और वह स्वयं निलय के रूप में पीछे की ओर जा रहा है, जैसे एक हँस पीछे भविष्य की ओर उड़ रहा हो और जिसकी गति प्रकाश से भी तेज है; देखें जीव-आत्मा।

हँस क्रिया: अपनी श्वास और अंतरात्मा का अवलोकन करना (वै-उपासना) जिसे गलत उच्चारण में विपस्सना कहते हैं, लययुक्त श्वास की एक विधि जो सहज समाधि तक ले जाती है।

हिंगलाज: देवी दुर्गा को समर्पित एक प्राचीन तीर्थस्थान जो अब पाकिस्तान में बलोचिस्तान में है। शक्तिपीठों में से एक।

हिरण्यलोक: 'स्वर्णिम संसार' सूक्ष्म लोकों का उच्चतम स्वर्ग, जहाँ तक कुछ योगी उन्नत हो कर, ज्ञानावतार श्री युक्तेश्वर जैसे दिव्य गुरुओं के दिशा निर्देशन में उच्चतर योग का अभ्यास करते हैं।

हठ योग: १००० ई. में गोरक्ष नाथ द्वारा विकसित की गई योग की एक महत्वपूर्ण शाखा जिसमें रूपांतरण के पथ में शारीरिक पहलुओं पर अधिक जोर दिया गया है, विशेषकर आसन और शुद्धि की विधियों पर परंतु मुख्यतः प्राणायाम पर बल दिया गया है।

त्र

त्र्यम्बक बाबा: महावतार बाबाजी का एक नाम।

ज्ञ

ज्ञान भास्कर: ऋषि याज्ञवल्क्य और महान ज्योतिषी असुरमाया को दी गयी उपाधि।

ज्ञान नाथ: संत ज्ञानेश्वर को दी गयी एक उपाधि।

सिद्धनाथ योग परंपरा के बारे में
अधिक जानकारी के लिए
संपर्क:

www.siddhanath.org
www.youtube.com/HamsaYogi
email: info@siddhanath.org

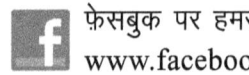

फ़ेसबुक पर हमसे जुड़े:
www.facebook.com/YogirajSatGurunathSiddhanath

योगी इम्प्रेशनस् के लिए विशेष धन्यवाद
www.yogiimpressions.com
किताब के साथ अपने सभी की मदद के लिए।

www.ingramcontent.com/pod-product-compliance
Lightning Source LLC
Chambersburg PA
CBHW070142100426
42743CB00013B/2800
9780984095759